# 図説 バルカンの歴史

柴宣弘

河出書房新社

現在のバルカン（南東欧）諸国とその周辺

図説バルカンの歴史／目次



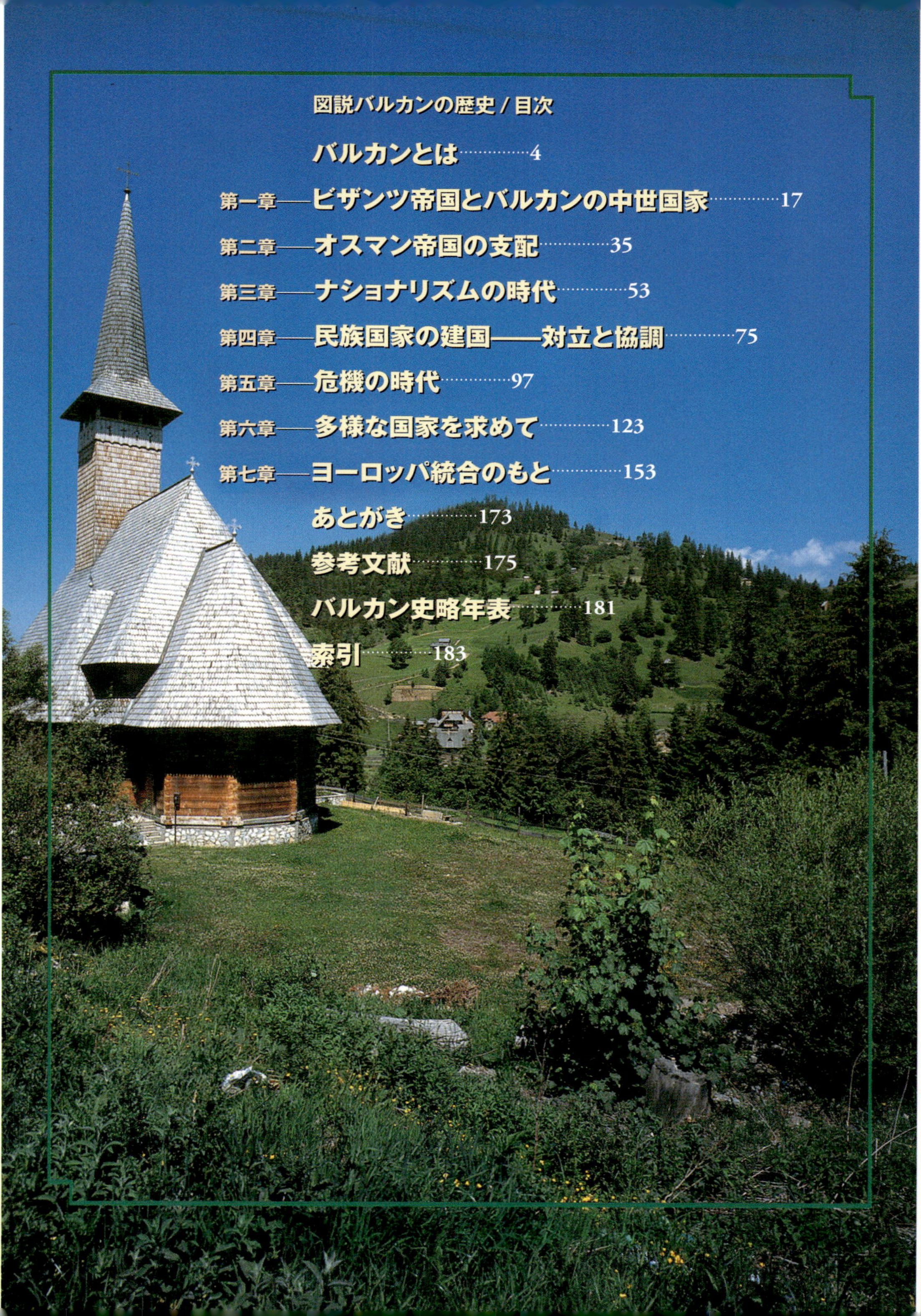

# バルカンとは

## 「最初で最後のヨーロッパ」

旧ユーゴスラヴィアのマケドニアの一寒村に生まれてアメリカに渡り、第二次世界大戦後、アメリカのバルカン史研究者となったストヤノヴィチは、「バルカン地域は最初で最後のヨーロッパ」だと述べている。

「第一のヨーロッパ」である古典古代のギリシア・ローマの時代に、ヨーロッパで最初に農業が広まったのがバルカンであったし、初めて都市が築かれて民主政が進展したのもこの地域であった。その後、三九五年にローマ帝国が東西に分裂し、さらにキリスト教もローマの西方カトリック教会とコンスタンティノープルの東方正教会とに分離して、「第一のヨーロッパ」は西欧世界とビザンツ世界とに分かれる。バルカンはビザンツ世界に組み込まれ、一四世紀以降はオスマン帝国の支配下に置かれた。

近代にいたり、一八世紀後半に産業革命と市民革命を経た西欧が「第二のヨーロッパ」の形成に取り組んだとき、これに最後に加わろうとしたのがバルカンであったと、ストヤノヴィチはいうのである。

近代の西欧諸国が個を確立した市民層によるナショナリズムを進展させ、「国民国家」の形成に取り組んだ時期に、バルカンではようやく長いオスマン帝国支配からの解放が進み、「民族国家」が建国されていく。国家をもたな

**▲ロドピ山脈**　世界文化フォト
ブルガリアとギリシアの国境の一部をなす山脈。とくに、ブルガリアの森林面積の30％がここに集中し、豊かな森林資源となっている。この地方はムスリムに改宗したブルガリア人（ポマク）が多数居住することでも知られている。

**▶古代アゴラ**　世界文化フォト
古代ギリシアの都市国家ポリスの中心をなすアテネのアゴラ（広場の意味。政治家、哲学者、芸術家が議論をたたかわした社交の場）とビザンツ期の聖アポストリ教会。後方にテスィオン神殿がみえている。古代から現代に続くバルカンの様子を一望することができる。

いバルカンの諸民族には国民意識が希薄であり、西欧から伝えられたナショナリズムは政治指導者の解放のイデオロギーとして作用した。ナショナリズムが個人の権利や国民主権と結びつく政治制度を生み出すことにはならず、集団としての民族の解放の道具となった。

　これらのバルカン諸国は第一次世界大戦後、西欧諸国と同様の「国民国家」への転換を試みることになる。しかし、国民統合の道のりは容易ではなく、結局、ユーゴスラヴィアのように七三年を経て解体してしまう場合もみられた。

　近代において「最後のヨーロッパ」になったバルカンは、現在もそうした状態が続いているといえる。ヨーロッパは第二次世界大戦後、「冷戦」によって、また東西に分裂する。今度はソ連を中心とする東側の社会主義陣営と、アメリカを中心とする西側の自由主義陣営であった。それから四〇年がたち、一九八九年に「東欧革命」が生じ、ヨーロッパから東西の壁が消えた。これに伴い、近代の産物である「国民国家」を否定する方向で「第三のヨーロッパ」が目指され、ヨーロッパ統合という壮大な試みの過程が加速された。

　しかし、九〇年代に入り、バルカンの一国ユーゴスラヴィアでは統合とは逆に、分離・解体の方向に歯車が回転した。クロアチア内戦、ボスニア内戦、コソヴォ紛争が相次いで引き起こされた結果、バルカンはヨーロッパ統合という過程から取り残されてしまった。分離したバルカンの新国家では、新たに国境が設定されると同時に、国家主権が声高に主張され、かつてと同様に「国民国家」の建設が進められた結果、むしろ近隣諸国との緊張関係が強まっている。バルカンでは、「国民国家」という怪物は容易に消え去りそうにない。だがもう一方で、それを超えようとする試みも着実に育ちつつある。

本書は、このように「最初で最後のヨーロッパ」になってしまったバルカンの歴史を中世から現在まで駆け足でたどってみることを目的としている。多様性のなかに連綿として続く、地域としてのまとまりを描き出してみたい。

このバルカンという地域をどのように区分するかについては、さまざまな議論がある。ここでは、バルカンをたんなる地理的範囲と捉えるのではなく、歴史的なものとして考える。つまり、歴史的にビザンツ帝国とオスマン帝国の影響を強く受けた地域と規定しておきたい。したがって、オスマン帝国の支配を一時的にしか受けなかったハンガリーについては除外されるが、ルーマニアは含まれる。旧ユーゴスラヴィアから独立したスロヴェニアも原則として除かれることになる。

**▲バルカン半島の地勢**
この地域の山脈が東西に走っている様子がわかる。山脈を区切る形で河川が流れている。イベリア半島やイタリア半島と違って、バルカン半島の付け根を貫く山脈がなく、サヴァ川とドナウ川が流れていることが、この半島の地勢上の特徴である。

## 自然環境

現在の地図でいうと、バルカンはルーマニア、ブルガリア、旧ユーゴスラヴィア諸国のクロアチア、セルビア、モンテネグロ、コソヴォ、ボスニア・ヘルツェゴヴィナ、北マケドニアとアルバニア、ギリシアの小国九カ国およびトルコのヨーロッパ部分からなっている。総面積は約七七万平方キロであり、日本の面積の二倍にすぎない。一九九九年の統計によると、総人口は約六千七百万で、これは日本の人口の半分である。

東は黒海とエーゲ海、西はアドリア海とイオニア海、南は地中海に囲まれており、青く澄んだこれらの海はヨーロッパ、アジア、アフリカを結びつけている。陸地ではなく、海の視点から考えれば、バルカン半島は地中海世界の重要な一部をなしていることがわかる。

一方、半島の西側の付け根には、クロアチアとボスニア・ヘルツェゴヴィナの国境地帯をサヴァ川が流れ、ほぼ半島中央のベオグラードで北から流れてくるドナウ川と合流する。合流したドナウ川はブルガリアとルーマニアの国境をなして東に向かい、黒海に流れ込む。バルカン（トルコ語で「樹木におおわれた山」の意味）と名づけられたように、この半島は山がちの地域であり、多くの山脈が走っている。東西に走るトランシルヴァニア山脈とスタラ・プラニナ（古い山の意味。バルカン山

▲ドナウ・デルタ　世界文化フォト
ドナウ川が黒海に注ぐ最下流地域は、3つの分流をなし広大なデルタとなっている。北側の分流はウクライナとルーマニアとの国境である。分流によって作られる三角州には沼や湖や湿地帯が広がる。鯉、ナマズ、スズキ、チョウザメなどの豊富な漁場であり、ルーマニアの全漁獲の80％近くがここから水揚げされる。

◀バルカン山脈とティモク川
ドイツ人旅行家カニツが描いた19世紀後半の版画。ブルガリアの北部を東西に走るバルカン山脈（スタラ・プラニナ）は現在のブルガリアの北西国境で切れており、その西側(現在のセルビア)をこの絵のようにティモク川が流れ、渓谷を形作っている。

▶トラキア平野
バルカン半島の東側に位置する平野。現在のブルガリア、ギリシア、トルコの三国にまたがる。紀元前6世紀頃からギリシア人の植民市が建設され、紀元前2世紀頃からローマの軍事拠点とされた。近代において、三国の領土をめぐる係争地となる。第一次世界大戦後、ギリシア・トルコ間の住民交換が実施された。

▶バルカン山脈
ブルガリアの北部を走る山脈。現地ではスタラ・プラニナと称される。この山脈の呼称であるバルカン（トルコ語で「樹木におおわれた山」を意味する）から、半島全体がバルカン半島と呼ばれるようになった。写真のように、なだらかな牧草地が広がっている。

脈とも呼ばれる）を例外として、カルパチア山脈、ロドピ山脈、ピリン山脈、ディナール・アルプス山脈、シャール山脈、ピンドゥス山脈が南北に連なっている。

　そのため、ピレネー山脈によって遮断されているイベリア半島や、アルプス山脈によって隔てられているイタリア半島とは異なり、外部からバルカン半島への接近が容易であり、古来、ヨーロッパとアジアとを結ぶ交通の要衝として、軍事上も商業上も重要な地点であり、きわめて多くの民族がバルカンに流入した。

　その反面、南北に連なる山脈に遮られて、半島内部に居住する人々の東西の関係が疎遠になる傾向がみられた。例えば、ディナール・アルプス山脈によって隔絶されているアドリア海沿岸と数多くの島嶼《とうしょ》部からなるダルマツィア地方は、絶好の居住空間であるが、その後背地と関係をもつことは困難であった。

　この地方の人々は、必然的にアドリア海との関係をもたざるをえなかった。古代ギリシアの時代に、内陸にはほとんど関心を示さなかったギリシア人たちが、海を伝ってこの地方に活発な植民活動を始めたのもうなずける。ダルマツィア地方はその後、ローマ帝国、ビザンツ帝国、ハンガリー、ヴェネツィア、ハプスブルク帝国の支配を受け、現在でもクロアチアのなかで独自の風土を築き上げている。ダルマツィア地方の歴史は、海の視点なしに

◀アトス山
ギリシアの北部、付け根にテッサロニキが位置するハルキディキ半島の東端にある東方正教会の聖山。10世紀以来、20の修道院が建造され、厳しい戒律に基づく修道生活がいまも続けられている。自治権をもった宗教国家であり、入山に際してはテッサロニキの事務所で許可書を取得する必要がある。女性の入山は禁じられている。

◀アヤ・ソフィア(聖ソフィア)
イスタンブル観光の名所の一つ。360年に建立されたが、いくどか焼失した。現在の建物は534年、ビザンツ皇帝ユスティニアヌスが再建。オスマン帝国の統治期に尖塔が建てられ、モスクに改装された。漆喰で塗りこめられたフレスコ画は第一次世界大戦後トルコ共和国になってから修復され、かつての姿をよみがえらせた。

▶コトル湾
モンテネグロのアドリア海に面した良港。18世紀のピョートル大帝以来、ロシア南下政策の拠点となった。近代において、モンテネグロはロシアと友好関係を長く保持する。ディナール・アルプスの険しい山々に囲まれた湾の美しい光景は、訪れる人々を魅了してやまない。

は考えられない。

山がちの地域にあって、半島の中央部を現在の北マケドニアの首都スコピエ近郊から北に流れドナウ川に合流するモラヴァ川沿いの路線と、スコピエ近郊から南に向かいギリシア第二の都市テッサロニキを経てエーゲ海に流れ込むヴァルダル川沿いの路線は、交通上、この半島の南北を貫く主要幹線となっている。これらの川の周辺には、めずらしく平野が広がっている。モラヴァ川がドナウ川と合流する地点の北側は、現在のユーゴスラヴィア連邦のセルビア共和国に属するヴォイヴォディナ自治州であり、ハンガリー平原の南部を形成する肥沃な穀倉地帯である。夏には、あたり一面のひまわり畑とトウモロコシ畑の光景を目にすることができる。

また、良港テッサロニキを中心としヴァルダル渓谷沿いの平野からなるマケドニア地方は現在、独立した北マケドニアと、ギリシアとブルガリアの一部に分けられているが、やはり一大穀倉地帯であり、小麦とタバコの産地として知られている。このほか、ルーマニアのトランシルヴァニア山脈の南側にはルーマニアの平原が広がっている。

## 民族、宗教、言語

交通の要衝地であることに加え、外部からの接近が容易だという地理的条件のため、バルカンの民族構成は複雑であり、これに伴い宗教も多様である。きわめて多くの民族がこの地域に流入した結果、民族の数の多さがバルカンの特色となった。さらに大きな特色は、民族の混住地域が多いことであろう。バルカンの民族のなかで、先住民族として知られているのは、ギリシア人、アルバニア人、ルーマニア人である。

古代ギリシア人はすでにふれたように、ダルマツィア地方を中心に植民活動を展開した。ビザンツ帝国が崩壊したあとも、ギリシア人はオスマン帝国のもとで東方正教やギリシア語を通じて、バルカンに多大な影響をおよぼした。

アルバニア人はバルカン地域の先住民族であるイリリア人を祖先としており、ルーマニア人はやはり先住民族であるダキア人とこれを征服したローマ人との混血と考えられている。アルバニア語はインド・ヨーロッパ語に属するが、独自の言語体系をもっている。ルーマニア語はロマンス語系の言語である。

バルカン地域で最大多数を占める民族は南スラヴである。南スラヴは旧ユーゴスラヴィアの主要民族であったセルビア人、クロアチア人、スロヴェニア人、モンテネグロ人、マケドニア人とブルガリア人であり、六世紀末までにそれぞれの地域に定住した。

このうち、セルビア人とモンテネグロ人はもともと同じ部族集団であったが、その後の歴史的経験を違えたため、言語や宗教は同じながら独自の民族を形成した。また、スロヴェニア人はサヴァ川の北側に定住し、八世紀にはフランク王国の支配を受け、その後神聖ローマ帝国の支配下に入り、西方カトリック世界に組み込まれた。スロヴェニア人と同様、クロアチア人はカトリックを受容したが、それ以外は東方正教を受け入れた。それぞれ自らの言語をもっている。

このほか、バルカン地域には数多くの少数民族がいる。そのうち、ドイツ人、ヴラフ、ロマ（ジプシー）、ユダヤ人、アルメニア人の存在は重要である。中世以来のドイツ人の東方植民により、バルカン、とくにトランシルヴァニアにドイツ人地域が存在するようになった。近代にいたり、ハプスブルク帝国がオスマン帝国との国境に特別の行政区である軍政国境地帯を築くと、ドイツ人が一八世紀にはこの地帯に位置するクロアチアのスラヴォニアやヴォイヴォディナにも入植した。

ヴラフはギリシア北部、アルバニア南部、北マケドニア南部、ダルマツィアに居住する山岳地の少数民族であり、ルーマニアでは、ヴラフ語はルーマニア語の一方言とされ、アルーマニア人と呼ばれている。羊飼いを生業《なりわい》としていたが、一八世紀頃からギリシア人とともにバルカン商人として活躍している。自らの言語をもちながら同化傾向が強く、自己

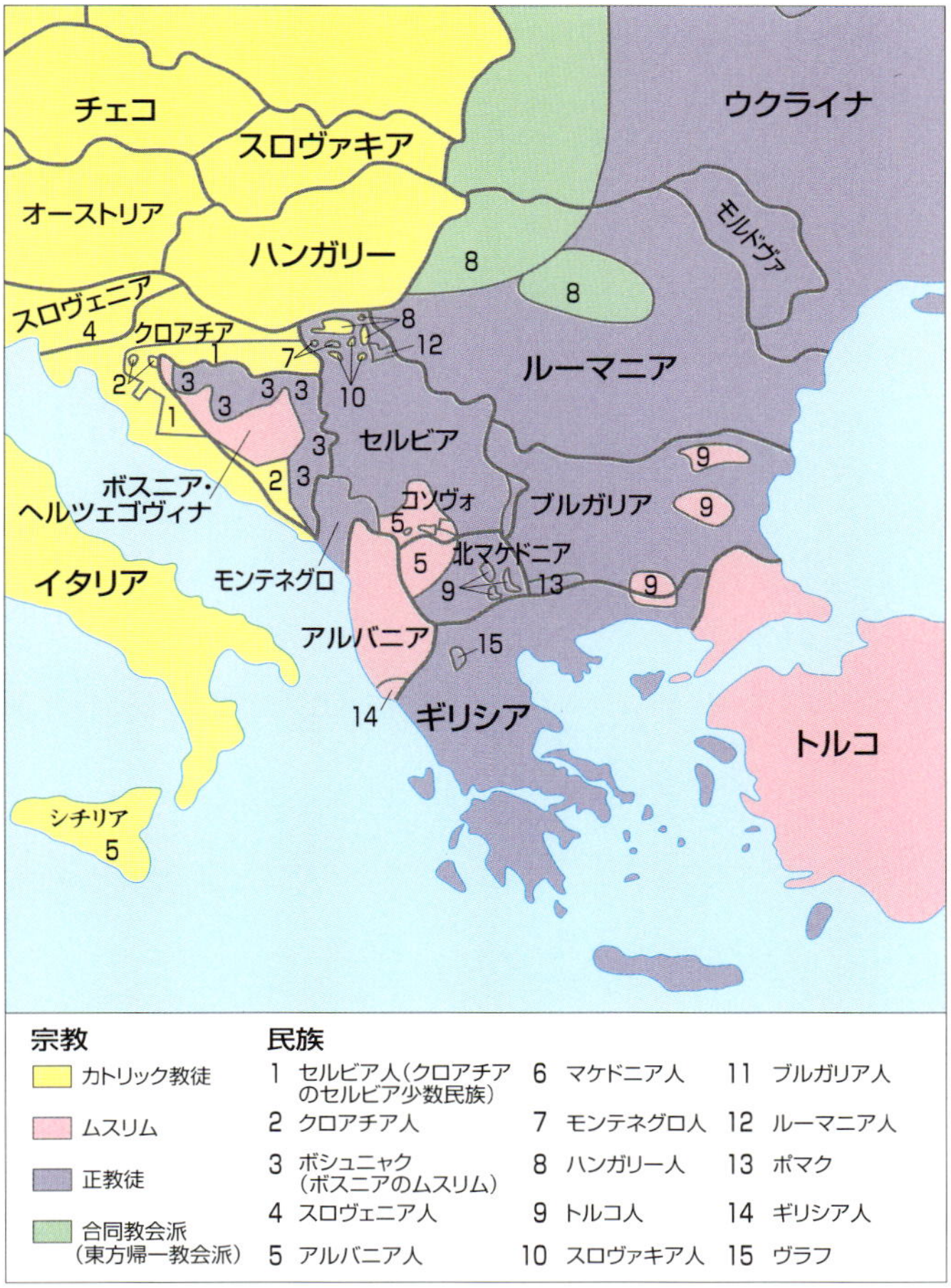


▲バルカン半島の民族と宗教
宗教に基づいて色分けしてある。国境は人為的なものであり、どの国も少数民族を抱えていることがみてとれる。合同教会とは、元来、東方教会に属していたが、ローマ教皇の権威を認めたキリスト教会のことで、東方帰一教会とも呼ばれる。ルーマニアのトランシルヴァニア地方に多い。

主張をほとんどしないまれな民族であり、現在ではその数を激減させている。オーストラリアやアメリカに移住したヴラフが故郷を遠く離れ、自己主張をする例は報告されている。

また、一一世紀にはインドを揺籃の地とする「放浪の民」ロマがビザンツ帝国に流入した。独自のロマ語をもつが、自らの宗教をもたないロマはバルカン地域がオスマン帝国の支配を受けると、ブルガリアではムスリム（イスラーム教徒）に、そのほかの地域では東方正教徒となることが多かった。

一方ユダヤ人は、一五世紀末にスペインでユダヤ人追放令が出されると、宗教的に寛容な政策を採っていたオスマン帝国に大量に移住してきた。かれらはドイツ系ユダヤ人アシュケナジムに対してスファラディム（スペイン系ユダヤ人）と呼ばれた。ギリシア第二の都市テッサロニキを中心として、ルーマニアのワラキアやブルガリアやボスニアのサラエヴォなど、都市部に居住した。アルメニア人と同様、商業活動に従事することが多かった。

このほかにも、改宗したムスリムやムスリム系の民族がいる。民族の混住地域としてはルーマニアとブルガリアにまたがる「民族の博物館」と称されるドブルジャ（ルーマニア語ではドブロジャ）、「民

◀熊使いのロマ
バルカンにはロマが多い。現在では、あまり見られなくなったが、都市のロマは熊に芸当をさせたり、音楽を奏でたりして収入を得ていた。現在でも、自動車のフロント・ガラスをふいたり、靴磨きをしたり、物乞いをする姿をよく見かける。村部に定住するロマもいる。

▼ヴラフの集落
バルカンに居住する先住民族の一つがヴラフ。同化傾向が強く、現在はごく少数の人たちが、ルーマニア語に近い言語を保持している。ルーマニアではアルーマニア人と称され、宗教的には東方正教徒の場合が多い。このスケッチは19世紀のギリシア北部の集落を描いている。

◀セルビアのザドルガ
ザドルガとはバルカン半島の北西部に見られた父系制の大家族共同体のこと。西欧とは異なる家族のあり方は、バルカンの特徴を示す一例である。この写真は19世紀末のセルビアのザドルガ。三世代、30〜50人ほどの家族が共同生活を営んでいたが、資本主義の発達とともに消滅することになる。

族のごった煮」といわれるマケドニアやヴォイヴォディナがよく知られている。

## 多様性と共通性

バルカンの歴史にとって、自然環境は大きな役割を果たしてきた。さまざまな民族がこの地域を行き交い、ここに定住したため、バルカンは民族構成の複雑な地域となった。これに伴い、バルカンにはいく種類もの文化が外部から持ち込まれ、各地に多様な文化圏が形成された。それぞれの文化圏は険しい山脈の存在によって隔絶されていたので、バルカンには時間を超えて、いくつもの文化圏が重層をなして共時的に存在することになった。中世以来の生活様式が二〇世紀に入っても継続するといった例はまれではない。このことがバルカンという地域の顕著な特色であろう。

しかも、これら文化圏の境界線は民族の境界線とは一致しないだけでなく、人工的な線でしかない現在の国境線ともずれている。バルカンという地域を考えるとき、小さく分かれている現在の「国民国家」を所与のものと考えず、それにとらわれない視点をもつことが必要なのである。

このように、バルカンの特色がその多様性にあることはいうまでもない。この多様なバルカンの歴史が一つのまとまりをもった地域史と考えられるようになったのは、それほど古いことではない。一八世紀から一九世紀にかけてのロマン主義の時代に、近代において長いあいだ顧みられることのなかったこの地域が、ヨーロッパ文明の源流と考えられるギリシアを含んでいたこともあり、ヨーロッパの周辺地域として、さまざまな観点から西欧の知識人の関心を呼んだ。

例えば、西欧社会とは異なり、南スラヴやアルバニア人の農村に中世以来続いていた父系制の大家族共同体ザドルガに対する関心はその典型であろう。ザドルガの家族形態はバルカンの農村すべてにみられたわけではないが、バルカン半島の北西部には共通してみられ、農民の生活を一様に規定していた。

農民の家族形態以外にも、バルカンには民族を超えて共通する生活空間があった。それは、ほとんどの山地で営まれた羊飼いの生活である。古代ギリシアの時代から、この地域は牧羊が盛んであった。牧羊は春から秋には高地の牧草地、秋から冬には麓の牧草地といった移牧の形態をとったため、羊飼いは移動が生活そのものであった。

このほかにも、バルカンに共通してみられる人々の集団を指摘することができる。オスマン帝国支配下のバルカン社会は、われわれが考える以上に流動的であった。帝国内にとどまらず、帝国の外に移動する集団として、バルカン商人がいた。一七世紀から一八世紀にかけて、かれらは主としてハプスブルク帝国やロシア帝国の諸都市に移住し、コロニー

▲ベオグラード　世界文化フォト
セルビア共和国の首都。人口約120万。ベオグラードとは「白い町」の意味。サヴァ川（手前）とドナウ川との合流点に位置しており、古来、交通や戦略の要衝地として発展した。この合流点に築かれたのがカレメグダン城砦であり、現在は写真のように公園として市民の憩いの場となっている。

▼ザグレブ　世界文化フォト
旧ユーゴスラヴィアから独立したクロアチアの首都で人口約87万。中欧風の落ち着いたたたずまいから「小ウィーン」と呼ばれる。写真の右手後方にザグレブの象徴でもあるネオゴシック様式の聖ステファン聖堂がそびえ、前方には聖マルコ教会がみえている。

を築き商館を建てた。こうしたコロニーでは、ギリシア人、ブルガリア人、セルビア人などの商人が同じ正教徒として協力する姿がみられた。

また、「バルカンの森でハイドゥクのいない森はない」といわれたハイドゥク（匪賊《ひぞく》）の存在がある。かれらはオスマン帝国の統治を嫌ってバルカン各地の森に逃げ込み、商人の隊列を襲って物品を奪うことを生業としていた。一八～一九世紀にセルビア人のハイドゥクとギリシア人のクレフティス（匪賊《ひぞく》）とが相互に協力したことはよく知られている。

しかし、一九世紀から二〇世紀初頭にかけて、バルカンを支配していたオスマン帝国が衰退の過程を強めると、これに伴いバルカン諸民族の解放運動が進められ、独立を達成したバルカン諸国はナショナリズムを掲げて相互に対立した。バルカンの諸民族はそれぞれの独自性を声高に主張するようになる。宗教の面でいえば、一八六〇年代から七〇年代にかけてのブルガリア人の民族解放運動がオスマン帝国のもとで、東方正教会として一括されていたブルガリア正教会の自立の運動と密接に関連して展開されたことは、その典型的な一例といえる。

言語の面でも、それぞれの言語の確立が目指された。バルカンの諸民族は、トルコ語を例外として、他はすべてインド・ヨーロッパ語族に属するが、語派はさまざまである。南スラヴ語派のなかでは、セルビア語とクロアチア語の整備が進むが、両者の場合はきわめて類似した言語であるため、セルビア・クロアチア語として統合する動きも同時に進められた。また、ルーマニア語はロマンス語系の言語であるが、キリル文字が使われていた。言語改革が行われてラテン文字を用いるようになったのは、一九世紀の中頃のことである。ギリシア語とアルバニア語も独自の言語体系をもっており、バル

▶ソフィア　世界文化フォト
ブルガリアの首都。人口約110万人で市の名称は聖ソフィア教会に由来する。写真手前はソフィアの町の西部に位置するロシア記念碑広場。この記念碑は1877～78年の露土戦争後、ロシアに対する謝意を込めて1882年に建設された。ソフィアの町はこの時期に都市整備が進み、オスマン帝国の町から近代都市へと変貌を遂げた。

カンの諸民族がそれぞれに言語の独自性を強調した。

このように、一九世紀から二〇世紀にかけての民族解放の時期に、多様なバルカン諸民族の政治指導者は独自性や個別性を前面に押し出す傾向を強めたが、もう一面で、民族を超える生活様式の共通性が存在していたことにも目を向けるべきであろう。それは民族解放期に表舞台から姿を消したかにみえるが、容易に消滅するものではなく、その後もバルカンの人々の暮らしの基層をなして脈々と続いていくのである。

## ●バルカン・イメージと日本

多様性と共通性を備えたバルカンの近代史は、「ヨーロッパの火薬庫」あるいは「マッチ箱」といった視点から、もっぱら第一次世界大戦と関連させて注目された。たしかに、オスマン帝国のもとから独立を達成したバルカン諸国は「近代化」を図るため、相互に軍事力の強化を競い対立した。その結果、ヨーロッパ列強の介入を招き、バルカンの諸小国や諸民族が相互に対立や抗争を展開する「バルカン化」の状況が生み出され、サラエヴォ事件を契機として第一次世界大戦が引き起こされることになる。

しかし、バルカンの近代史をこのような視点からのみ見ることは、一面的にすぎる。対立・抗争の側面と同時に、もう一方で共存・協調の関係を築こうとする側面があったからである。一部の知識人によって担われたにすぎず、実現されるにはいたらなかったが、一八六〇年代から、さまざまな形でバルカン連邦構想が提起されたし、両大戦間期には経済面を中心とする地域協力の試みがなされ、軍事同盟も成立した。バルカン地域協力の試みは、現在にいたるまで継続している。

バルカンの近代史を、もっぱら対立や抗争の側面から捉えようとする見方は、バルカンに対するステレオタイプ化されたイメージにとらわれすぎているといえるだろう。一九一二～一三年のバルカン戦争から第一次世界大戦にかけての時期に、バルカンという言葉に〝対立〟〝抗争〟〝無秩序〟〝未開〟などのマイナス・イメージが西欧から与えられた。「バルカン」は地理的というより、きわめて政治的な意味合いで使われるようになった。

さらに、第一次世界大戦後の不安定なバルカン諸国のイメージは外部から、〝不信〟〝腐敗〟〝無気力〟〝無秩序〟といった否定的意味一色に染められた。これに伴い、バルカンという地域には、「危険地域」「紛争地域」のイメージが付きまとうことになる。このため、当事者のバルカン諸国でさえ、バルカンという用語を積極的には用いず、「南東欧」といった言葉を併用するようになる。

日本におけるバルカン・イメージはどうだろうか。一般的にいって、欧米の影響を強く受けてはいるが、バルカンに関するわが国初の著作である芦田均『バルカン』（一九三九年）は、バランスのとれたイメージを与えてくれる。芦田は外交官として滞在したイスタンブルでの体験を生かして、バルカン諸国の歴史と政情を紹介するにとどまらず、「バルカン人のバルカン」という章を設けて、バルカンの自立と共存の模索にもしっかりと目を向けている。バルカン・イメージが固定化される同時代にあって、芦田の洞察力は高く評価できる。

バルカンのイメージは、一九九〇年代に入り、凄惨な内戦を伴う旧ユーゴスラヴィアの解体が進むと、さらにマイナス・イメージが付け加えられてふたたび固定化された。バルカン地域を対立・抗争の続く「危険地域」とする見方は、これまでにもまして現実味をおびたかのように受け止められた。激しい民族対立が続くこの地域には、「戦争と暴力の地域」といった新たなイメージが与えられた。たしかに、バルカン地域の民族対立はそれぞれ歴史的背景をもっているが、必ずしも歴史的所産とはいえない面がある。現在、それが表面化している背景には、政治家や政治勢力による作為的な政治戦略の側面や経済的利害の側面のあることに注意しなければならない。いずれにせよ、バルカンという地域の歴史を見る姿勢が重要であろう。

第一章

# ビザンツ帝国とバルカンの中世国家

▲ドゥブロヴニク　クロアチア大使館提供　クロアチアのダルマツィア海岸にある中世の城塞都市。貢納によりオスマン帝国の支配をまぬかれ、貿易都市として繁栄した。“アドリア海の真珠”と称され、ユネスコの世界遺産に登録されている。クロアチア内戦の傷も癒えて、夏の観光シーズンには、世界中からの観光客で賑わい、クロアチアの観光産業を支える。

▶ビザンツ皇帝の権威
ローマ帝国のなごりを強く残していたビザンツ帝国は、7世紀頃からスラヴ人やアラブ人の侵入を受けて、その版図がバルカンと小アジアに縮小された。しかし、この時期から皇帝による専制と政教一致の帝国として再編され発展した。この絵は東方正教の高位聖職者たちに囲まれたビザンツ皇帝を描いている。

◀スプリト　世界文化フォト
リエカとならび、クロアチアのダルマツィア海岸最大の港町。人口は20万の観光都市である。写真中央手前には、この近郊で生まれたローマ皇帝ディオクレティアヌスが3世紀に晩年を過ごした宮殿の塔がみえる。迷路のように細い道が入り組む宮殿内部は、いつも観光客で賑わっている。

## ●ギリシア世界

バルカンの歴史は古い。紀元前三千年から二千年頃には、ギリシア人がバルカン半島を南下して海岸部に定住した。古代ギリシア時代の地図を見てみると、ギリシア人が地中海世界の各地に出かけて植民市を築いていることがわかるが、その中心はバルカン半島とレヴァント（東地中海沿岸地帯）であった。

紀元前八世紀頃に誕生した共同体国家ポリスで発展する芸術や哲学や民主政治の仕組みは、近代ヨーロッパにとって模範とされ、古代ギリシアがヨーロッパの古典古代と考えられるようになった。ストヤノヴィチが「バルカンは最初のヨーロッパ」と称した所以《ゆえん》である。

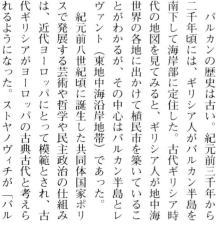

古代ギリシアは、その中心をアテナイ（アテネ）やスパルタといったペロポネソス半島の海岸部ではなく、北部の山岳地帯に定住したギリシア人がヴェルギナを中心として建国した古代マケドニア王国へとしだいに移した。マケドニア王国の名君で、紀元前四世紀に活躍したフィリッポスとアレクサンドロス国王父子はよく知られている。

父フィリッポスの時期に使われた「ヴェルギナの星」（太陽に一六本のストライプを施した図柄）の旗が二千三百年以上を経た現在、マケドニア共和国の国旗とされたため、問題が生じることになる。これについては、のち

に「マケドニア問題」（162頁を参照）として詳述する。

アレクサンドロス大王は父の遺志を継いで東征に赴き、わずか一〇年間でギリシアからインダス川に至る広大な地域を征服している。アレクサンドロス大王が征服したこの広大な領域にはギリシア文化の影響がおよんだ。この文化は、ギリシア人が自らの住む地をヘラスと称したことに因んで、ヘレニズム文化と呼ばれるようになる。ヘレニズム時代はアレクサンドロス大王の時期から、広大な領域がローマの支配下に置かれる紀元前三〇年頃までのおよそ三百年間続く。

古代ローマの時代に、バルカン半島がその中心に据えられるようになるのは、帝政ローマが衰退過程をたどり始める三世紀からである。バルカンやシリア出身の皇帝も現れ、皇帝はしだいにローマとの個人的な関わりを希薄にしていった。ダルマツィア出身のディオクレティアヌス帝は二八四年に即位すると、広大な帝国領を一人で統治できないとして、二人の正帝と二人の副帝による四分統治制を導入した。この四帝ともバルカンの出身であった。ディオクレティアヌス帝はダルマツィア海岸のスプリトに宮殿を築く。この宮殿址はよく保存されており、現在も観光客で賑わっている。

四世紀のコンスタンティヌス帝の時代になると、ローマ史がふたたびギリシア史と重な

**▼5〜6世紀半ばのビザンツ帝国とその周辺**
この地図に示されているように、スラヴ人はヴィスワ川とドニエプル川にはさまれた地域に居住していたと考えられる。6世紀後半から7世紀にかけて、南スラヴ人がバルカン半島へ移動を始めた。

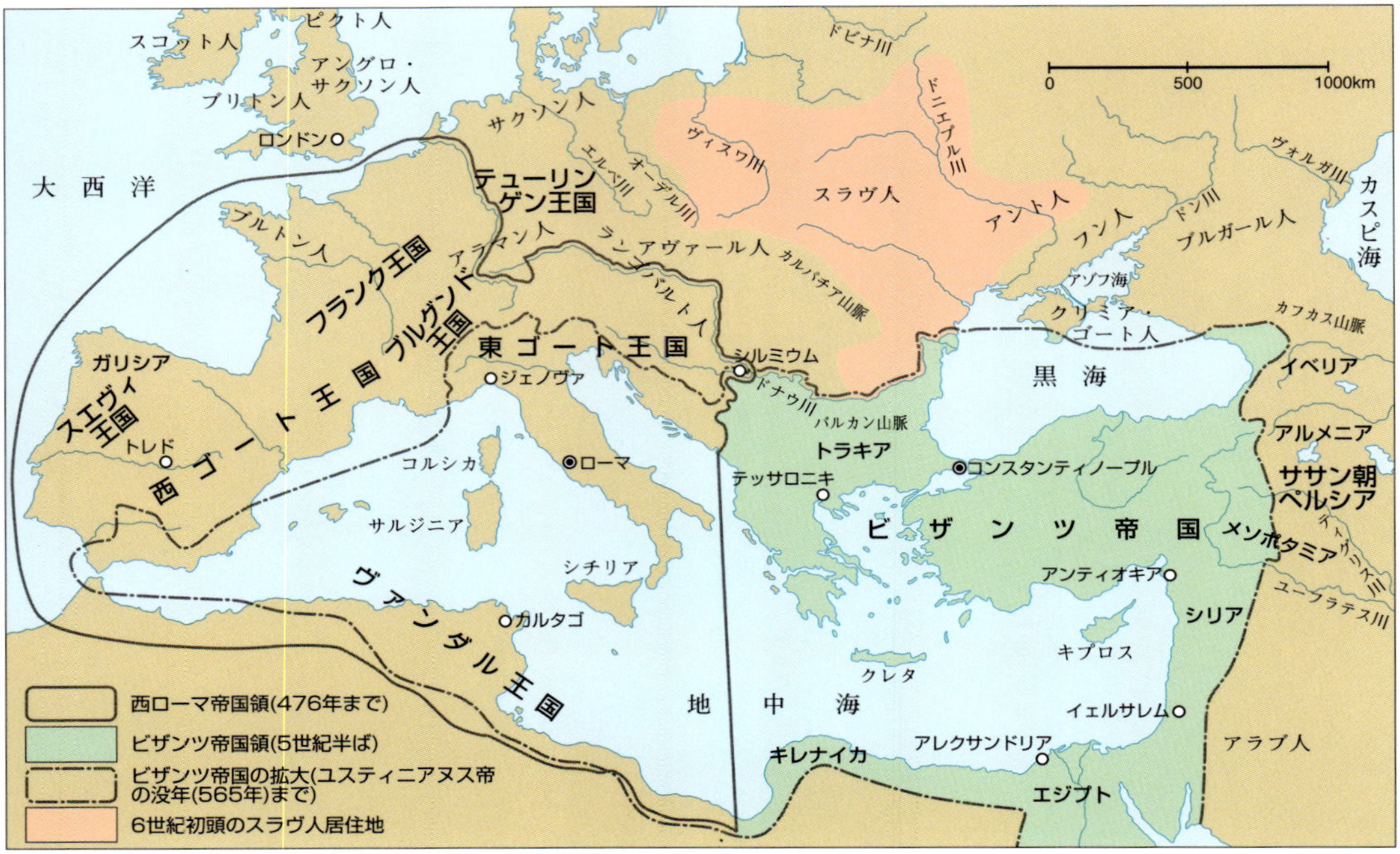


る。コンスタンティヌス帝は地中海やバルカンの歴史にとって重要な三つの事業をなしとげた。第一は三一三年に「ミラノ勅令」を発布して、キリスト教を公認した。第二は三三〇年に、荒廃したローマからギリシア人の植民市であるビザンティオンに遷都し、これに自身の名をつけてコンスタンティノポリス(コンスタンティノープル、現在のイスタンブル)とした。第三はローマ帝国とギリシア文化とキリスト教を融合し、ビザンツ帝国の基礎を築いた。

三九五年、ローマ帝国が東西に分裂し帝国の中心が東へ移った。興味深いのは、この時の東西ローマの分割線が現在のセルビア・モンテネグロとボスニアとの国境線とほぼ一致しており、西方カトリック文化圏と東方正教文化圏との境界線ともなることである。その後、西ローマ帝国は四七六年にゲルマン人によって滅ぼされた。一方、東ローマ帝国は都市が繁栄し、経済力も衰えることなく、ビザンツ帝国として一千年以上にわたり東地中海地域に影響力をおよぼした。

東ローマ帝国では、しだいにギリシア人が人口の多数を占めるようになり、七世紀には東方正教会のギリシア語がラテン語に代わって公用語となり、ギリシア世界がよみがえった。これ以後のバルカンは、ビザンツ帝国とスラヴ人を含む異民族との関係の歴史として、また、東西世界の十字路という地理的な環境

◀コソヴォの娘
セルビアの画家プレディチの作品。一人の娘が、１３８９年のコソヴォの戦いで傷ついた若い旗手オルロヴィチに赤ワインを飲ませている。セルビアの英雄叙事詩の一つ「コソヴォの娘」によると、娘は結婚を誓った将軍ミランを探して、戦場に赴いた。ミランの戦死を知ると、娘の白い頬を涙が滝のように流れ落ちたという（41～43頁参照）。

がおよぼす歴史として描くことができる。

## 南スラヴの移住

四世紀から一〇世紀にかけて、ゲルマン人をはじめとするさまざまな民族の大移動が生じる。そのなかでもここバルカンでは、スラヴ人とブルガリア人（ブルガール）がとくに重要な役割を果たしたといえよう。

スラヴ人はもともと、カルパチア山脈の北側（現在のポーランド南東部からウクライナ、ベラルーシにかけての地域）で生活していたと考えられている。しかし、紀元前後の数世紀間にゲルマン系ゴート人の移動の影響を受け、西方へ向けて移動を開始した。三七五年、今度は中国史に登場する匈奴《きょうど》の末裔とされるフン人が東方から出現すると、スラヴ人は南下を余儀なくされてドナウ川下流域に達し、これを越えてビザンツ領内に侵入した。

また、六世紀後半にはモンゴル系の遊牧民族アヴァールが現れ、スラヴ人をその支配下に置いた。当初、スラヴ人はアヴァールとともにビザンツ領内に侵入した。しかし、アヴァールの支配が終わってからも、スラヴ人はバルカンを南下してペロポネソス半島に達し、さらにエーゲ海の島々に渡り、クレタ島にまで入り込んだ。その多くは二百年ほどでしだいにギリシア人に同化していったが、バルカンのスラヴ化が進むと同時に、この地域の経済構造にも変化を与えた。

これに対して、パンノニア（現在のハンガリー）方面からバルカンの西部に移動してきたのが、南スラヴのスロヴェニア人、クロアチア人、セルビア人である。とくに、クロアチア人とセルビア人の移住は、七世紀前半にビザンツがアヴァールのダルマツィア支配に対抗するため招き入れた結果であった。なお、クロアチア人とセルビア人の民族的な由来についてはさまざまな説がある。スラヴ起源説のほかに、もともとは北カフカス（コーカサス）にいたイラン系の民族起源説、最近ではつぎに詳しくみるブルガール起源説も出されている。

クロアチア人はドラヴァ川（現在のクロアチア共和国北部を流れる川）周辺に移住し、さらにアドリア海沿岸にかけて定住した。セルビア人はクロアチア人の東部地域に定住することになる。先に述べた東西ローマの分割線でいえば、クロアチア人はその西側に居住したため、西方カトリック文化圏に組み込まれていく。一方、セルビア人はその東側に入ったため、東方正教文化圏に置かれた。両者は異なった歴史を歩み始めるが、それぞれに中世王国を建国するのである。

南スラヴのもう一つの主要な民族スロヴェニア人は、六世紀後半にサヴァ川（現在のボスニア・ヘルツェゴヴィナとクロアチアを流れる川、ベオグラードでドナウ川に合流）の上流域に進出した。定住したのはクロアチア

**▶メシュトロヴィチ作『クロアチア人の歴史』** クロアチア出身の彫刻家。ウィーンのアカデミーで学び、ロダンや分離派の影響を受けた。第一次世界大戦期には、ユーゴスラヴィア委員会に加わり南スラヴ統一国家の建設に尽力。1918年のユーゴ建国後、この国を構成する諸民族の姿を力強く表現する記念碑を各地で制作した。ザグレブ大学前にあるこの作品は1932年の制作。

人のさらに西側であった。スロヴェニア人は部族連合を作ってスラヴ最初の国家といわれるサモの国の一部となり、八世紀にはフランク王国の支配下に組み込まれ、一〇世紀には神聖ローマ帝国の統治を受けることになる。以後、西方カトリック文化圏に入ったスロヴェニア人は、一度も自らの国家を形成することなく近代を迎える。

スラヴ人がバルカンに移住する以前から、この地域にはイリリア人やトラキア人などの先住民が居住していた。バルカンのスラヴ化が進むなかで、先住民はどうしたのだろうか。その後のバルカンの歴史、例えばオスマン朝のバルカン進出や第二次世界大戦期のドイツの侵攻時に、山岳地が格好の逃避場所になったように、先住民の多くは険しい山岳地に逃げ込み、そこで牧畜を生業としながら、自らの民族性を保持した。その例がヴラフとイリリア人の子孫とされるアルバニア人である。

## ●ブルガール人とスラヴ人の国 ——ブルガリアの建国

スラヴ人とならんでバルカンの歴史に多大な影響を与えたのは、カフカスの北部、アゾフ海とカスピ海にはさまれた地域にいたトルコ系遊牧民ブルガール人である。ブルガール人は四世紀後半に、フン人に押されて西に移動を開始し、五世紀初め頃からビザンツを攻撃し始めていた。その後アヴァールの支配を脱すると、七世紀前半には黒海北岸地方に部族連合国家の「大ブルガリア」を建国した。「大ブルガリア」がヴォルガ川下流域から進出してきたハザールによって滅ぼされると、その一部がドナウ河口（現在の南ベッサラビア）に南下する。ブルガール人はビザンツ軍と戦火を交えるが、これを撃退するにおよび、六八一年にはアスパルフ・カン（カンはハンとも称される、遊牧国家の君主号）によるブルガリア国家が、ビザンツ皇帝から承認された。プリスカ（現在のドブルジャ南部に位置する）を首都とするこの国家が、第一次ブルガリア帝国と称されることになる。すでにこの地に定住しキリスト教を受容し始めていたスラヴ人と、シャーマニズム信仰の建国者ブルガール人からなる〝ブルガリア〟の始まりである。

ブルガール人は当初、貴族を中心とする政治制度と圧倒的な軍事力により、数のうえで多数を占めるスラヴ人を支配した。農業に従事していたスラヴ人を絶滅させることなく兵力として用いたのである。こうした関係が続くうちに、数の多いスラヴ人がしだいに言語的・文化的にブルガール人をスラヴ化していく。このスラヴ化を決定づけたのは、八六四年にボリス一世がビザンツの使節のもとで、キリスト教に改宗したことであろう。ビザンツ帝国とフランク王国とのはざまに置かれたブルガリアにとって、キリスト教への改宗は不可避の課題になっていた。加えて、ボリスはキリスト教によって統合を図り、集権体制を築いてブルガール人貴族の力をそごうと試みたのである。

当時、コンスタンティノープルの東方正教会とローマのカトリック教会はともに、バルカンへの布教活動に熱心であった。ボリスは独立教会の設立を求めて、東西両教会と巧みに交渉する。結局、八七〇年に東方正教会がブルガリア教会の一定の自治を認め、ブルガリア大主教座が設立された。ボリスはさらに、三男シメオンに王位を譲り、プリスカ南西のプレスラフに遷都しスラヴ語を公用語とした。

スラヴ語の公用語化に際しては、「スラヴの使徒」と称されるギリシア人（テッサロニキ出身）のキュリロスとメトディオス兄弟の弟子たちの活躍が大きい。二人は九世紀初めにモラヴィア（現在のチェコの一地方）に建国されたスラヴ人の国家「大モラヴィア国」で、キリスト教の布教活動に従事した。キュリロスはスラヴ人が文字をもっていなかったため、スラヴ文字を作り布教にあたった。このスラヴ最古の文字はグラゴル文字と呼ばれるものであるが、字体が複雑なためやがて使われなくなる。現在のロシアやブルガリアやセルビアなどで使われているキリル文字（キュリロスの名に因んでいる）は、キュリロスの弟子たちがギリシア文字に基づいて作ったと考えられている。

▲キュリロス（右）とメトディオス（左）
ギリシアのテッサロニキ出身の宣教師兄弟。9世紀初めに建国されたスラヴ人の国家「大モラヴィア国」で布教活動に従事した。その際、スラヴ文字（グラゴル文字）を案出し、聖書をスラヴ人の言語（古代教会スラヴ語）に訳して布教にあたった。

ボリスは「大モラヴィア国」での布教が失敗し、この国を追放された兄弟の弟子たちをブルガリアに招く。クリメントとナウムは主としてマケドニアのオフリドで活動し、スラヴ・キリスト教文化を開花させ、その後のブルガリアとマケドニアの文化や政治に大きな影響を与えた。古代ブルガリア語はスラヴ地域に拡大していき、正式な文献に用いられる教会スラヴ語と同義となる。しかし、近代にいたりブルガリア人とマケドニア人の「民族」意識が鮮明になると、両民族ともクリメントやナウムの功績を自らのものと主張して対立する。現在のマケドニア共和国首都のスコピエ大学はキリル・メトディオス大学と名づけられている。

若き日にコンスタンティノープルで学んだシメオンは、ビザンツ帝国について熟知していた。シメオンのブルガリアはビザンツ帝国と戦い、これを撃破してエーゲ海やアドリア海にまで領土を拡大し、西方のフランク王国と競うほどのヨーロッパの一大勢力となる。シメオンは九一三年にブルガリア皇帝の称号を自称し、ブルガリアは最盛期を迎えた。シメオンの後を継いだペタル一世はビザンツか

▶第一次ブルガリア帝国の発展　681～927年
アスパルフ・カンにより、681年に建国。この国家はスラヴ人とブルガール人（トルコ系遊牧民）から構成されていた。首都はプリスカにおかれたが、ビザンツ帝国の再三の攻撃にあい、11世紀初めに滅亡した。

◀ヴェリコ・タルノヴォ
ブルガリア中部の人口10万人の都市。1965年にタルノヴォからヴェリコ（大きな）・タルノヴォと改称。1187年に成立した第二次ブルガリア帝国の首都とされた。近代においては、ブルガリア民族運動の中心地となる。

▶第二次ブルガリア帝国の発展　1187～1241年
アセンを皇帝として、1187年に建国。第一次ブルガリア帝国の正統な継承国家を自任するものであり、首都はタルノヴォ（現在のヴェリコ・タルノヴォ）。この帝国は14世紀末にオスマン軍の侵攻にあい消滅した。

ら正式に皇帝の称号を認められ、ブルガリア大主教座を総主教座に昇格させている。しかし、ペタルの親ビザンツ政策は貴族層の反発を招き、しだいに国内は不安定となる。
その後、ブルガリア帝国はビザンツ帝国の再三にわたる攻撃を受けた。一〇一四年には、「ブルガリア人殺し」の異名をとるビザンツ皇帝バシレイオス二世の徹底したブルガリア攻撃にあい敗北した。この結果、三百年以上におよぶ第一次ブルガリア帝国は滅亡する。

## 第二次ブルガリア帝国

第一次ブルガリア帝国がビザンツ帝国の統治下に置かれた理由の一つに、ブルガリア社会の変質があげられる。シメオンの死後、皇帝の力が弱まり集権体制が崩れると、貴族の権限が強化されて農民に対する支配も強まった。このため、一〇世紀後半から、国家や教会に対する農民の反乱が発生している。こうした不安定な社会状況のもとで、中世の異端の一つであるボゴミル派（マケドニア出身のボゴミルを開祖とし、善悪二元論の教義をもつ）が拡大した。この後、ボゴミル派はボスニア・ヘルツェゴヴィナで多くの信者を獲得し、イタリアやフランスの異端にも影響を与えた。

第一次ブルガリア帝国が滅亡したあと、ビザンツ帝国はブルガリアに対する厳しい統治を行った。オフリドのブルガリア教会総主教座は大主教座に降格され、有力な貴族たちはコンスタンティノープルに連れて行かれた。土地制度も税制も変えられ、収奪が強化された。このため、一一世紀中頃から後半期には、反ビザンツの大規模な蜂起が生じている。

一一八五年、ビザンツ帝国による特別税の賦課を契機として、ブルガリア北部でビザンツの徴税吏に対する反抗の動きがみられた。これがきっかけとなり、タルノヴォ（現在のヴェリコ・タルノヴォ）一帯を治めていたクマン人（チュルク語系の遊牧民）貴族のペタルとアセン兄弟が反乱を起こした。反乱はクマン人やヴラフの支援を受けて、ビザンツ軍を圧倒する。一一八七年に反乱軍は独立を達成し、アセンを皇帝とする第二次ブルガリア帝国が成立した。

この国家はタルノヴォを首都とし、ボリスやシメオンの第一次ブルガリア帝国の正統な継承国家を自任するものであった。しかし、この帝国はブルガリア人のほかにクマン人、ヴラフ、ギリシア人からなる複雑な民族構成をなしていた。もっとも中世においては、近代的な意味での「民族」が意識されていたわけではないし、当時の国境は不分明なものであり、越境は日常的な行為にすぎなかったので、さまざまな民族が帝国内に入り込んでいたのである。

一三世紀、イヴァン・アセン二世のもとで、第二次ブルガリア帝国は最盛期を迎え、バルカン最強の国家となる。かれは初めて貨幣を鋳造して経済発展を図り、最大の領土を支配下に置いた。イヴァン・アセンの死後、ブルガリアは急速に衰え始める。北方から、ハンガリー王国やチンギス・ハンの孫バトゥーがカスピ海北岸に建国したキプチャク・ハン国の侵略を受けた。一四世紀には、バルカンの主導権が西隣のセルビアに移行する。ついに一三九三年、オスマン軍の侵攻にさらされた

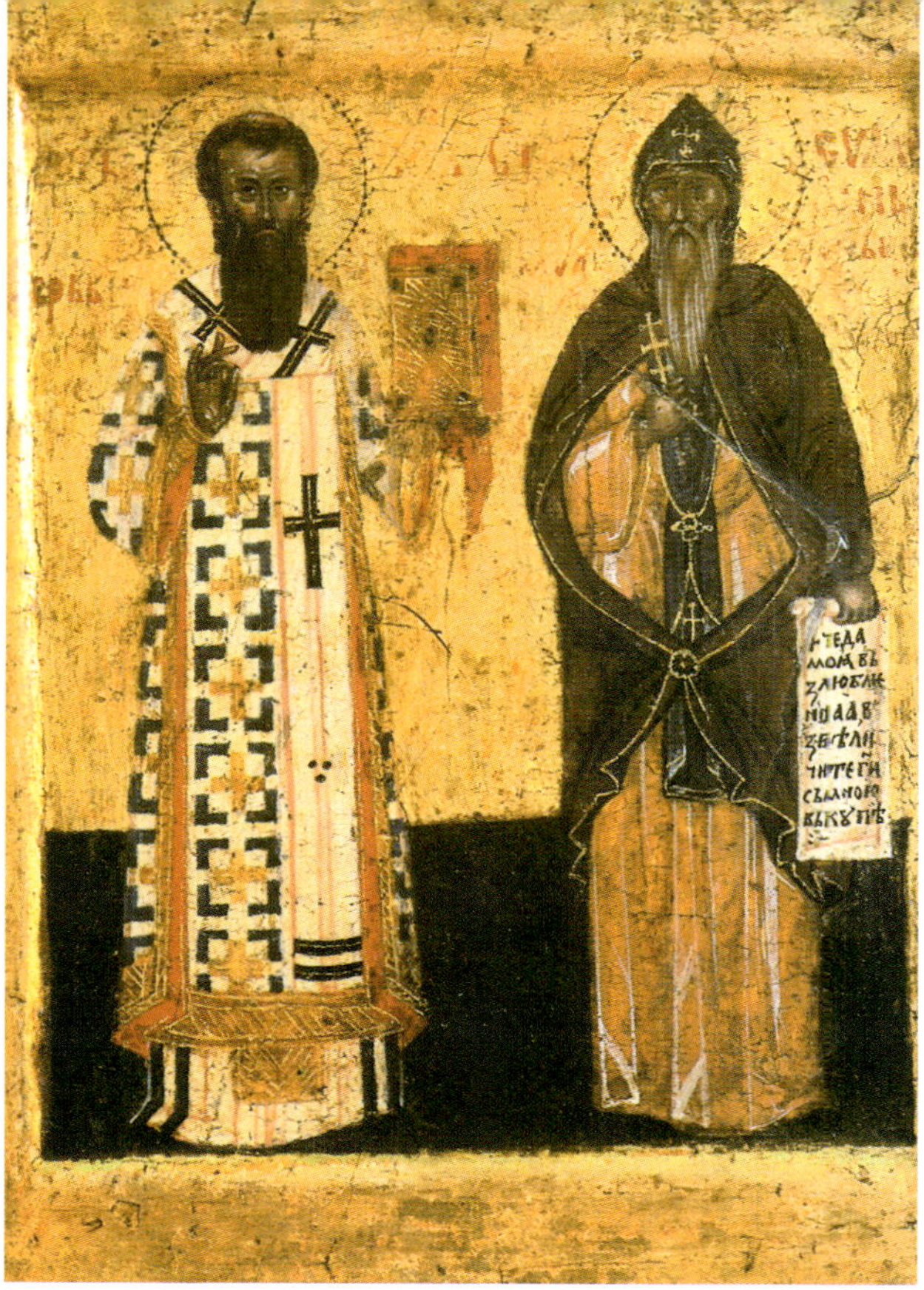

▲シメオンとサヴァ
中世セルビア王国のネマニッチ王朝創始者のネマーニャは王位を譲ったあと修道士シメオン（右側）となった。末子の修道士サヴァ（左側）とともに、アトス山のヒランダル修道院をはじめ多くの修道院を建造した。聖サヴァはいまでも、セルビアで最も尊敬される聖人の一人。

第二次ブルガリア帝国は、首都タルノヴォが陥落してその幕を閉じた。

### ●記憶の国——セルビア王国の発展

七世紀初めにバルカンに移住したセルビア人は、しばらくのあいだジュパン（族長）に率いられた諸部族に分かれて、対立・抗争を続けていた。セルビア人が居住した領域はラシュカ（現在のセルビア南西部、サンジャク地方ノヴィパザル近郊のラスが中心地）、ゼータ（現在のモンテネグロ）、フム（現在のヘルツェゴヴィナ）におよんだ。八世紀から一二世紀にかけて、南部の地域はブルガリア帝国やビザンツ帝国の支配を受けた。

ビザンツ支配下で、東方正教会の使節がたびたび訪れ、九世紀末頃からセルビア人のキリスト教化が進んだ。一一世紀に入ると、ゼータ公ヴォイスラヴのもとでゼータとフムが統合され、強力な国家が成立する。ヴォイスラヴはビザンツ軍を打破して、その支配から脱した。その子ミハイロはラシュカをも統合することに成功し、セルビアの中心がゼータからラシュカに移行した。ミハイロはビザンツに対抗するためローマ教皇庁に接近して、教皇から王冠を授けられている。セルビア人は東方正教世界に組み込まれていたが、その支配から脱するためローマとの関係を築いている。クロアチア人と同様に、セルビア人も東西両教会の勢力を巧みに利用していることがわかる。

一一六八年、ステファン・ネマーニャがふたたび部族間の対立・抗争を繰り返していたラシュカを統一し、ビザンツ帝国の内紛に乗じてその支配から脱し、約二百年間にわたるセルビア王国ネマニッチ王朝を創設した。ネマーニャはゼータを併合し、アドリア海沿岸地方も領域に組み入れた。ネマーニャの後継者たちは国内の統一、領土の拡大、経済の発展に尽力する。

ネマーニャの後を継いだ次子ステファンは一二一七年、ローマ教皇から王冠を授かり「初代戴冠王」と称された。セルビア王国はローマとの関係を維持しつつ、一方で東方正教会との関係を深めていく。王位を譲り修道士となった父ネマーニャ（修道士名シメオン）は末子の修道士ラストコ（修道士名サヴァ）とともに、アトス山（テッサロニキ南東、ハルキディキ半島にある東方正教会の聖山）にセルビアのヒランダル修道院を建造した。

サヴァは一二一九年、コンスタンティノー

▲ストゥデニツァ修道院
セルビア南西部ラシュカ地方にある。中世セルビア王国ネマニッチ王朝創始者ネマーニャが、1187年に竣工したセルビア最大の修道院。13の聖堂をもち、ネマーニャの遺体も安置されている。修道院の中心をなす聖母教会や礼拝堂のフレスコ画は中世セルビア美術の宝庫である。

▲ドゥシャンの戴冠
14世紀、中世セルビア王国最盛期の国王。この時期にセルビア王国の領域は、ギリシア中部にまで拡大した。1346年、ドゥシャンが首都スコピエ（現在、マケドニアの首都）でセルビア正教会総主教から戴冠された様子が描かれている。セルビアの画家ヨヴァノヴィチが1900年に描いた作品。

プルの東方正教会総主教座から大主教に任命されると、当初ジチャ（現在のセルビア中西部の町クラリェヴォ近郊）に大主教座を置き、セルビアの教化に努めた。大主教座はまもなく、今回のコソヴォ紛争の舞台となったペーチに移された。以後、聖サヴァはセルビア人の啓蒙と教育の代名詞となり、いまでも最も尊敬される聖人の一人となっている。

一三三一年に即位したドゥシャン王の時期は、セルビア王国の最盛期である。中世セルビア発展の経済的基盤は銀、鉄、鉛などの鉱業であり、主としてハンガリー経由でやってきたザクセン人（ドイツ人）鉱夫の生み出した莫大な利益がセルビア王国にもたらされた。ドゥシャンは巧みな外交政策により、周辺のブルガリアやハンガリーやドゥブロヴニク（イタリア語名ラグーザ）と友好関係を維持して、一三四五年までにセルビア、テッサロニキを除くマケドニア、アルバニア、ギリシア中部までを手中に収め、ビザンツ帝国に迫った。

また、ドゥシャンはセルビア正教会を大主教座から総主教座に昇格させ、一三四六年には首都スコピエで、総主教から「セルビアとギリシア人の皇帝」として戴冠された。さらに、ドゥシャンは一三四九年、ビザンツ法とセルビア慣習法を融合してセルビア初の「ドゥシャン法典」を制定して国内固めを図ったが、一三五五年に熱病に冒されて急逝した。ドゥシャンの死後、セルビア王国の広大な領土は内紛から分裂していき、加えてオスマン軍の侵入を受けることになる。

ネマニッチ王朝の歴代の君主たちは、セルビア各地に多くの修道院を建設した。これらの修道院はもちろん宗教活動の場であったが、それにとどまらず、教会建築、修道院に描かれたフレスコ画などの美術、聖者伝などの学芸の中心ともなり、中世セルビア文化が開花した。そのため、セルビア人にとって、中世セルビア王国は長く記憶にとどめられることになる。

## ●東西世界の接点
## ――クロアチア王国の建国

クロアチア人がパンノニア（現在のハンガリー）からクロアチア中部に移住したのは七世紀のことであり、さらにダルマツィアのア

**▲クロアチア人のアドリア海到達**
パンノニアから移住してきたクロアチア人は、7世紀の中頃にアドリア海岸にまで到達した。この絵はそのときの様子を描いている。10世紀までのクロアチアは内陸部のパンノニアとアドリア海沿いのダルマツィアとに2分されていた。クロアチアの画家イヴェコヴィチの1905年の作品。

**▼トミスラヴの戴冠**
南北に2分されていたクロアチアを10世紀に初めて統一し、国王を名乗った。この中世クロアチア王国は200年間にわたり継続。現在、クロアチアの首都ザグレブ駅前にはトミスラヴの像があり、トミスラヴ広場が続いている。クロアチアの画家イヴェコヴィチの1888年の作品。

ドリア海岸に至るのはこの世紀の半ば頃である。また、現在のボスニア・ヘルツェゴヴィナ西部にも定住する。クロアチアはしばらくのあいだ、内陸部のパンノニアとアドリア海沿いに南北にのびるダルマツィアとに二分されたままであった。

　こうした状況が長く続いたのは、クロアチア人の定住した地域が、西欧世界とビザンツ世界との接点に位置していたことと密接に関連している。クロアチアは東西両勢力の対立に巻き込まれると同時に、カトリック教会と東方正教会との熾烈な争いの場ともなった。東西両勢力に翻弄《ほんろう》されながら、その間隙を縫ってクロアチアの自立が図られていく。

九世紀初め、アヴァールを滅ぼし領土拡大

を進めていたフランク王国は、パンノニアからダルマツィアの北部一帯に支配権を確立した。これに伴い、クロアチア人のキリスト教化も進んだ。ダルマツィアはもともと地理的に近いローマの強い影響を受けており、帝国の分裂後はビザンツがその支配権を継承した。ビザンツ皇帝ユスティニアヌスは六世紀にダルマツィアの統治権を回復し、以後、一一〇二年までビザンツの名目的な統治が続いた。その政治的中心は沿岸部の都市ザダルであった。

しかし実際には、ビザンツ帝国の支配権は沿岸部を除くと、強固なものではなかった。沿岸部といっても、ザダル、トロギル、スプリト、ドゥブロヴニク（以上、現在のクロアチアの都市）、コトル（現在のモンテネグロの良港）などの沿岸都市はローマ・カトリックとの関係が強く、自治を享受していた。ビザンツはアドリア海岸南部のドゥラス（現在のアルバニアの良港）を拠点としていたにすぎない。

九世紀後半、フランク王国によるパンノニアとダルマツィア支配が終わると、今度はビザンツ帝国が支配権の確立を狙った。八七五年、ジュパと呼ばれるこの地方の部族単位の共同体を統一し、ダルマツィア・クロアチアの公となったブラニミルはビザンツへの対抗上、ローマ教皇庁に接近して、ダルマツィアの教会を西方カトリック教会に帰属させた。その中心はスプリトの司教座である。

この時代のクロアチアにおいて興味深いのは、パンノニア・クロアチアにキュリロスとメトディオスの伝統が継承されたことである。メトディオスは晩年、シルミウム（現在のセルビア共和国北部ヴォイヴォディナのスレムスキ・カルロヴツィ）の大司教であったため、ここではギリシア語でもラテン語でもなく、スラヴ語による礼拝が普及していた。このスラヴ語典礼はダルマツィアにも伝えられ、ザダル北方の町ニンの司教座を中心として維持された。九二八年の教会会議でスラヴ語典礼は禁止されたが、ローマ・カトリック教会を象徴するスプリトとクロアチア教会を象徴するニンとの確執が続いた。

こうした情勢を背景として、九二四年にニ

**▼ビザンツ帝国のバルカン支配　10世紀末〜12世紀**

6世紀後半から7世紀にかけて、スラヴ人がバルカン半島に移住してくると、バルカンの歴史はビザンツ帝国とスラヴ人やブルガール人との抗争の歴史として描くことができる。この地図はビザンツ帝国が勢力を保持していた時期のもの。

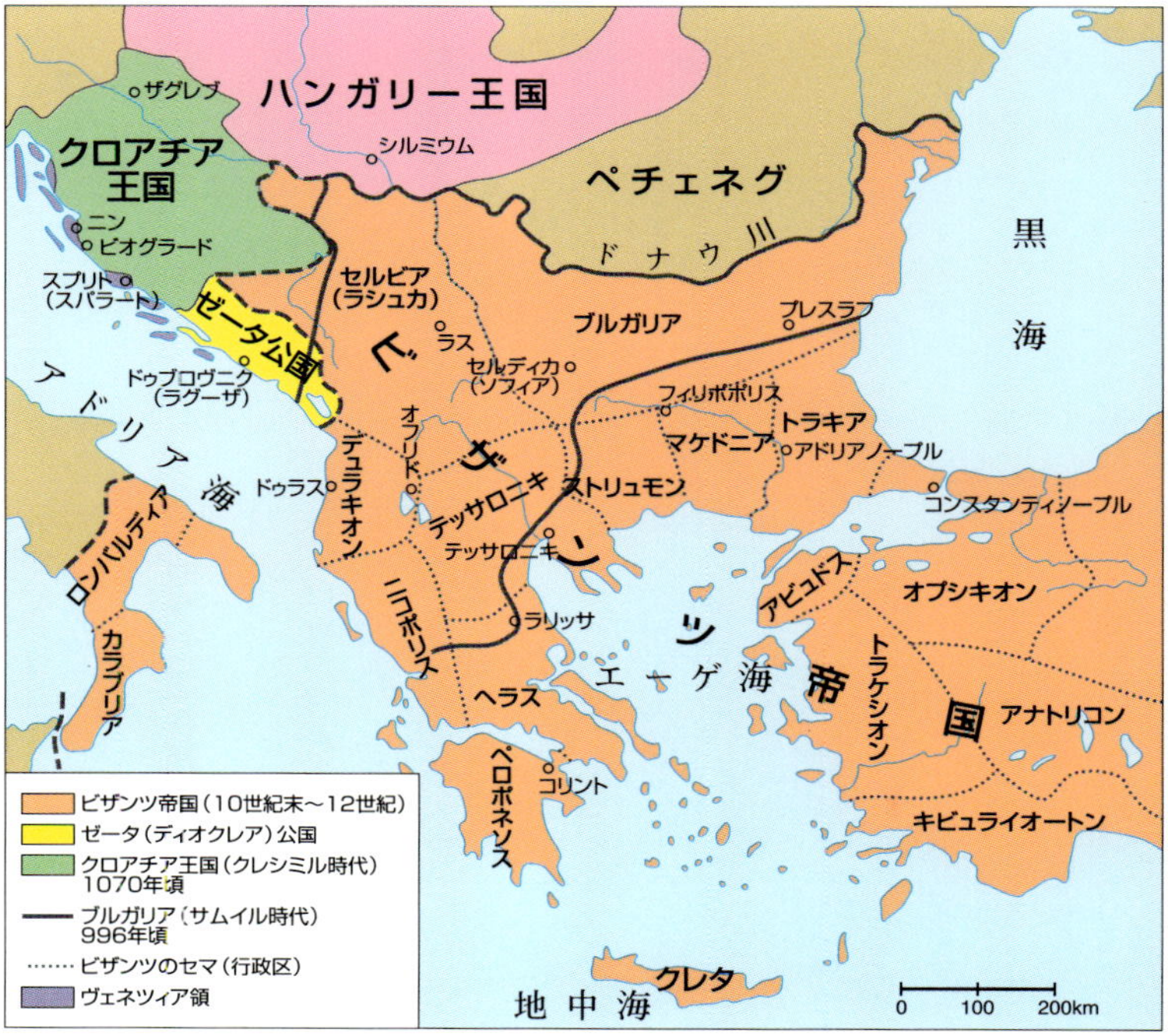

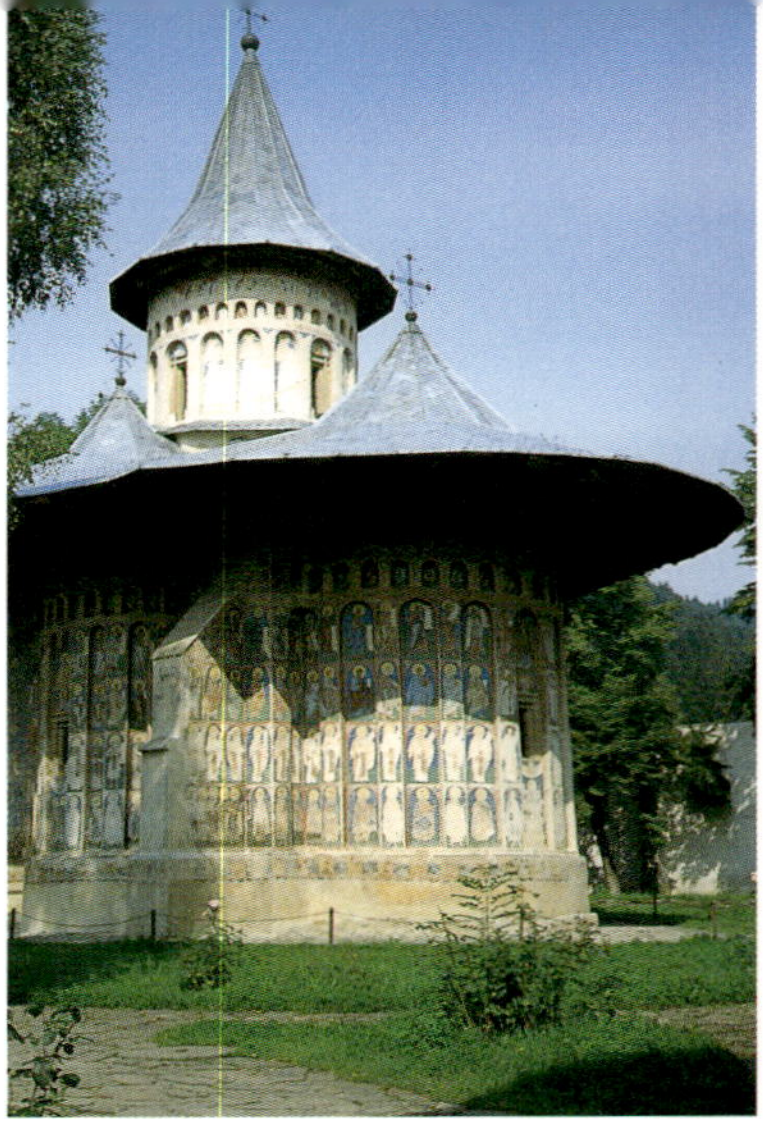

**▲ヴォロネツ修道院**
モルドヴァ北部のブコヴィナ地方にある修道院。1488年、モルドヴァ公国の最盛期にシュテファン大公により建造された。16世紀に増築がなされて、外壁に青色を基調とするフレスコ画が描かれた。ヨーロッパの建築様式を取り入れながら、モルドヴァの独自の様式を作り上げている。

**▲リラの修道院**
ブルガリアの首都ソフィアの南120キロ、リラ山中にある修道院。10世紀に、イヴァン・リルスキが建造した。近代において破壊されたが、19世紀に再建された。フレリョの塔は14世紀の建造、その右手は聖母誕生教会。19世紀後半に民族運動が活発に展開されたさい、ブルガリアの文化と宗教の中心となる。

ンのジュパン（族長）であったトミスラヴが強力な軍隊を組織してフランクやハンガリーを破り、パンノニアを征服してダルマツィアとの統一を果たした。九二五年、トミスラヴはクロアチア王を名乗る。ダルマツィア沿岸のビオグラードを中心地とするこの中世クロアチア王国は、ビザンツ帝国とヴェネツィアによる外からの攻撃を受けつつ、国内的にも王位継承問題が繰り返されたが、二百年間にわたり継続した。一一世紀後半の国王クレシミルとズヴォニミルの時期はクロアチア王国の黄金期とされている。近代において、セルビア人が中世セルビア王国に愛着をいだくように、クロアチア人にとって中世クロアチア王国は、自らのアイデンティティーの拠り所となる。

一一〇二年、王位継承問題をめぐって内紛が生じ、この機会にハンガリー王がクロアチアとのあいだに協定を結び、クロアチアおよびダルマツィアの王を兼ねることになった。これ以後、クロアチアは内政上の自治権を認められてはいたが、ハンガリー王国のもとに置かれた。一六世紀の初め、モハーチの戦いでハンガリーがオスマン帝国に敗北してその独立が奪われると、クロアチアはハプスブルク帝国とのあいだで、以前と同様の関係を取り結んだ。こうした関係は、一九一八年にハプスブルク帝国が崩壊するまで継続する。

## ボスニア人の国——ボスニア王国

東西世界の接点であり、クロアチアとセルビアに挟まれたボスニア（ボスナ川にちなんだ地名）に、南スラヴが定住したのは六世紀末から七世紀初頭にかけてである。その北部と西部にはクロアチア人、南部と東部にはセルビア人が優勢となった。しかし、ムスリムを中心とする最近のボスニア史学では、セルビア人ともクロアチア人とも考えない人たちが、ボスニア人としてのはっきりした自己意識を持たないまま存在していたとされる。

一〇～一二世紀にかけて、ボスニアの一部はブルガリア、セルビア、クロアチア、ハンガリー、ビザンツ帝国に交互に支配された。一二世紀後半になるとクリンという支配者（バン）が現在のボスニア中部を統一して、中世ボスニア王国を建国した。この結果、ボスニ

**▲ヒランダル修道院**
聖山アトスにある20の修道院の一つ。セルビア正教会の修道院。1198年に中世セルビア王国ネマニッチ王朝の創始者ネマーニャ(修道士名シメオン)と修道士となった末子サヴァが建造した。この修道院の教会堂はミルティン王が13世紀末に寄進した。

**上・右　聖ナウム修道院**
マケドニアのオフリド湖南部の湖畔にある修道院。第1次ブルガリア帝国のボリスの統治期に、キュリロスとメトディオスの高弟クリメントやナウムがブルガリアに招かれ、オフリドで活動した。ナウムが900年頃にこの修道院を建造した。現在の修道院はオスマン期に再建されたもの。

**▶スチェヴィツァ修道院**　世界文化フォト
モルドヴァ北部のブコヴィナ地方にあり、最も美しいモルドヴァ様式の修道院の一つ。1584年にボイェリ(貴族)のモヴィラ家によって建立された。16世紀末から17世紀初めにかけて、モヴィラ家からモルドヴァ公がでると修道院に手が加えられ、外壁がめぐらされた。ユネスコの世界遺産に登録されている。

アの人たちはセルビア人ともクロアチア人とも異なる自己意識と生活様式をもつことになる。かれらは両民族との違いを強く意識して、自らをボスニア人と考えるようになっていく。

このボスニアは山岳地が多く、東方正教会とローマ・カトリック教会双方の影響が容易におよばなかったのである。従来の研究では、こうした状況において、中世の異端ボゴミル派がボスニアに拡大し、ボスニア教会を組織して布教活動にあたったとされることが多かった。しかし最近の研究によると、ボスニア教会はカトリック教会内の分離派にすぎず、ボゴミル派がボスニアで多数を占めたわけではなかったことが示されている。

中世ボスニア王国は一四世紀のコトロマニッチの治世に、のちにヘルツェゴヴィナと呼ばれることになるフム地方をも支配下に置き、ボスニアとヘルツェゴヴィナとの統一の基礎を築いた。コトロマニッチの後継者トヴルトコはさらに領土を拡大し、衰退しつつあった隣接のセルビア王国に代わってバルカン最強の国家となった。トヴルトコは一三七七年に、初めて王の称号を名乗っている。しかし、かれの死後に内紛が生じ、一五世紀後半にはボスニアとヘルツェゴヴィナが相次いでオスマン帝国の直轄統治を受けることになった。

ボスニアではオスマン帝国の支配下でムスリムへの大量改宗が進行する。この改宗についても、従来はボスニア教会のボゴミル派が

**上右・ボゴミル派の墓石**
中世のバルカンで勢力をもったキリスト教の異端。10世紀、マケドニアの司祭ボゴミルを始祖とし、その後ブルガリアやボスニアで勢力を拡大した。この写真はヘルツェゴヴィナのラディムリャにある墓石。最近では、ボゴミル派だけでなくあらゆる宗派の人が同様の墓石を造ったので、「ボスニアの墓石」とすべきだとされる。
**上左・クリン・バンの碑文**
ハンガリーの支配下におかれたボスニアで、有力者クリンが12世紀末にバン（首長）と称して、初めてボスニアを統一した。バンの称号は、14世紀後半にトヴルトコが国王を名乗るまで使われた。写真はクリン・バンという一文の入った石碑。

**▼セルビア王国とボスニア王国　12世紀半ば～14世紀**
この地図は12～14世紀の中世セルビア王国とボスニア王国の領域を示している。セルビア王国の最大版図がギリシアにまで達していたことがわかる。ボスニアも14世紀後半には、トヴルトコが国王を名乗った。

大量に改宗したと説明される傾向が強かった。しかし、最近の研究にしたがい、ボスニア教会の信者はムスリムに改宗しただけではなく、カトリックにも正教にも改宗したし、改宗はオスマン帝国のボスニア進出直後にいっきに行われたのではなく、長期にわたって進行したと考えるのが妥当であろう。いずれにせよ、これ以後のボスニアの歴史は、カトリックとセルビア正教とイスラームという多様な要素にいろどられていく。

## ●ダキア・ローマ人の国 ——ルーマニアの建国

ルーマニア人の起源については諸説があるが、現在のルーマニアではダキア人（インド・ヨーロッパ語系の部族、紀元前八世紀以来バ

▶ヤイツェ　ボスニア中部の町で、中世ボスニア王国最後の首都。15世紀後半に、ボスニア・ヘルツェゴヴィナはほとんどオスマン帝国の支配下に置かれたが、ヤイツェの守備隊は1527年までもちこたえた。第二次大戦期には、この町で第2回ユーゴスラヴィア人民解放反ファシスト会議が開催された。ボスニア内戦後、人口構成が変化し現在はムスリムの町。

▶モルドヴァ公国とワラキア公国　15世紀半ば　ルーマニアの基礎をなすドナウ二公国、ワラキア公国とモルドヴァ公国が14世紀に建国された。この地図は、オスマン帝国のバルカン進出が本格化した15世紀半ばすぎの様子を示している。ドナウ二公国とトランシルヴァニアのルーマニア人は、19世紀になるとルーマニアを建国しようとする政治意識を強めた。

ルカン半島北部に定住）とローマ人との混交によって生じたダキア・ローマ人（原ルーマニア人）に起源を求めている。ドナウ川北部に広がるダキアでは、紀元前七〇年に部族連合の首長ブレビスタがこの地域を統一して支配した。

私は一九八〇年にルーマニアを訪れたことがある。五年に一度の国際歴史学会議がブカレストで開かれ、これに参加した。会場で配布されたルーマニア通史の扉に、チャウシェスクの写真と並んで記された建国二〇五〇周年の赤い文字が印象的だった。建国二〇五〇年とは、ブレビスタの統治から数えてのことであった。

ダキア人の指導者デチェバルの死後、一〇六年にダキアはローマ帝国の属州となるが、三世紀後半にはゲルマン諸族がこの地にも侵入を繰り返した結果、ローマ軍は二七一年にダキアから撤退する。これ以後、民族移動期を通じて、ダキア・ローマ人はカルパチア山脈の山間部に逃げ込み、ドナウ川とカルパチア山脈とのあいだの地域に分散して居住した。一〇世紀頃、かれらはヴラフと呼ばれるようになり、ワラキアとモルドヴァで国家を建設したとルーマニアでは考えられている。その後、ヴラフの居住地域は拡大し、ドナウ川以南の山岳部にも居住するようになる。

　いずれにせよ、四世紀から一〇世紀にかけてのカルパチア＝ドナウ地域（現在のルーマニアを構成する南部のワラキア、東部のモルドヴァ、西部のトランシルヴァニアを含む）に関する史料は欠落している。そのため近年、ルーマニアとハンガリーの歴史家のあいだで、とくに「森の彼方の地」を意味するトランシルヴァニアの歴史をめぐる論争が激しさを増した。ルーマニア側はダキア・ローマ人からヴラフへと、「ルーマニア人」が断絶なくトランシルヴァニアに居住していたと主張する。これに対してハンガリー側は、一二世紀後半にトランシルヴァニアに対するハンガリーの支配が強まる以前に、この地に「ルーマニア人」は居住していなかったと主張する。両者の論争はトランシルヴァニアの領有権をめぐる問題ともからみ、現在でも続いている。

　ヴラフによる最初の国が建設されたのは一四世紀のことである。ワラキア地方北部のアルジェシュ（南カルパチア山脈の山麓に位置する、現在のクルテア・デ・アルジェシュ）のクネズ（首長）であったバサラブが、一三三〇年にハンガリー王カーロイ一世の遠征軍をポサダ（アルジェシュの北）の戦いで破り、ワラキア（ヴラフの国を意味する）公国を建国した。ワラキアは九世紀頃から、ブルガリア教会を通じて東方正教の布教活動が続けられていたが、バサラブの後を継いだニコラエ・アレクサンドルはコンスタンティノープルの承認を得てアルジェシュに府主教座を創設した。その後、府主教座は中央部のトゥルゴヴィシュテに、一七世紀にはブカレストに移転する。

**▲ポサダの戦い**
1330年、ルーマニアのバサラブ公がハンガリー王カーロイ１世の遠征軍を撃破した戦い。ポサダはワラキア北部のカルパチア山脈の南麓にある。この戦いにより、ワラキア公国が建国された。絵には、上部にいるルーマニア人兵士が矢を射り石を投げて、右下のカーロイ１世の軍を攻撃する様子が描かれている。

　ワラキアと同じ頃、モルドヴァでもヴラフの国が成立する。トランシルヴァニア北部のマラムレシュから来たヴォエヴォド（首長）のボグダンがハンガリー軍を破り、一三五九年にモルドヴァ公国を建国した。ボグダンの後継者はハンガリーとの対抗関係から、一時期、ポーランド王の宗主権を認めている。しかし一四〇一年、北部にある首都スチャヴァに東方正教会の府主教座が設置（のちに中東部のヤシに移転）された。

　ワラキアとモルドヴァの両公国は多くの共通性を備えており、近代にいたると同族意識が強まり、トランシルヴァニアの「ルーマニア人」も含めて合同したルーマニア（ローマ人の子孫の国を意味する）を建国しようとする政治意識が芽生えることになる。

第二章

# オスマン帝国の支配

▲ドリナの橋　ボスニアとセルビアの国境をなすドリナ川上流の町ヴィシェグラードに架かる橋。ボスニア出身のノーベル賞作家アンドリッチの作品『ドリナの橋』は、この橋を中心とした500年にわたる歴史小説である。1992年にボスニア内戦が始まった当初、橋の破壊が心配されたが杞憂に終わった。

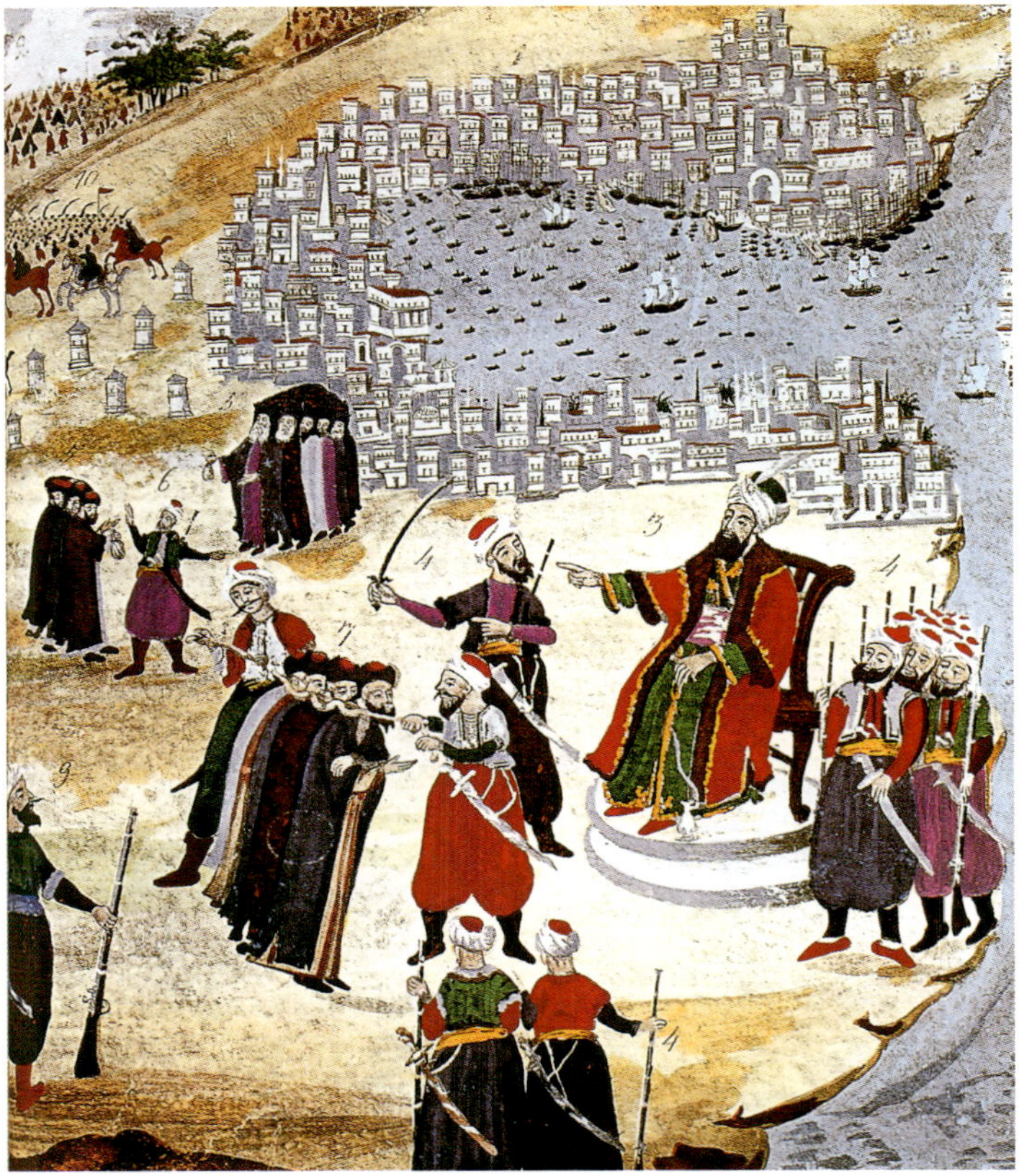

▲コンスタンティノープル陥落
1453年、オスマン軍はビザンツ帝国の首都コンスタンティノープルを包囲して、一千年におよぶ帝都を陥落させた。この絵は1830年代半ば、独立直後のギリシア人の作品。勝ち誇るメフメト2世が中央に、この絵ではカットされているが左手には18世紀末にギリシア人の解放を唱えたリガスとクレフティスが「自由の種子」をまく姿が描かれている。

## ●統治の仕組み

一三世紀末、小アジアに成立したオスマン朝はバルカンを四百～五百年以上にわたり支配することになる。オスマン朝は一四世紀中頃、ビザンツ帝国の内紛に乗じてバルカンに進出すると、一三八九年のコソヴォの戦い、一三九六年のニコポリスの戦い、一四四四年のヴァルナの戦いなどでつぎつぎとバルカンの軍隊を破り、セルビア、ブルガリア、ギリシア北部を支配下に置いた。さらに、一四五三年にはコンスタンティノープルを陥落させ、ビザンツ帝国を滅亡させた。一五世紀末までには、ボスニア、アルバニア、ワラキア、モルドヴァ、ギリシア南部を含むバルカン半島を征服した。

オスマン朝は一六世紀のスレイマン一世の時代に最盛期を迎え、アジア、ヨーロッパ、アフリカにまたがる東地中海一帯をおおうイスラーム世界帝国となった。スルタンを頂点とするオスマン帝国はきわめて中央集権的な統治制度を作りあげたが、一方で支配下に置いた諸民族に対して、宗教別に区分して一定の自治を認めた。オスマン帝国がこれほど長い期間、バルカンを支配できたのはそのためだといわれている。しかし、イギリスのバルカン史研究者マゾワーが指摘しているように、帝国支配を民族共存の理想郷と考えるべきではない。近代のヨーロッパで生み出される「民

**▶スレイマン大帝**
オスマン帝国最盛期の君主。1520年に父セリム一世の後を継いで第10代スルタンとなった。この時期に、オスマン帝国はアジア、ヨーロッパ、アフリカにまたがるイスラーム世界帝国になった。ミニアチュール画には、晩年のスレイマン大帝がバラの花を嗅ぐ帝王特有のポーズで描かれている。

**▶スィパーヒー**
スルタンから与えられる一代限りの軍事封土保有者のこと。ティマール制と呼ばれるオスマン帝国の軍事・行政制度のもとで、スィパーヒーは戦時に自ら騎士として武装し従士を率いて戦場に赴き、平時には自らの封土に居住する自営農から現物税を徴収した。帝国の衰退とともに、スィパーヒーも没落していく。

**◀オスマン帝国の拡大**
14世紀から17世紀にかけて、オスマン帝国の領土拡大の様子を示している。オスマン帝国のバルカン統治は、地域の特殊性を配慮して巧みに行われた。直接統治の従属国、キリスト教徒の君主をもつ属国、貢納国などの区分が見られた。二度におよぶウィーン包囲は失敗した。

族」という考えが、まだ存在しなかったことが大きい。

　オスマン帝国は征服したバルカン社会を徹底的に破壊して支配したのではなく、バルカンの社会や伝統に配慮して、その上にオスマンの統治機構をかぶせたのである。オスマンの諸制度を長い時間をかけて浸透させていこうとした。スルタンを中心として、トルコ人だけではなく、さまざまな民族的出自の政治エリートが統治にあたった。帝国の臣民はムスリムかキリスト教徒かを問われず、二つの階層に区分された。一つはアスケリーと称され、軍事や政治のエリート層で免税されている人々であり、もう一つはレアーヤーと呼ばれる農民、手工業者、商人層で税の負担者である。しかし、非ムスリムには人頭税が課された。

　このような統治を行うオスマン朝は、もともとオスマンを始祖とするトルコ系の一軍事集団として出発しており、軍事と行政の区分が未分化であった。行政区は同時に、軍管区として軍事的な側面をもっていたが、一六世紀にオスマン朝が世界帝国になるにおよび、統治制度の整備が図られて軍事と行政の分化の過程が進んだ。

　帝国の軍事・行政上の基礎に据えられていたのがティマール制であった。ティマール制とはスルタンから与えられた一代限りの軍事封土の保有者スィパーヒーが、戦時に自ら騎

▶東方正教会総主教
東方正教会総主教座はビザンツ帝国の都コンスタンティノープルに置かれていた。メフメト二世は帝都を征服すると、スルタンがビザンツ皇帝に代わる支配者となったことを示すため、東方正教会総主教を「世界総主教」に就任させ、集権的な教会組織を再建した。この結果、「世界総主教」がバルカンの個別の東方正教会すべてに影響力をもつようになる。

士として武装し従士を率いて戦場に赴く軍事封土制である。帝国の行政はエヤーレト（州）、サンジャク（県）、カーザ（郡）に区分されており、スィパーヒーは戦時にはサンジャクの長サンジャク・ベイのもとに組織されて戦争に参画し、平時には自らの封土内の治安維持にあたった。軍事と行政の分化は、一五世紀後半にイェニチェリと呼ばれる常備歩兵軍団が軍事面での中心に据えられ、スィパーヒーに率いられた従来の地方軍団の役割が減少することにより進行した。

　ティマール制はもう一面で、バルカンの農業生産を維持する社会経済上の重要な制度でもあった。スィパーヒーは自らの封土に居住する自営農から主として穀物の現物税を徴収する代わりに、かれらを保護する責任を負っていた。このティマール制は、征服による領土の拡大を前提としていた。一六世紀後半に入りオスマン帝国の領土拡大が一段落すると、さまざまな社会的矛盾が表面化した。中央集権制の弛緩が始まり、スィパーヒーが没落するにいたり、社会経済上の制度としてのティマール制の意味が失われていく。

　オスマン帝国は集権的な統治制度を整備したが、広大な領域には宗教的にも民族的にもきわめて多様な要素を含み込んでいた。そのため、実際には帝国の臣民を宗教的帰属にしたがって、ミッレトという宗教共同体別に組織した。これがミッレト制と呼ばれる制度である。キリスト教徒は東方正教徒、ユダヤ教徒、アルメニア教徒のミッレトに区分された。それぞれのミッレトは内部の自治を認められ、信仰を保障されると同時に、徴税を円滑に行う支配の道具とされた。しかし最近の研究では、オスマン帝国のバルカン統治の初期において、ミッレト制は実体を伴わない統治理念にすぎなかったとされている。実体化されるのは、一八世紀以降になってからのようである。

　興味深いのは、東方正教徒のミッレトが作られることによって、それまでに独立していたブルガリア正教会やセルビア正教会がイスタンブルの総主教（「世界総主教」と称される）

▶イェニチェリ
オスマン帝国の常備歩兵集団のこと。軍団の創設は14世紀後半とされている。デウシルメ制によって徴用されたバルカンの子供たちの多くはイェニチェリ兵士となった。16世紀末まで、オスマン帝国の精鋭軍として帝国の発展に貢献したが、17世紀以降は軍紀が乱れて、統制のきかない無頼集団となった。１８２６年に廃止。

◀ソコロヴィチ兄弟
上はデウシルメ制によって、ボスニアのソコロヴィチ村から徴用され、スレイマン一世の時代に大宰相にまで昇り詰めたメフメド・ソコルル（ソコロヴィチ）。故郷の村に、アンドリッチの小説の舞台となるドリナの橋を架けた。下はその弟で16世紀中頃に復活したペーチのセルビア正教会総主教に任命されたマカリエ。

のもとに東方正教会として統一されてしまったことである。イスタンブルの総主教座から各地に、主としてギリシア人聖職者が派遣された。そのため、バルカンの諸民族は一九世紀に民族意識を獲得する以前には、ギリシア人聖職者やギリシア語を介して、バルカンに住むキリスト教徒としての一体感を共有していた。

いずれにせよ、オスマン帝国のバルカン統治は地域の特殊性を配慮し、一様ではなく巧みに行われた。以下に説明するように、従属国として直接統治をしたり、キリスト教徒の君主をもつ属国として統治したり、貢納国の地位を与えたりしたのである。

## ●デウシルメ制度 ——「血税」か出世の道か

オスマン朝は支配下に置いたバルカンのキリスト教徒に、強制的な改宗を迫ることはしなかった。長いオスマン帝国の統治を受けて、イスラームに改宗するキリスト教徒の例もみられたが、それは基本的に自発的な改宗であった。しかし、オスマン支配の初期には、強制的な改宗の制度も存在していた。キリスト教徒にとっては、「血税」ともオスマン社会の中枢へと出世する手段とも見なされたデウシルメ制度である。

デウシルメとは、オスマン朝がバルカン半

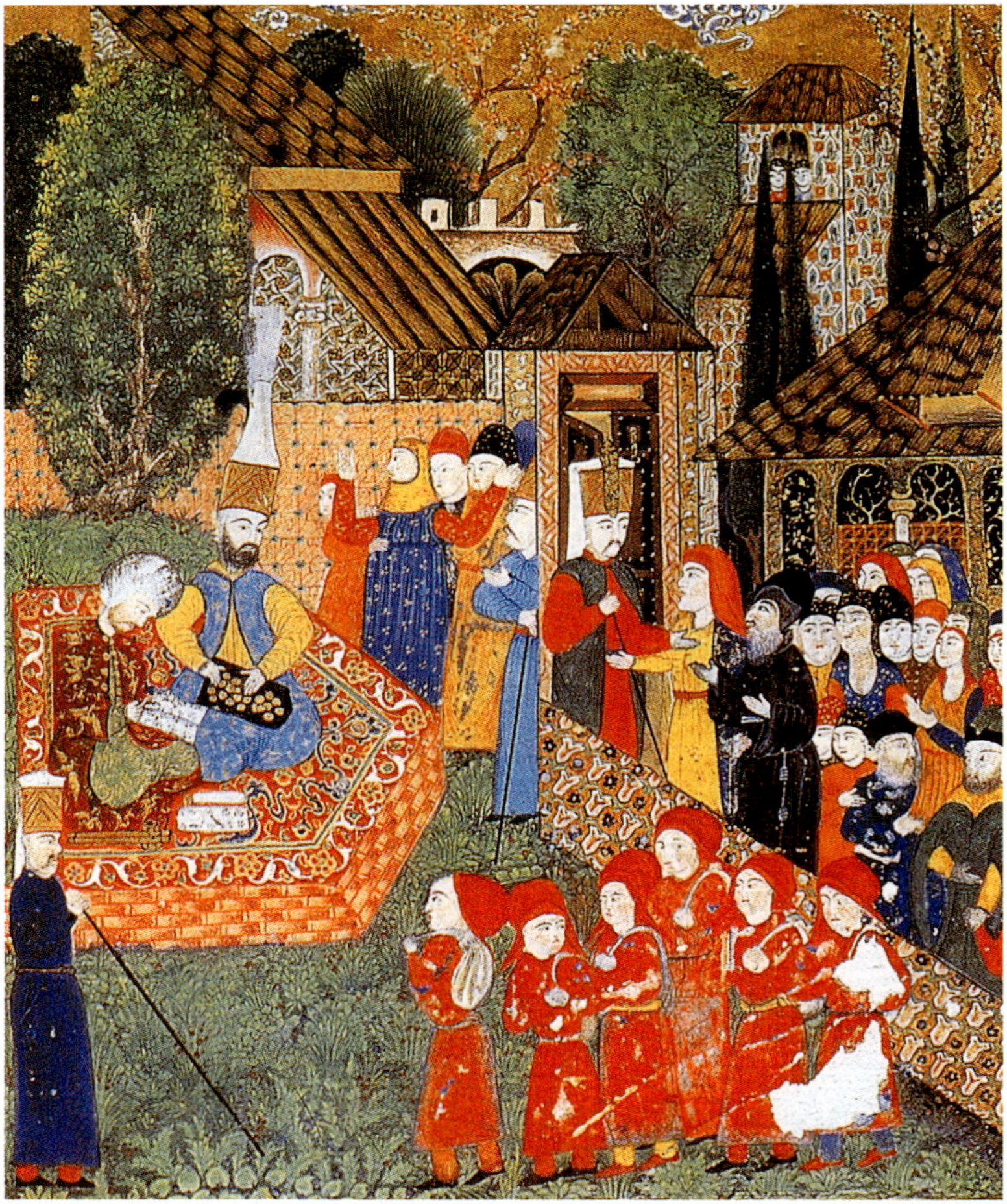

▶デウシルメ
オスマン帝国によるバルカンのキリスト教徒少年の徴用制度。この制度は14世紀末から18世紀中頃まで続いた。キリスト教徒の少年にとっては唯一の出世の手段であったが、少年たちの両親にとっては「血税」と見なされた。ミニアチュール画は徴用された赤い衣服を着た少年たちのイスタンブルでの登録の様子を描いている。

島のキリスト教徒のなかから利発で健康な男子（一〇～二〇歳）を徴用し、イスタンブルに連れて行きイスラームに改宗させたうえで、オスマン風の教育をほどこす制度のこと。徴用された少年たちの多くは成人すると、イェニチェリやトプカプ宮殿の官僚に登用された。コンスタンティノープルが陥落した一四五三年から、この制度が崩れ始める一七世紀初めまでのあいだに、スルタンに次ぐ地位の大宰相を務めた三六人中ほとんどがトルコ人ではなく、デウシルメなどにより軍人や官僚に登用されたバルカンの人たちであった。

　デウシルメ制度は、オスマン支配下のキリスト教徒の少年にとって唯一の出世の手段であった。しかし、少年たちの両親、とくに母親にとっては大事な息子が奪われてしまう制度でもあり、「血税」と見なされたのである。ボスニア出身の作家で、一九六一年にノーベル文学賞を受賞したアンドリッチの作品に、デウシルメ制度によって徴用されたわが子のあとを泣き叫びながら追いかけ、ついに力尽きて地面に崩れ落ちる母親の様子が描かれている。

　長編小説『ドリナの橋』の一節である。一九九二年から始まるボスニア内戦時に一部破壊されたが、ドリナ川にいまも架かる「ドリナの橋」（35頁の写真参照）の建設を命じた大宰相ソコルルにまつわるエピソードは興味をそそられる。ドリナ川はモンテネグロに水源を発し、ボスニアとセルビアとの境界をなしながら北に流れ、サヴァ川と合流する。このドリナ川の上流、ボスニアのヴィシェグラードという町に「ドリナの橋」は架かっている。アンドリッチの『ドリナの橋』はヴィシェグラードの五百年の歴史を綴った大河小説である。

▼グスラル
セルビアの英雄叙事詩を語る盲目の語り部。グスラルはグスラと呼ばれる一弦琴（グスレ）を馬の尾から作られた弓で奏でながら、文字の読めない農民たちに叙事詩を語り継いでいった。オスマン帝国支配下のセルビア人にとって、グスラルの語る英雄叙事詩は自らのアイデンティティーを保持するうえで大きな役割を果たした。

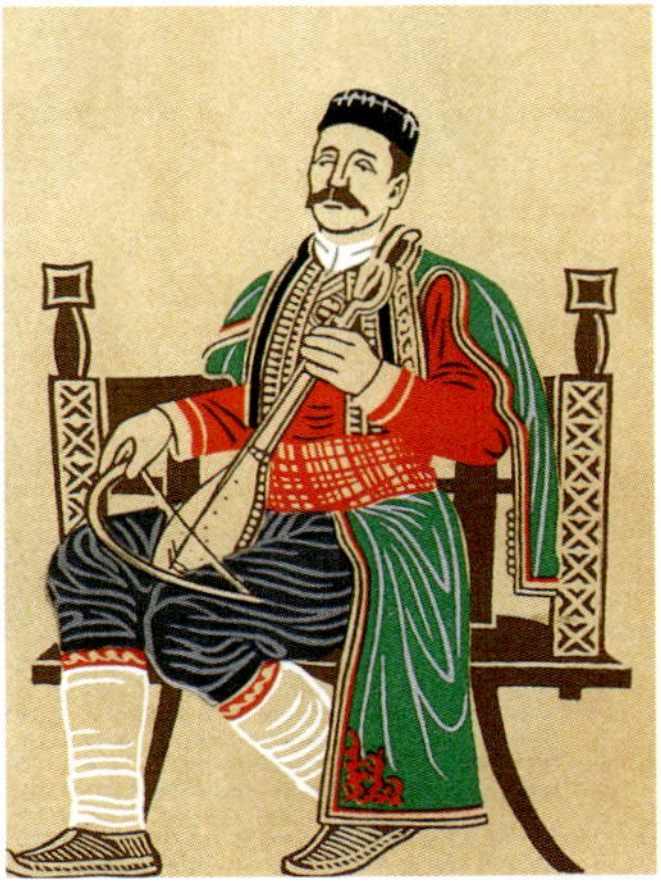

▼マルコ王子
セルビアに口承文学の形で残されている英雄叙事詩の主要なテーマの一つがマルコ王子にまつわるもの。マルコ王子はマケドニアのプリレプを所領とするヴカシン王の長子で、実在の人物。オスマン朝への服属を余儀なくされたが、叙事詩のなかでは、オスマン軍に対して果敢に戦う英雄として描かれている。

大宰相ソコルルは一六世紀初めにボスニアのソコロヴィチ村で生まれた。一八歳の時にデウシルメによって徴用され、イスラームの教育を受けたあと、スレイマン一世の側近に任命され、宮廷内で頭角をあらわし名宰相とうたわれた。ソコルルは両親や親類縁者をイスタンブルに呼び寄せ、かれらもさまざまな働きをしたことから、ソコロヴィチ家はイスタンブルで大きな力をもつようになる。

『ドリナの橋』によると、ソコルルは徴用され故郷を離れる際に、ドリナ川を渡ったときの苦労を忘れることがなかった。大宰相にまで昇り詰めたソコルルは、ヴィシェグラードに橋の建設を命じたのである。一大工事が敢行されて、ようやく美しい橋が完成する。ソコルルはこのほかにも、コソヴォのペーチのセルビア正教会総主教座を一五五七年に復活させたとされている。セルビア王国崩壊後、オフリドの大主教座がセルビアを管轄下に置いていた。ペーチの総主教座の復活（一七七六年まで）は、セルビア人としてのアイデンティティー保持に多大な役割を果たした。

このように、ソコルルの活躍はめざましかったが、デウシルメ出身の軍人や官僚は、基本的にはスルタン個人の「奴隷」であり、その専制権力を支える存在にすぎなかった。それにしても、西欧の身分制社会と比べると、オスマン帝国の社会が柔軟で開かれたものであったことには驚かされる。デウシルメ制度はオスマン帝国の集権体制が緩むのに伴って崩れ始め、一八世紀中頃までには消滅してしまう。

## マルコ王子とコソヴォの戦い・セルビア王国——属国から直轄領へ

つぎに、オスマン帝国の一様でない巧みなバルカン統治の具体例を五つの地域を取り上げてみてみよう。セルビア王国ではドゥシャン王の死後、一人息子のウロシュが後を継いだ。しかし、王国の広大な領域は分裂を繰り返した。こうしたなかで一三六一年、トラキア地方のアドリアノープル（現在のエディルネ）を拠点としたオスマン朝がバルカン進出に着手する。オスマン朝のバルカン進出を決定づけた戦いとして、コソヴォの戦いがとりあげられるが、一三七一年に生じたマリツァ河畔（現在のブルガリア南部の川）の戦いも重要であった。

この戦いで、セルビア王国がオスマン軍に敗北した直後、ネマニッチ王朝最後の王ウロシュは病死した。マリツァ河畔の戦いを契機として、セルビア王国の崩壊は決定的となり、オスマン朝はじょじょにマケドニアの地を支配下に組み込んでいく。

ところで、セルビアには中世以来、口承文学の形で英雄叙事詩が残されている。叙事詩はグスラールと呼ばれる主として盲目の語り部により、一弦琴（グスレ）に合わせてて語

◀**オビリッチ**
コソヴォの戦いでセルビア軍を率いたラザル公の従士。オスマン軍を率いるスルタンのムラトのテントに忍び込み、かれを殺害した。オスマン軍はムラトの息子バヤズィト１世のもとで態勢を整えると、ラザル公を捕らえて殺害した。英雄叙事詩のなかで、ラザル公は悲劇の英雄、オビリッチは勇者として描写される。

▲**コソヴォの戦い**
中世セルビア王国のラザル公率いるバルカンの連合軍とムラト１世率いるオスマン軍との1389年の戦い。戦場となったコソヴォ平原は現在のコソヴォ自治州の中心プリシュティナのすぐ南にある。この戦いでセルビア軍は敗北したが、悲劇の歴史として神話化され、セルビア・ナショナリズムを鼓舞する事件として利用された。

り継がれていった。教会前の広場や人の集まる市場の片隅で演奏され、文字の読めない農民たちのあいだにも広まった。一九世紀の初め、ドイツ・ロマン主義の影響を受けたセルビアの文学者・言語学者であるカラジッチが、民衆のあいだに伝わる英雄叙事詩を採取し、ウィーンで出版した。これを契機に、セルビアの英雄叙事詩はヨーロッパで広く知られることになる。

この英雄叙事詩の一つのテーマがマルコ王子に関するものである。マルコ王子はマケドニアのプリレプを所領とするヴカシン王の長子で実在の人物。マリツァ河畔の戦いのあと、オスマン朝への服属を余儀なくされた。しかし、英雄叙事詩のなかでは、マルコ王子が翼をもつ愛馬シャラツにまたがり大活躍する。オスマン朝の家臣となりながら、スルタンの意にそむくだけでなく、スルタンを恫喝《どうかつ》さえする。武勲よりも金貨、金貨よりも自分の命を優先させる。屈折したセルビア人の英雄像がよく示されている。

分裂したセルビアにおいて、クルシェヴァツ（現在のセルビア共和国中部の町）を拠点とするラザル公が頭角をあらわし、一三八〇年代に二度にわたり、スルタンのムラト一世率いるオスマン軍の進出を阻んだ。一三八九年六月二八日（旧暦一五日、聖ヴィドの日）のコソヴォの戦いは三度目の決戦であった。プリシュティナのすぐ南に位置するコソヴォ・

ポーリェ（コソヴォ平原）で、ラザル公の軍はゼータのブランコヴィチ公、ボスニア王のトヴルトコ、ワラキア公ミルチャらの支援を受けて、ムラトのオスマン軍と戦火を交えた。

ラザル公の従士オビリッチはムラトのテントに忍び込み、かれを殺害した。これに対して、オスマン軍はその息子バヤズィトの指揮下で軍勢を整えると、今度はラザルを捕らえ殺害する。ラザル公の妃ミリツァは、貢納金を支払いオスマン朝への服属を認めた。しかし、ラザルの息子ステファンは、のちにオスマン軍の従士として武勲をあげ、セルビアのデスポト（侯）に任じられている。一方、ブランコヴィチは自軍の壊滅を恐れて、コソヴォの戦いから撤退し抵抗の意志を示すが、一三九二年にはオスマン朝への貢納を認めた。

コソヴォの戦いはセルビアの敗北であったが、英雄叙事詩のなかでラザルは悲劇の王として、オビリッチは勇者として描かれ、セルビア人の記憶にとどめられる。コソヴォの戦いも英雄叙事詩の主要なテーマの一つであり、邦訳もあるよく知られた叙事詩「セルビア帝国の滅亡」では、ラザル公の敗北がこの世のはかない王国よりも、永遠の天上の王国を選択した結果であったとされ、ブランコヴィチは裏切り者として非難される。この叙事詩は「そしてすべては至善にして讃えらるべく、全能の神の御心にかなったものだったのである」と、結ばれている。

セルビアはコソヴォの戦いのあと、すぐに滅びたのではない。オスマン朝の巧みな統治により、それから七〇年間、キリスト教徒の公をもつ属国としての地位を保持し続けた。しかし、一四五九年に最後の要塞スメデレヴォ（ドナウ河畔の町）が陥落するにおよび、オスマン朝の直轄領となった。コソヴォの戦いは英雄叙事詩とともに神話化されて長くセルビア人の心を捉え、近代セルビア・ナショナリズムの基礎に据えられる。ラヴァニツァ（ヴォイヴォディナの中心ノヴィサド南方のフルシュカ・ゴーラ丘陵にある）修道院に埋葬されたラザル公の遺体はセルビア・ナショナリズムのシンボルとされ、数世紀のあいだ各地を転々とした。一九八九年にいたっても、コソヴォの戦い六百周年を記念して、セルビアとボスニアの修道院を巡回している。セルビア人のナショナリズムを鼓舞するため、ミロシェヴィチがコソヴォ平原に百万人（公式発表）を集めて、六百周年記念集会を開催したことは記憶に新しい。

## ●ドラキュラのふるさと・ドナウ二公国——貢納国から属国へ

バルカンに進出したオスマン朝は、一四世紀末から一五世紀初めにかけてドナウ川を越え、その北部に位置するワラキアとモルドヴァのドナウ二公国、さらに一六世紀にはトランシルヴァニア、ハンガリーを脅かし始める。しかし、オスマン帝国はドナウ川以北を「和平の家」と捉え、それ以南の「イスラームの家」とは違って直轄領とせずに自治を認めた。そのため、ドナウ二公国もトランシルヴァニアも基本的に自治を維持することができた。

一三九五年、バヤズィト一世率いるオスマン軍がワラキアに侵攻すると、ワラキアのミルチャ老公(公位はヴォエヴォドと称される)がオスマン軍に対して最初に抵抗を試みた。ワラキア西部の町クラヨヴァ近郊のロヴィネで激戦が展開されたが、ミルチャ老公はオスマン軍の執拗な攻撃にあい、加えてボイェリと呼ばれる自軍の貴族たちが離反するにおよび、ハンガリー王の庇護を求めてトランシルヴァニアに逃亡する。オスマン朝はミルチャ

**▲ヴラド串刺公・ドラクル（ドラキュラ）**
ストーカーの小説『吸血鬼ドラキュラ』（1897年）のモデルとなったワラキア公国の公。反オスマンの旗手であり、15世紀中頃に3度にわたって公位についた。法律にそむく者や敵に対して厳しい姿勢でのぞみ、串刺しの刑を科すことが多かった。このため、串刺公の異名をとる。

**▲ミルチャ老公**
ルーマニアのワラキア公国の公。バヤズィト1世率いるオスマン軍がワラキアに侵攻したさい、最初に抵抗を試みた。オスマン軍の執拗な攻撃にあうが、ハンガリーと同盟を結んで撃退した。1415年、ワラキア公国の完全な自治と引き換えに、オスマン朝への貢納を認めた。

老公のライバルであったヴラド一世を公につけ、貢納を認めさせた。

しかし、これでワラキアがオスマン朝の属国になったわけではない。それには半世紀以上の時間を要した。ミルチャは態勢を立て直すと、ヴラド一世と戦い公位を奪還した。ミルチャが公国の完全な自治と引き換えに、オスマン朝への貢納を認めたのは一四一五年のことである。ミルチャの死後、ワラキアはハンガリー王国とオスマン朝が覇権を競い合う場となった。

この時期に反オスマンの先頭に立ったのは、一四四一年からトランシルヴァニアの公となり、四六年にはハンガリーの統治者となったフニャディ（民族的にはルーマニア人。ルーマニア語ではフネドアラ）であった。フニャディの軍にワラキアの諸侯もつき従って戦った。コンスタンティノープル陥落直後の一四五六年、フニャディはオスマン軍とのベオグラードの戦いで輝かしい勝利を収め、オスマン軍の中欧への進出をくい止めている。

一四五六年にワラキア公となったヴラド串《くし》刺《ざし》公がフニャディの後を継いで、反オスマンの戦いを続けた。ヴラド・ツェペシュは公として、法律にそむく者に対し厳しい姿勢でのぞみ、違反者に串刺しの刑を科すことが多かった。このため、ヴラド串刺公の異名をとることになる。このヴラド串刺公は、アイルランドの作家ブラム・ストーカーが一九世紀末に出版した小説『吸血鬼ドラキュラ』のモデルとして有名である。『吸血鬼ドラキュラ』は何度も映画化されており、トランシルヴァニアやルーマニアと聞くと、ドラキュラのふるさととして思い浮かべる人が多いかもしれない。ストーカーはスラヴ人のあいだに広く伝わる吸血鬼伝説と実在の人物ヴラド・ツェペシュを巧みに結びつけて、小説の主人公とした。これ以後、ヴラド串刺公は悪魔のように苛酷な統治者とのイメージが伝えられることになる。

しかし、実際のヴラド串刺公は反オスマンの旗手であり、一四六二年にはオスマン帝国への貢納金の支払いを拒否した。このため、スルタンのメフメド二世は強力な軍隊をワラキアに差し向けた。ヴラド串刺公はこれによく対抗したが、自軍の貴族の裏切りにあい、

▶ブラン城
ルーマニアの都市ブラショヴの南西30キロにある城砦。1377～78年にトランシルヴァニアとワラキアを結ぶ交易路を守る目的で建設された。ドラキュラの居城として知られているが、実際にはヴラド串刺公の時代に、この城はワラキアのもとにはなく、トランシルヴァニアの支配下に置かれていた。毎年25万の観光客で賑わい、ドラキュラ・ランドの建設が計画中。

トランシルヴァニアへの亡命を余儀なくされ、この地とハンガリーで一二年間にわたり幽閉されてしまう。一四七六年、ふたたびワラキア公に復帰するが不慮の死を遂げた。ヴラド串刺公の死とともに、ワラキアはオスマン帝国の属国の地位に落とされた。

　一方、モルドヴァはワラキアと比べてオスマン朝の支配地から離れていたので、その脅威は遅れてやってきた。一四世紀末まで、モルドヴァにとって脅威であったのは、北方の強国ポーランドと西方のハンガリーであった。モルドヴァが初めてオスマン軍の攻撃を受けたのは一四二〇年のことである。一四五三年にコンスタンティノープルを陥落させたあと、オスマン軍は黒海沿岸地域を支配下に置き、五六年にはモルドヴァに宗主権と貢納を認めさせた。

　この時期、オスマン支配に抵抗したのは五七年にモルドヴァ大公となったシュテファンである。シュテファンはハンガリー、ポーランド、ヴェネツィアとの関係を巧みにとりつつ、反オスマン同盟の結成に努めた。スルタンのメフメト二世はスレイマン・パシャ率いる強力な軍隊を派遣して、モルドヴァの支配権を維持しようとした。シュテファンは七五年のヴァスルイ（モルドヴァの東部）の戦いでオスマン軍に勝利を収め、ローマ教皇から「キリスト教の闘士」と賞賛されている。これに対して、オスマン帝国は艦隊をくり出して黒海沿岸の北部地域やドナウ下流地域の統治を強化し、クリミアのタタール・ハン国を属国としてモルドヴァに迫った。シュテファンはオスマン帝国の脅威に直面して、ハンガリーに保護を求める。しかし、一三年にもわたり対オスマン戦争を続けてきたヴェネツィアが七九年にオスマン帝国と和睦するにおよび、モルドヴァはいっそう孤立化を深めた。ついに、シュテファンは八〇年、オスマン帝国と協定を結ばざるをえなくなり、貢納金の支払いを受諾した。

　オスマン軍はさらに黒海沿岸に築かれたモルドヴァの要塞を陥落させる。「ジェノヴァの海」であった黒海はいまや「オスマンの海」と化し、モルドヴァはオスマン軍の攻撃にさらされた。一五〇四年にシュテファン大公が死去すると、息子のペトル・ラレシュはハプスブルク家に支援を求め独立を回復しようとしたが果たせず、一五三八年にはオスマン帝国の属国の地位を甘受することになる。

　オスマン帝国支配下で、ワラキアもモルドヴァも自らの公を保持することはできたが、

▶シュテファン大公
15世紀後半のモルドヴァ公国の公。トランシルヴァニアのフニャディ公、ワラキアのヴラド串刺公とならんで、反オスマンの戦いを展開した。1575年のヴァスルイの戦いでオスマン軍に勝利を収め、ローマ教皇から「キリスト教の闘士」と賞賛された。

その自治は大きく制限された。スルタンの命令により、ワラキアではトゥルゴヴィシュテからブカレストに、モルドヴァではスチャヴァからヤシに首都を移転しなければならなかった。外交政策はオスマン帝国の方針に反することができなかったし、軍隊もオスマン軍と行動をともにしなければならなかった。貢納金の額もしだいに引き上げられ、経済的に大きな負担となっていく。

## ●ハンガリー王国とオスマン帝国のはざまで——属国トランシルヴァニア

豊かな自然と美しい景観に恵まれたトランシルヴァニア（ドイツ語名は「七つの城」を意味するジーベンビュルゲン）は、一二世紀初めからハンガリー王国の支配を受けていた。すでにふれたように、トランシルヴァニアの歴史をめぐっては、いまでもルーマニアとハンガリー両国の歴史家がそれぞれ自らの歴史であると主張し、論争が続けられている。ルーマニア人とハンガリー人のどちらがこの地方の先住民なのか、どちらの数が多かったのかについてのこの論争は、史料が乏しく容易に決着がつきそうにない。

ルーマニアの歴史家によると、一二世紀以来、トランシルヴァニアの民族構成に大きな変化はなかったし、多数を占めていたのはルーマニア人だとされる。この時代には、近代的な意味での「民族」意識は作られていなかったが、宗教の違いによる区分は歴然としていた。ハンガリー王国統治下で、変化したのは支配層の構成であった。東方正教徒のルーマニア人貴族はしだいに支配層から抜け落ち、一四世紀中葉にカトリックが公認の宗教となるにおよび、かれらは支配層から排除されてしまう。

一般的にいえることは、支配層を形成することになるのがハンガリー人とザクセン人（ドイツ人入植者の総称。ザクセンからの入植者が最も多かったためこう呼ばれた）とセーケイ人（チュルク語系の民族、ラテン語名はシクレス。現在はハンガリー人に同化）であり、ルーマニア人は農民層に限定されてしまうことである。一四世紀後半から一五世紀にかけて、トランシルヴァニアではたびたび農民反乱が生じるが、その中心はルーマニア人であった。一四三七年、北部のボブルナ農民蜂起が鎮圧されたあと、ハンガリー人貴族はザクセン人とセーケイ人の代表を招集して「三民族同盟」と称される「兄弟同盟」を宣言した。ここで示された「民族」的区分は、身分的区分と考えられるものであり、ルーマニア人農民はこの意味で「民族」としては否認された。フランスのバルカン史家カステランが述べているように、この時代、「トランシルヴァニアの歴史は二つのレベルで展開する。一つはハンガリー人貴族と一体化した国家レベルにおいて、他はルーマニア人を含む臣民大衆のレベルにおいてである」。

このトランシルヴァニアは一五二六年、ハンガリー王国がモハーチの戦いでオスマン軍に敗北すると、その統治下に置かれる。四一年、トランシルヴァニアの身分制議会はオスマン帝国の宗主権を認めた。これ以後、約一五〇年にわたってワラキアやモルドヴァと同じく属国の地位となったが、ドナウ二公国と比べて貢納額が低く、外交政策も広く自由を認められたため、トランシルヴァニアはハプスブルク帝国との関係を巧みに保ちつつ、公国の自治強化に努めることができた。内政面ではオスマン帝国支配のもとでも、農民層と

▶**ブラショヴ市内**
ルーマニア・トランシルヴァニア地方の都市。ブカレストから北へ約170キロに位置し、人口33万。ドイツ人（ザクセン人）が中世に建設した都市であり、ドイツ風の街並みが目を引く。現在はルーマニア人が多数を占めているが、ドイツ人、ハンガリー人、ギリシア人、ブルガリア人、アルメニア人などが居住している。

してのルーマニア人の身分に変化はなく、公国の宗教生活にも変化は生じなかった。東方正教は許容される宗教にすぎず、公認の宗教はカトリック、カルヴァン派、ルター派、合同教会（東方帰一教会とも呼ばれる。もとも

▶**クルージュの聖ミハーイ教会とマーチャーシュ教会**
クルージュはルーマニア・トランシルヴァニア地方の都市。写真の中央は統一広場、市の自治を認めたハンガリー王マーチャーシュ一世の銅像がたっている。左手は完成までに一世紀以上を費やしたというゴシック様式の聖ミハーイ・カトリック教会、右手は視覚芸術大学。

とは東方正教会であったが、ローマ教皇の権威を認めた）であった。

　オスマン帝国の属国として、トランシルヴァニアはドナウ二公国と政治・経済・文化的な関係を強めていった。一五九三年にワラキアの公位についたミハイ勇敢公は、モルドヴァとトランシルヴァニアの支配権をめぐって争っていたオスマン帝国、ハプスブルク帝国、ポーランドのあいだで巧妙に立ちまわり、九九年にはトランシルヴァニアの公位を、一六〇〇年にはモルドヴァの公位を認めさせた。ミハイ勇敢公による三公国の統一は周辺強国の勢力の間隙を縫ってのことであり、一年半ほど続いたにすぎない。しかし、近代のルーマニア人にとって、三公国統一の事実は「ダキアの再興」と捉えられ、統一国家建設の輝かしい先例となった。

　ヨーロッパへの領土拡大を続けていたオスマン帝国は、第二次ウィーン包囲（一六八三年）に失敗し、一六八六年のウィーン条約によってトランシルヴァニアをハプスブルク帝国の保護下に移すことを認めた。九一年、ハプスブルク帝国の皇帝レオポルト一世はトランシルヴァニアの支配を宣言した。これ以後、トランシルヴァニアは第一次世界大戦期まで、ハプスブルク帝国のもとに置かれる。

　一方、ドナウ二公国ではミハイ勇敢公のあと、公と土地貴族ボイェリとのあいだの権力争いが続き、イスタンブルの有力なファナリオティス（イスタンブルのファナル地区に住む富裕なギリシア人商人や銀行業者）に支援を求める公が現れた。こうした関係がドナウ二公国固有のファナリオティス支配を生み出した。オスマン帝国は二公国に対する統治を

強化するためこれを制度化し、一八世紀初めには、ニコラオス・マヴロコルダトスを両公国の公（ホスポダル）に任命した。これに伴い、ボイェリの選挙による公の選出制度は廃止された。ファナリオティス支配は一八二一年まで継続する。

## ●自由の都市国家——ドゥブロヴニク

エメラルド・グリーンのアドリア海に突き出た城塞都市ドゥブロヴニクは、大理石で築かれた街並みの美しさから「アドリア海の真珠」と表現され、多くの観光客をひきつけている。ドゥブロヴニクは、一五世紀後半にバルカン諸国がオスマン帝国の直轄地あるいは属国の地位に置かれていくなかで、貢納によりバルカンでは唯一独立を保ち「リベルタス（自由）」を掲げて、一八〇八年にナポレオンの占領を受けるまでその地位を維持した。

ドゥブロヴニク（イタリア名ラグーザ）はローマ時代の都市として建設されラグシウムと呼ばれていたが、一二世紀後半からスラヴ語のこの呼称が用いられるようになる。初めは漁業や周辺地域との交易に従事していたが、一二世紀頃からイタリア諸都市と協定を結び、アドリア海の良港という地の利を生かしてバルカンとイタリアとの交易で栄えていく。一四世紀には、後背地のセルビアやボスニアの鉱山を多数所有するにいたり、さらに繁栄した。この頃、市は都市国家としての様相を整えていった。

◀ミハイ勇敢公
16世紀末から17世紀初めにかけてのワラキア公国の公。当時の強国であったオスマン帝国、ハプスブルク帝国、ポーランド王国のあいだで巧みにたちまわり、モルドヴァとトランシルヴァニアを含む三公国の統一を果たした。近代ルーマニア国家建設の輝かしい先例となる。

一二世紀のビザンツ帝国に始まり、一三〜一四世紀にヴェネツィア、一四〜一六世紀にハンガリーの庇護を受け、一五世紀には多数の大型商船をもちアドリア海から地中海や黒海、さらには大西洋沿岸にまで交易の範囲を拡大した。一四四一年、公式に共和国となるドゥブロヴニクの政治は、貴族による三つの評議会によって行われた。ドゥブロヴニクの貴族は、周辺に不毛の土地が多かったため土地貴族ではなく、商業活動を営んでいたことを特徴としている。成年に達した貴族全員からなる大評議会、その執行機関である小評議会、名目上の職である総督（クネズ）もメンバーとする政策決定機関の元老院（四〇〜五〇名）である。こうした政治組織は、ドゥブロヴニクの独立を認めたうえで庇護したヴェネツィア共和国のもとで完成をみた。

ドゥブロヴニクがバルカン半島に進出してきたオスマン朝と、初めて関係をもつことになるのは一四世紀末である。ドゥブロヴニクにとって、バルカンの交易を維持するうえで、オスマン朝との友好関係を築くことは死活問題であった。元老院は反オスマンの姿勢をみせていた当時の庇護国ハンガリーやローマ教皇を説得して、オスマン政府との交渉を粘り強く続けた。オスマン政府も敵であるヴェネツィアへの対抗上、バルカンの交易に携わるアドリア海の都市国家と友好関係をもつ必要があった。この結果、一四五八年に両国間の

▶**19世紀初めのドゥブロヴニク**
1667年の大地震で、ドゥブロヴニクは壊滅的な打撃を受け、商船の多くを売却しなければならなかった。また、オスマン帝国の衰退に伴い陸上交易が縮小したが、18世紀には海上交易は復活する。この絵の直後の1808年、ナポレオンの軍隊によって、共和国は消滅した。

協定が結ばれた。ドゥブロヴニクの貢納額が定められ、オスマン帝国の保護を受けることになった。八一年には貢納額が引き上げられたが、それ以後一九世紀にいたるまで、その額に変更は加えられなかった。

オスマン帝国の支配を認めたドゥブロヴニクの法的地位は属国であり、ドナウ二公国やトランシルヴァニアと同じであった。しかし実際には、ドナウ二公国とは異なり完全な独立を保ち続け、三百年以上にわたる長い属国の時代を通じてオスマン軍の侵攻を一度も受けたことはなかった。これは、両国の経済的な利害が相互依存的であっただけでなく、ドゥブロヴニクが独立を保持するために、オスマン政府に対してたゆまぬ外交努力を継続したからにほかならない。

ドゥブロヴニク共和国は古代ローマ以来のイタリア的な世界観や精神を捨て去ることはなく、ラテン的要素とスラヴの要素が混交して文化的にも発展を遂げた。イタリアとバルカンという二つの世界に生き続けたドゥブロヴニクは、オスマン帝国だけでなく、そのもとで暮らすバルカンの人々にとっても、「西欧世界への窓」としての役割を果たしていく。

▶**ドゥブロヴニクの交易範囲**
アドリア海の城塞都市、イタリア名はラグーザ。12世紀頃からイタリアの諸都市と協定を結んで、イタリアとバルカンの交易で栄えた。オスマン帝国に対しても、貢納関係を結び共和国として独立を保った。15世紀には300艘を超える大型商船を保有しており、この地図のように、交易範囲は広大であった。

▶**ドゥブロヴニク商人**
ドゥブロヴニク共和国の商人。12世紀頃から、イタリアとバルカンとの交易に従事した。イタリアからは主として工業製品、バルカンからは原料を運ぶ。ドゥブロヴニクはオスマン帝国のもとでも、独立を保持し、17世紀頃からギリシア人商人がバルカンの陸上交易を、ドゥブロヴニク商人が海上交易を行った。

## 山岳の神政政治の国 ——モンテネグロ

モンテネグロは国土の大部分を、ディナール・アルプスがなす石灰岩の山地によって占められている。この地帯は容易に近づきがたい自然の「要塞」であり、そのためオスマン帝国の支配を免れただけでなく、第二次世界大戦期の対独パルチザン戦争の主要な舞台ともなった。国名の「黒い山」（正式名称はツルナ・ゴーラ、イタリア語でモンテ・ネーロ）の由来は、山岳地の松柏類が遠目に黒く見えるから、あるいは石灰岩の山々が雨で黒ずむからといわれている。

モンテネグロが中世セルビア王国から離れて独自の歴史を歩むようになるのは、一三五五年にドゥシャン王が死去したあとのことである。ゼータと呼ばれていたこの地方の一部族バルシャが王朝を開き、スカダル湖（現在モンテネグロとアルバニアとの国境をなす）南部のスカダル（現在、アルバニア北部のシュコダル）に首都を置いた。一五世紀初めにはステファン・ツルノエヴィチが新王朝を築き、スカダル湖の北東部に位置するジャブリャクに都を移した。ツルノエヴィチ王朝は一六世紀初めまで約一世紀にわたり継続する。

この時期、モンテネグロはヴェネツィア共和国とオスマン帝国の脅威にさらされていた。ヴェネツィアに対抗することはできたが、しだいにオスマン帝国の脅威が強まった。モンテネグロの周辺地域では一四六三年にボスニアが、一四七九年に民族的英雄スカンデルベグの果敢な抵抗のあとアルバニアが、一四八二年にヘルツェゴヴィナがオスマン帝国の直轄地となっていく。このため、ステファンの後継者イヴァンはスカダル湖の北にそびえるロヴチェン山近くに新設した町ツェティニェ（一九一八年までモンテネグロの首都）に、首都を移さなければならなかった。イヴァンはヴェネツィアから印刷機を買い入れ、最も古いキリル文字の書籍を刊行したり、ツェティニェに修道院を建造してセルビア正教会の主教座とするなど、文化活動に努めた。

一四九六年、ついにモンテネグロもオスマン帝国の支配下に置かれた。しかし、オスマン政府はモンテネグロが不毛の山岳地であったことに加え、ヴェネツィアとの境界に位置していたため、他の地域とは異なる特殊な統治形態をとった。モンテネグロは特別の行政区として区分され、ティマール制が導入されなかったので、旧来の部族社会がそのままの形で残されることになる。一六世紀を通じて、モンテネグロの自治が発展していく。

◀モンテネグロ海岸部の踊り
14世紀後半、バルシャによってモンテネグロ王朝が開かれた。モンテネグロは石灰岩の山地が大半を占める不毛の地であったため、オスマン帝国支配下で特別の行政区として区分され自治を享受することができた。近代まで部族社会が続いたが、これはアドリア海沿岸部の民族舞踊の絵である。

◀ニェゴシュ
モンテネグロ・ペトロヴィチ王朝のペータル二世。1830年に公位に就くと、部族社会の集権化を進め近代国家としての整備を行った。政治家としてよりも詩人ニェゴシュとしてよく知られている。叙事詩『山の花環』は今日でも、セルビア人のあいだで読み継がれている。

ツルノエヴィチ王朝が終息すると、しだいに勢力を増していたセルビア正教会の主教職ヴラディカが政治的支配権を手中にして、モンテネグロに特徴的な神政政治を行った。一六九六年にヴラディカに選出されたダニーロ・ペトロヴィチはヴラディカ職を世襲化した。この結果、モンテネグロでは第一次世界大戦期までペトロヴィチ家の統治が継続する。ダニーロのもとで、モンテネグロは実質的にオスマン帝国の支配を脱したといえる。ダニーロは当時、南下政策を進めてオスマン帝国と衝突し始めていたロシアのピョートル大帝と友好関係を築いた。これ以後、モンテネグロはオスマン帝国の攻撃に備えて、ロシアと密接な関係を保持した。

一八世紀末、ヴラディカのペータル一世は二度にわたるオスマン帝国との戦闘で勝利を収めたあと、モンテネグロの行政機構の再編成を行い近代化の基礎を築いた。一八三〇年に後を継いだペータル二世は、さらに牧畜を中心とした部族社会の集権化を進めて、近代国家としての行政面の整備を行った。ペータル二世は政治家としてよりも、詩人ニェゴシ

◀ツェティニェの政庁
ツェティニェはモンテネグロ南部、ロヴチェン山塊の都市。15世紀後半以後、1918年まで近代モンテネグロ王朝の首都。1878年のベルリン条約でモンテネグロの独立が承認されると、写真のような政庁だけでなく、首都となったため、ヨーロッパ列強の公使館も建設された。これらの建物は現在でも保存されている。

ュとしてよく知られている。オスマン帝国からの民族の解放と自由の尊厳をうたいあげた叙事詩『栄光の山並み』は最高傑作として、今日でもセルビア人のあいだで読み継がれている。このモンテネグロが現在、揺れ動く政治状況のなかでセルビア共和国と袂《たもと》を分かち、ユーゴスラヴィア連邦から独立する傾向を強めているのは皮肉なことである。

ニェゴシュの後継者ダニーロ二世は、一九世紀中葉に聖界と俗界の権力を分離し、自らゴスポダル（公）を名乗って主教職を他に任せた。これによって、モンテネグロの神政政治は終息した。

## ●分断されたクロアチア ——帝国のはざまで

一二世紀初めからハンガリー王国の支配下に置かれていたクロアチアでは、一五世紀初頭に、クロアチア人の揺籃の地であるダルマツィアの大部分がヴェネツィアの支配下に入り、内陸部のクロアチアと分断された。一方、オスマン帝国も一六世紀にはボスニア方面からクロアチアに進出し、その三分の二を支配下に置いた。ハンガリーに代わり、ハプスブルク帝国の支配を受けることになるクロアチアの領域は、中世クロアチア王国（「クロアチア・ダルマツィア・スラヴォニア三位一体王国」）領の「残部の残部」となってしまった。

オスマン帝国の進出によって、クロアチアの人口構成が変化する。一六世紀末までに、オスマン支配を恐れた多くのクロアチア人が、避難民となってイタリアの諸地方やハプスブルク領内に脱出した。オスマン支配を受けたダルマツィアやスラヴォニア（ドラヴァ川とサヴァ川に挟まれた地域）では、カトリックからイスラームや正教への改宗も進んだ。他方、ボスニア・ヘルツェゴヴィナから逃げ出して来た人々が、クロアチア内陸部やダルマツィアに住みついたからである。これらの人々は一般にウスコク（逃亡者）と呼ばれ、とくに、ダルマツィア海岸北部の町セーニは、その拠点として知られている。ウスコクは次章で述べるハイドゥクと同様に、周辺のオスマン帝国支配地域で略奪行為を働き、それを生業とすることが多かった。

また、クロアチア人が移住して過疎化した地域に、オスマン政府の指示に従い、正教徒のヴラフ（ヴェネツィアではモルラクと呼ばれた）が入植させられた。ダルマツィア北部のクライナ地方に移住したこれらヴラフの出自をめぐっては、現在でもセルビア系の歴史家とクロアチア系の歴史家とのあいだで論争が続いている。論争は両者のナショナリズムに裏打ちされ生産的ではない。はっきりしていることは、ヴラフがセルビア人という意識を強めるのは、一九世紀にセルビア正教会の影響を受けてからのことである。むしろ重要なのは一九世紀まで、混住地においてカトリックと正教徒、クロアチア人とヴラフあるいはセルビア人とが共存していた事実である。

こうした変化に伴い、一六世紀中頃から、クロアチアの中心は一一世紀末以後カトリックの司教座が置かれていた内陸部のザグレブ（ドイツ名アグラム）に移った。ハプスブルク帝国支配下のクロアチアは、オスマン帝国との国境地域を形成することになる。ハプスブルク帝国はオスマン帝国の侵攻に備えて、ダルマツィア北部とスラヴォニアとバナトにまたがる帯状の地域を「軍政国境地帯」として直接統治した。一七世紀から一八世紀にかけて、ハプスブルク皇帝の呼びかけに応え、コソヴォ地方の多くのセルビア人が「大移住（ヴェリカ・セオバ）」の結果、ドナウ川やサヴァ川を越えて国境警備兵（免税特権と自治権をもつ）としてスラヴォニアのこの地帯に入植した。スラヴォニアの「セルビア人問題」が、一九九一年のクロアチア内戦の原因となったことはよく知られている。

◀処刑されるグーベッツ　クロアチア農民反乱の指導者。ハンガリーでの大規模な農民戦争ドージャの乱（1514年）後、ハンガリー支配下のクロアチアでも反封建領主の農民反乱が生じた。そのなかで最大規模の反乱の一つが、1573年のマティヤ・グーベッツ率いる農民反乱。反乱鎮圧後、グーベッツは真っ赤に燃える冠をかぶせられて処刑された。

ところで、オスマン帝国の進出に対し、果敢に戦ったクロアチア人英雄の一人はニコラ・ズリンスキーであろう。クロアチアの総督を務めたズリンスキーはその軍事的手腕を買われて、ハプスブルク皇帝からオスマン軍のウィーン進撃に備える重要な軍事拠点セゲド（ハンガリー南部の町）の司令官に任命された。一五六六年、セゲドは約一〇万のオスマン軍に包囲され、ズリンスキーは二千五百の兵士とともに要塞に閉じ込められてしまう。ズリンスキーは敵の包囲網の突破を試みたが、多くの兵士とともに命を落とす。その後、ズリンスキーはペルシアの大軍に少数の軍勢で立ち向かったスパルタ王にたとえられ、「クロアチアのレオニダス」と称された。一九世紀後半には、クロアチアの著名な作曲家ザイツの手でオペラ『ニコラ・シュビッチ・ズリンスキー』が作られ、現在でも上演されている。

▶ズリンスキー　セゲドのクロアチア人司令官。1566年にセゲドがオスマンの大軍によって包囲されたさい、果敢に戦って命を落とした。17世紀に、同名のニコラ・ズリンスキー・クロアチア総督が祖父の壮絶な死をハンガリー語で叙事詩にし、19世紀後半にはザイツがオペラを創作した。クロアチア・ナショナリズムを体現している。

わが国の男声合唱団に加わった人なら誰も知っている愛唱歌に、「ウ・ボイ（いざ戦わん）」という曲がある。これはオペラ『ズリンスキー』のフィナーレで歌われる勇壮なメロディーの曲だ。「ウ・ボイ」が日本に伝えられた経緯は興味深い。第一次世界大戦が終結し、ロシア戦線で捕虜になっていたクロアチア人を含むハプスブルク帝国の兵士が、シベリアから横浜や神戸を経由して船で帰国の途についた。神戸港に停泊した際、クロアチア人が「ウ・ボイ」を歌っているのを、たまたま関西学院大学の男声合唱団の人が聞きつけ、その場でメロディーと歌詞を聞き書きしたらしい。長いこと、「ウ・ボイ」は関西学院大学の十八番の曲として、また幻の名曲として男声合唱団のあいだで歌い継がれてきた。

第三章

# ナショナリズムの時代

**▲セルビア人の大移住**　1690年、コソヴォのセルビア人3～4万家族ががオスマン帝国の統治を嫌って、北上しドナウ川を越えてヴォイヴォディナやスラヴォニアの「軍政国境地帯」、さらにはハンガリー領に移住した。先頭に立つのはコソヴォ西部の町ペーチにあったセルビア正教会の総主教アルセニエ三世。セルビア人のナショナリズムを奮い立たせる歴史画である。

## ●帝国統治のゆるみとナショナリズム

イスラーム世界帝国となったオスマン朝はスレイマン一世の最盛期のあと、一五七一年にレパント（ギリシアの西北部）沖の海戦でスペイン、ヴェネツィア、ローマ教皇庁の連合艦隊に敗北すると、それまでのように破竹の勢いでヨーロッパに領土を拡大することはできなくなる。一六世紀末を境にして、オスマン帝国の歴史は停滞あるいは衰退の過程をたどり、しだいに領域を縮小していく。一八世紀後半になると、ヨーロッパ列強から「瀕死の病人」と称されながらも、なお第一次世界大戦期まで三百年以上にわたって「衰退期」を継続させた。

オスマン帝国の歴史にとって、一六世紀末が分岐点である理由としてはいくつかの点をあげることができる。一つは、一六世紀を通じてのイランのサファヴィー朝との断続的な戦いに加え、一七世紀になるとハプスブルク帝国、さらに一八世紀にはロシア帝国との戦争が続き、オスマン政府の軍事的な負担が増大した。このため、常備歩兵軍団イェニチェリの数を大幅に増大しなければならず、財政が悪化して農民に対する収奪が強化されることになる。これに加えて、スレイマン一世が君主の位の長子相続を確立したため、長子に限定された以後のスルタンは概して、広大な帝国を旧来のように専制的に統治することが

▼アリー・パシャのサライ
アーヤーンのアリー・パシャは中央政府から半ば独立した支配権を確立した。その支配下には200以上のチフトリキ農場やこの絵のようなサライ（隊商宿）があった。支配地域の維持のため、フランスと外交関係を結んでオスマン政府を牽制。ギリシア独立戦争が始められた翌年（1822）、オスマン軍の攻撃にあい戦死。

▼アリー・パシャ
ギリシアのイピロス地方を中心としたバルカン南西部の大アーヤーン（ムスリムの地方名士）。オスマン帝国の統治が内部から揺らぎだすと、地方の有力者が台頭した。18世紀後半には、バルカンの各地でムスリムの地方名士層がオスマン政府を離れて、独立した支配圏を築き上げた。その代表者がアリー・パシャ。

できなくなった。また、ムスリム出身者を中心とする宮廷や官僚が中央権力を牛耳るようになり、閉じられた宮廷と高官たちの奢侈や浪費、そして賄賂と汚職が顕著になっていく。一六三八年には、キリスト教徒にとって出世の手段でもあったデウシルメ制度が廃止された。

　もう一つは、世界史的な規模の変化がオスマン帝国にも多大な影響を与えた。一六世紀を通じ、地中海世界全域で人口が増加し、帝国でも農民の耕作地が不足した。これに続き、農村から都市への人口移動が顕著になり、首都イスタンブルのイェニチェリや官僚組織は膨張し弛緩していった。さらに、一六世紀末から一七世紀にかけ、「大航海時代」の影響を受けて世界貿易が地中海から大西洋へと移行したのに伴い、オスマン帝国に新大陸（メキシコとペルー）から銀が流入し、急激なインフレが生じた。この結果、イスタンブルでは給料の目減りに抗議して、イェニチェリが反乱を起こしただけでなく、商工民や農民の生活も窮乏化した。

▼パスヴァンオウルの墓
パスヴァンオウル・オスマン・パシャはブルガリア北西部のドナウ川沿いの都市ヴィディンを拠点としたアーヤーン。イピロスを支配したアリー・パシャ、ブルガリア北部のルセを支配したムスタファ・パシャなどと並んで代表的なアーヤーンの一人である。この絵はその墓を守るムスリム。

　このように、一六世紀末を分岐点として、オスマン帝国はたしかに全体として「衰退」過程をたどったといえる。しかし、帝国は一直線に衰退していったのではない。バルカンだけに限定してみると、一八世紀中頃まではオスマン帝国の経済は成長を続けたし、ロシアとの戦争が繰り返されるまで強大な軍事力も維持された。官僚組織はムスリム出身者、とくに書記官によって再編成された。この時期はスルタンの専制とティマール制に象徴される、旧来の支配体制が再編された時代と考えるべきであろう。

　一七世紀以後、オスマン帝国の「再編」は中央だけではなく、地方にもおよんだ。ティマール制が解体されていくなかで、地方ではスィパーヒーが没落し、これに代わってアーヤーンと呼ばれるムスリムの地方名士層が登場する。ティマール制のもとで、スィパーヒーは徴税権をもっており、農民から季節ごとに直接徴税していたが、帝国財政の悪化や貨幣経済の浸透により、スィパーヒーの権利はしだいに富を蓄えた都市民の徴税請負人に与えられていった。この徴税請負制（イルティザーム）のもとで、徴税請負人はさらに富を蓄え、チフトリキと呼ばれる土地の私有形態を生み出した。

　徴税請負権とチフトリキを基盤として、ア

ーヤーンが台頭した。アーヤーンは自らの地方を統合し、地域経済を活性化させたが、これは帝国の集権体制の崩壊をも意味していた。一八世紀末までに、バルカンではギリシア北西部イピロス地方のアリー・パシャ（現在のアルバニア南部テペレナ生まれ）、ブルガリア北部ルセのムスタファ・パシャ、ブルガリア北西部ヴィディンのパスヴァンオウル・オスマン・パシャなどのアーヤーンが中央政府を離れて、独立した支配権を築き上げていた。

▶バルカン半島の交通路　18世紀末
オスマン帝国統治下のバルカン半島の交通路を示した地図。バルカンにあった古来の交通路に加えて、オスマン帝国統治下でその軍事・商業上の必要からバルカンの交通路が整備された。17世紀後半からは隣接するハプスブルク帝国との交易も活発となり、ギリシア人を中心とするバルカン商人が大活躍する。

混沌とした状況のもとで、一九世紀になるとバルカンの人々は、ヨーロッパからナショナリズムや「反イスラーム」の影響を受けて民族としての意識を獲得し、自らの国家を求めて運動を推進することになる。

## 交通路の整備

オスマン帝国は広大な領域を縦横に結んで、政府の指令が行きわたり、軍隊やキャラバンの移動が容易にできるように、道路と宿駅の整備に努めた。バルカンには、古代ローマの時代から主要な三街道があった。これらの街道が整備され、一日の行程に相当する三〇～四〇キロごとに設置された宿駅には、キャラバンサライ（隊商宿）が建てられた。バルカンにおける政治・経済・軍事上の拠点であったトラキア地方のエディルネ（アドリアノープル）を起点として、主に三街道が使われた。

一つは、エディルネから西方に向かい、マリツァ川沿いのプロヴディフを通り、ソフィアから北に向かいニシュに至り、モラヴァ川沿いに北上しベオグラードに達する。ベオグラードからドナウ川に沿ってハンガリーのブダを経由して、ハプスブルク帝国の首都ウィーンに向かう。この街道はオスマン軍がウィーンに向けて進撃した際の軍用道路であり、一九世紀後半から鉄道建設が進められると、「オリエント急行」が走る路線ともなった。この街道はニシュから分かれて南下し、スコピ

エに至り、そこからヴァルダル川沿いにテッサロニキに向かう道でもあった。また、ベオグラードからサヴァ川やドリナ川に沿って進み、ボスニアのサラエヴォやヘルツェゴヴィナのモスタルを経てドゥブロヴニクに至る街道も重要なルートであった。

第二はエディルネからイスタンブルに至り、黒海沿いに北上してドナウ河口部からドナウ川沿いのルセやヴィディンやベオグラードに進み、さらに北に向かってハプスブルク帝国内に達する道である。ドナウ河口部からモルドヴァを通り、ポーランドへ向かう道もあった。また、黒海沿いに北上して黒海北岸に至る道は、古来アジア系の諸民族がバルカンに進入するルートとなっていたし、一八世紀以後はロシア軍がオスマン帝国に進出する軍用道路ともなった。

もう一つは、ローマ帝国の時期に「ヴィア・エグナティア」と呼ばれた街道である。これはエディルネから西方のテッサロニキ、モナスティル（現在、マケドニア共和国南部の都市ビトラ）、オフリドを経由して、アドリア海に面したドゥラスに至るバルカン半島を東西に横断する道である。古代ローマの時代には、ローマと東の属州とを結ぶ主要な街道であった。これらの街道を時にはオスマン軍やキャラバンが突き進み、時には旅人がのんびりと通過していった。

▶ブルガリアのハイドゥティン
バルカン各地の森に潜む匪賊は、ギリシアではクレフティス、セルビアではハイドゥク、ブルガリアではハイドゥティンと呼ばれた。19世紀のブルガリアの民族復興期には、反オスマンの意識を強くもつハイドゥティンが活躍した。

▲コロコトロニスとクレフティス
オスマン帝国統治下のバルカン各地の森には、その支配を嫌い森に逃げ込んだアウトローの農民たちがいた。かれらはキャラバンを襲って物品を奪うことを生業とする匪賊（義賊）となり、ギリシアではクレフティスと呼ばれた。反オスマンの意識が強く、ギリシア独立戦争時に活躍したのがこの絵のコロコトロニス（70頁参照）。

## バルカンを移動する人々

オスマン帝国支配下のバルカン社会は、われわれが考える以上に流動的であった。バルカンの外へ出て行く人の流れや、そこに流入する人の流れもあったが、まずはバルカン地域のなかでの人の動きを見てみる。それは、バルカン社会の大部分を占める農村の場合にも指摘できる。この地域の農民たちにとって、飢えはつねにつきまとう深刻な問題であった。口減らしのために冬のあいだだけ、家族の若い一員を肥沃な地方や比較的裕福な農家に手伝いに出すといった習慣がよくみられた。それだけではなく、故郷を離れて、肥沃な地方で季節農業労働者として働く農民たちの例も知られている。社会が閉鎖的ではなかったから、農民たちのあいだに情報のネットワークが容易に築かれていった。

また、山岳地の羊飼いの場合は、移動が生

◀ユダヤ人　オスマン帝国統治下のバルカンには三種類のユダヤ人がいた。一つはギリシア語を共通語とするロマニオテス、第二はドイツ系ユダヤ人アシュケナジム、第三はスペイン系ユダヤ人スファラディムである。スファラディムの数が最も多く、その中心都市はギリシアのテッサロニキで人口の過半数を占めた。

活そのものである。バルカン地域は古代ギリシアの時代から、牧羊の盛んなことで知られており、羊飼いは、春の聖ゲオルギウスの日（旧暦の四月二三日）から秋の聖ディミトリウスの日（旧暦の一〇月二六日）までは高地の牧草地で、秋から冬にかけては麓の牧草地で牧羊を営む移牧の形態をとっていた。移牧はバルカン地域のほとんどの民族に共通してみられたが、とくにマケドニア周辺やアルバニア南部、ギリシア北部に散在するヴラフ（アルーマニア人）がその代表といえる。ヴラフは季節により移動するという、共通のリズムに基づいて生活していた。

　バルカン地域を移動する集団としては、オスマン帝国の統治を嫌ってバルカン各地の森に逃げ込み、キャラバンを襲って物品を奪うことを生業とする匪賊（義賊）がいた。かれらの呼称はそれぞれの言語で異なっている。セルビア語とルーマニア語ではハイドゥク、ブルガリア語ではハイドゥティン、ギリシア語ではクレフティスと呼ばれた。

　バルカンのほとんどの森で、ハイドゥクの姿がみられた。キリスト教徒農民をハイドゥクに駆り立てた主な動機は経済問題といえる。オスマン帝国の支配は寛容だったとはいえ、旧来の生活を破壊された農民が存在したことも事実である。こうした農民がアウトローとなり、社会的・経済的な抑圧に対する反抗の意思を表明した。しかし、ハイドゥクの行動はオスマン帝国の統治に対する「民族」的な抵抗とはいえず、生活圏への侵入者に対する農民たちの原初的な抵抗であったと考えられる。

　ハイドゥクの集団は通例、一〇人からせいぜい三〇人どまりである。かれらは森のなかでキャラバンを待ち伏せして襲うのを常套手段としていたので、小規模の必要があったし、食糧が十分でなかったことから三〇人を超えることはまれであった。これらの集団は自らの拠点から遠く離れた地方で、キャラバンだけでなく都市部に居住するスィパーヒーや徴税請負人、結婚式の隊列やオスマン軍の小隊の指揮官を襲った。ハイドゥクは略奪品を日々の糧としており、略奪品はメンバー全員で均等に分配することを原則としていた。一七世紀にはすでに英雄叙事詩のなかで、ハイドゥクが冬場にかくまってくれる近隣の貧しい村人たちに、略奪品を分け与えるという「義賊」の姿が描かれている。しかし、これはかならずしも実像とはいえないようである。

　一八世紀にいたると、ハイドゥクの行動は原初的な抵抗の形態から民族運動の色彩を強めていく。この傾向を促した一因として、セルビアのハイドゥクにみられたハプスブルク帝国義勇兵としての体験を指摘できる。一八世紀には、オスマン帝国とハプスブルク帝国やロシア帝国との戦争が繰り返され、とくにハプスブルク帝国はオスマン帝国支配下のバルカン地域の諸民族に、義勇兵として従軍することを呼びかけた。ハイドゥクがこうした義勇軍に参加することにより、反オスマンの意識を明確にし、民族運動に参画することになる。

## ●バルカンを越えて移動する人々

　バルカン地域と外の世界との人の流れも顕著であった。バルカンに流入した典型的な例はユダヤ人であろう。オスマン朝がバルカンを征服するのに伴って、トルコ系のムスリム諸民族、アルメニア人、ロマとならんで多数のユダヤ人が流入した。オスマン朝がバルカンに進出する以前に、ギリシア語を共通語とするユダヤ人（ロマニオテスあるいはグレゴスと称される）が少数ながらいくつかの都市に居住していた。一五世紀後半に、ドイツやハンガリーでユダヤ人の迫害が激化すると、

**◀キャラバンに食糧を売るギリシア人女性**
17世紀半ばまでは、オスマン政府のキャラバンが、整備された道路やサライを使って商業活動に従事した。この絵はキャラバンに、ワインや食糧、それに馬の飼い葉などを売るギリシア人女性を描いている。17世紀後半になると、ギリシア人を中心とするバルカン商人がハプスブルクとの交易を行うようになる。

**▼ギリシア商館**
オスマン帝国の経済的な規制を逃れて、帝国外に逃れたギリシア人を中心とするバルカン商人はウィーンや黒海沿岸のオデッサ、ハンガリーやトランシルヴァニアの諸都市に移住して商館を築いた。これはギリシア商館と呼ばれたが、ギリシア人だけでなく、セルビア人、ブルガリア人、ヴラフも一緒に働いていた。

バイエルン地方からアシュケナジム系のユダヤ人（ドイツ語の影響を受けたイディシュ語を共通語とする）がやってきた。さらに、一五世紀末にはスペイン、シチリア、南イタリアなどから追放されたスファラディム系ユダヤ人（スペイン語の影響を受けたラディーノを共通語とする）も流入した。

　エディルネ、ソフィア、プレヴェン（現在、ブルガリア北部の都市）、ヴィディン、アルタ（現在、ギリシア中西部の都市）などはアシュケナジム系ユダヤ人の拠点となった。テッサロニキは人口の過半数をユダヤ人が占める都市になるが、スファラディム系ユダヤ人の拠点であった。一六世紀にはスファラディム系が数を増して、ユダヤ人の中心となっていく。ユダヤ人は主として商業活動に従事して、それぞれの地域の経済において重要な位置を占めるようになる。テッサロニキ、エディルネ、サラエヴォには有力なユダヤ人コミュニティーが形成された。

　バルカン地域を越えて移動する集団として、忘れてならないのはバルカン商人と呼ばれる人たちであろう。一七世紀から一八世紀にかけて、オスマン帝国支配下のバルカン地域のキリスト教徒が政治的・宗教的理由、経済的貧困、疫病、戦争による荒廃などの理由から、帝国の外へ移住するケースが多くみられるようになる。手工業職人や農民たちに混じって、とくに顕著だったのはバルカン地域の特産品であるトウモロコシ、綿花、絹、食用油と、ウィーンをはじめとする西欧の諸都市の製品との交易に従事した商人であった。かれらは主としてハプスブルク帝国やロシア帝国の諸都市に移住して、自分たちのコロニーを築き商館を建てた。こうしたコロニーでは、ギリシア人やブルガリア人やセルビア人の商人が同じ正教徒として協力関係を築いたことが指摘されている。また、バルカン商人の第一世代や第二世代が西欧の思想の影響を受けて、一九世紀になるとオスマン帝国のもとに置かれている故郷の民族運動を進めていくのである。

◀19世紀のアクロポリス
19世紀初頭、独立戦争以前のアテネのアクロポリス。アテネのアクロポリスというと、古代アテネを思い浮かべがちだが、19世紀のアテネはこの絵のように大理石のパルテノン宮殿が偉容をとどめていたものの、周辺は荒涼としており、まさにオスマン帝国支配下のバルカンに位置していたことがわかる。

## バルカン初の反オスマン反乱
## ——セルビア蜂起の背景

　一九世紀にいたり、セルビアとギリシアで反オスマンの蜂起が展開される。一七八九年のフランス革命以後、ヨーロッパに拡大したナショナリズムの思想や母語の重要性を説くドイツ・ロマン主義の思想が、主として西欧

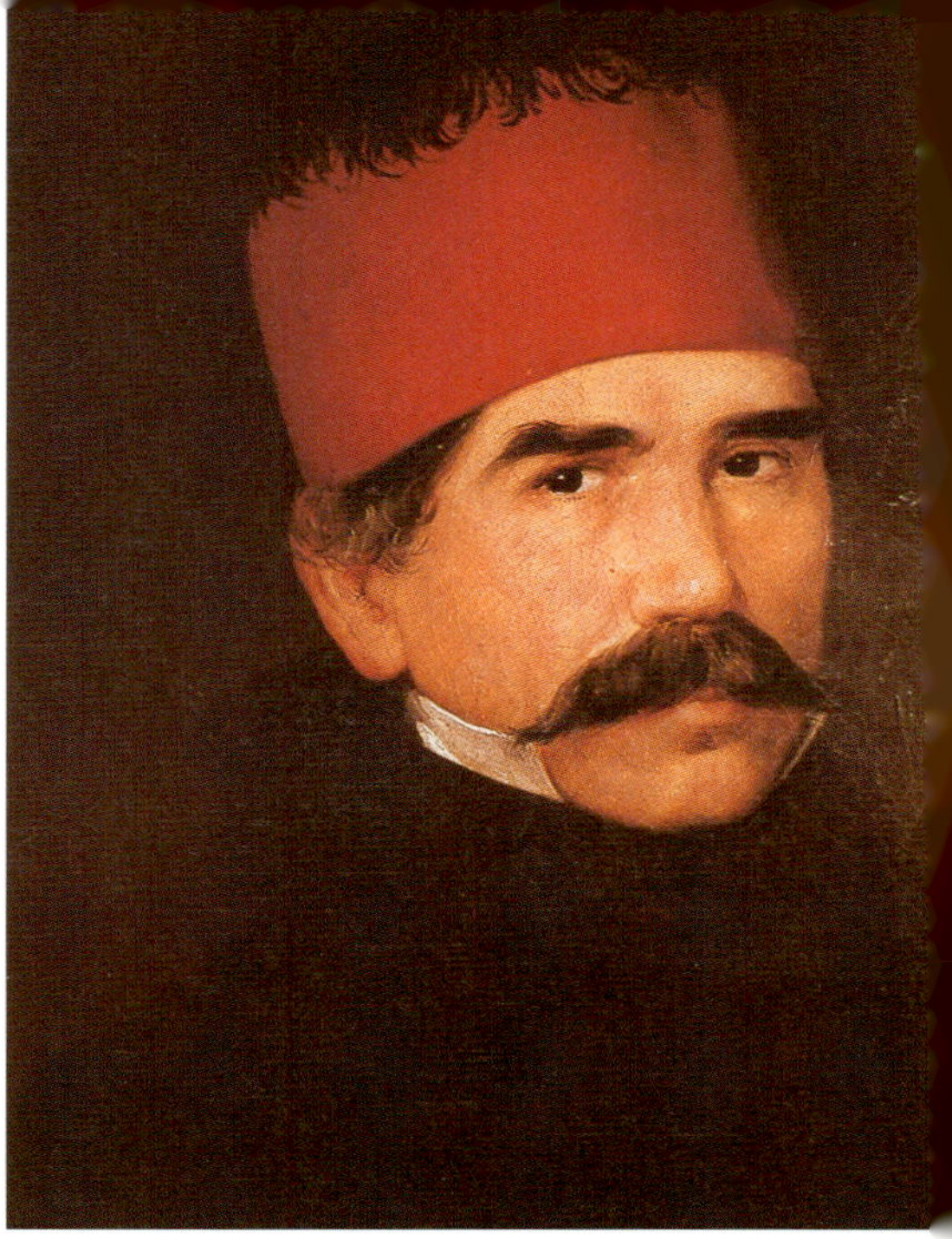

▶若き日のカラジッチ
セルビアの言語学者、文学者。第一次セルビア蜂起が鎮圧された1813年、ウィーンに赴き、スロヴェニア人の文献学者コピタルと知り合い、その勧めでセルビア語文法をまとめた。その後、セルビアに伝わる民謡を採取したり、歴史学者ランケの協力を得てセルビア蜂起の歴史書を出版。セルビア・クロアチア語の基礎を作る。

▶カラジョルジェ
第一次セルビア蜂起の指導者。カラジョルジェは「黒いジョルジェ」の意味。本名はジョルジェ・ペトロヴィチで豚を扱う裕福な商人。ハプスブルク帝国が組織する義勇軍に参加したり、ハイドゥクと行動をともにした経験をもつ。蜂起の最高指導者に選出されたが、蜂起は9年間で鎮圧されベッサラビアに亡命。1817年に殺害された。

の都市に移住した商人たちによってバルカン地域にもたらされ、知識人に影響を与えた。しかし、完全な農村社会であるセルビアやギリシア本土のモレア（ペロポネソス半島部分の名称）で生じた蜂起は、ナショナリズムに基づく反オスマンの闘いとして始められたのではなく、蜂起の過程で民族解放の性格を帯びていった。あるいは、ヨーロッパ列強がこれらの蜂起に関与することによって、蜂起の性格が民族解放の色彩を強めていった。

　その経緯を概観する前に、バルカン初の反オスマン蜂起がセルビアで展開された理由を考えてみる。オスマン帝国統治下のバルカンにあって、セルビアは他の地方と比べて特殊な状態にあったといえる。セルビアの場合、デウシルメ制によって一六世紀にスルタンに次ぐ大宰相にまで昇り詰めたボスニアのセルビア人ソコロヴィチが、セルビア正教会の自立を認めた。このため、セルビア正教会はペーチ（現在、コソヴォ自治州の都市）の総主教座を中心として、一五五一～一七六六年まで宗教上の自治を与えられ、セルビア人の民族的アイデンティティーが保持された。

　また、先にふれた英雄叙事詩を中心とする口承文学の存在も大きかった。これにより、セルビア人としての意識が着実に受け継がれていった。もう一つは、ハプスブルク帝国と接する辺境の地に位置していたことである。近代セルビアは、経済的にも軍事的にもハプスブルク帝国からさまざまな影響を受けて発展した。こうしたセルビアの地理的位置も特殊なものであった。

　蜂起前夜のセルビアはどのような状況にあ

ったのだろうか。オスマン帝国のもと、行政区分は一五世紀に、スメデレヴォ（現在、セルビアのドナウ川沿岸の都市）・サンジャク（県）として出発した。一八世紀にはパシャ（キリスト教社会の総督にあたる役職名）の置かれたサンジャクとして、ベオグラード・パシャリクと呼ばれていた。人口は約二〇万（うち「トルコ人」と称された帝国地方行政官は四万人、主としてボスニアのムスリム）であったが、蜂起時には二倍の四〇万に膨れ上がっていた。このパシャリクの領域はシュマディヤ地方（現在のセルビア中部。語源はシューマ＝森）に限定されており、隣接するヴィディン、ニシュ、レスコヴァツ、ノヴィパザルなどのパシャリクにもセルビア人が居住していた。

ベオグラード・パシャリクはさらに一二のナヒヤと呼ばれる自治単位に区分されており、数ナヒヤからカザ（郡）が形成された。カザにはカーディ（イスラーム法官）がイスタンブルから派遣され民事や刑事の裁判を司《つかさど》ったが、その権限は地方行政にもおよんだ。このカーディまでがオスマン政府の地方行政官であり、一八世紀末まで、原則としてナヒヤより下の行政単位ではセルビア人の自治が機能していた。帝国の行政官やユダヤ人、ギリシア人、ヴラフの商人が都市に住み、「セルビア人であることは農民であることを意味する」（カラジッチ）といわれたように、村々に「トルコ人」が居住することはまれだった。

ナヒヤはいわばオスマン権力と農民の自治との接点であったが、この下の自治単位はクネジーナと称され、その長クネズからなる集会（スクープシュティナ）をもち、ナヒヤのクネズを選出し、クネジーナの租税配分を行った。四五ほどあるクネジーナは完全な農民自治が保障されていた。クネジーナはさらに下の行政単位である村の長クメットからなる集会をもち、クネズを選出して村の租税分配を行った。

約一八〇〇といわれる村々は南スラヴに特徴的とされる、それぞれ三〇〜五〇の父系制の大家族共同体ザドルガからなっている。ザドルガは親子・兄弟からなる四〜五家族ほどで構成されていた。それぞれのザドルガは自給自足的な経済単位であると同時に、反オスマン蜂起の際には軍事面で兵士の供給源ともなった。ザドルガの長スタレシナの集会でクメットが選出される一方、村の男子住民による村集会（セオスキ・ズボール）も開催された。

一八世紀後半のベオグラード・パシャリクでは、西欧と比べて農業は未発達であったが、トウモロコシ、ライ麦、オート麦、小麦、アワ、豆類、キャベツ、玉ネギを栽培しており、トウモロコシの生産が小麦を圧倒していた。ジャガイモ栽培はまだまれであった。また大量のプラムが栽培され、ラキア（火酒）と称されるアルコール度の強いプラム酒シュリヴォヴィツァが生産された。村部では、現在でも自家製のラキアがつくられている。

この時期、牧畜が大きく進展する。シュマディヤ地方は森林地帯であり、ドングリの豊富な森林は豚の飼育にきわめて好条件をなしていたからである。牧畜の進展とともに、家畜を扱うセルビア人商人が生まれ、かれらは「牧畜」農民から家畜を買い、多くの場合ハプスブルク帝国内に輸出して利益をあげた。セルビア蜂起の指導者カラジョルジェやミロシュ・オブレノヴィチは、こうした農民から抜きん出て富や名声を得た商人であった。

## ●豚商人カラジョルジェ——セルビア蜂起の展開

蜂起前夜、辺境地のセルビア社会は流動化が著しかった。オスマン帝国は一七八八〜九二年に、ハプスブルクおよびロシアとの戦争に敗北した。これに伴い、セルビア人のハプスブルク帝国への流出が活発になる。一七世紀末から一八世紀にかけて、とくに一六九〇年、コソヴォのセルビア人数十万が北上し、ドナウ川を越えてハプスブルク領内へ移動した「ヴェリカ・セオバ（大移住）」以来の人の動きであった。ハプスブルク帝国との関係が緊密になり、セルビア人は初めて、ハプスブルク指導下で「義勇軍」を組織して、オスマン帝国に対する戦いに参画した。戦後、ハプ

▲ベオグラードの攻防
この絵の手前を流れるサヴァ川と左手を流れるドナウ川とに挟まれた地点に位置するベオグラードのカレメグダン城砦をめぐる１８０６年末の攻防戦。カラジョルジェの蜂起軍はカレメグダンを包囲するオスマン軍の攻撃を撃退した。

▲セルビア蜂起の旗
セルビア蜂起で用いられた軍旗。中央左側が中世セルビア王国の紋章である赤地に白の十字架、右側が猪と矢をあしらった新たな紋章であり、上部に王冠がかぶせられている。この旗は蜂起に参加した農民たちに、中世セルビア王国との連続性を自覚させるシンボルとしての意味をもっていた。

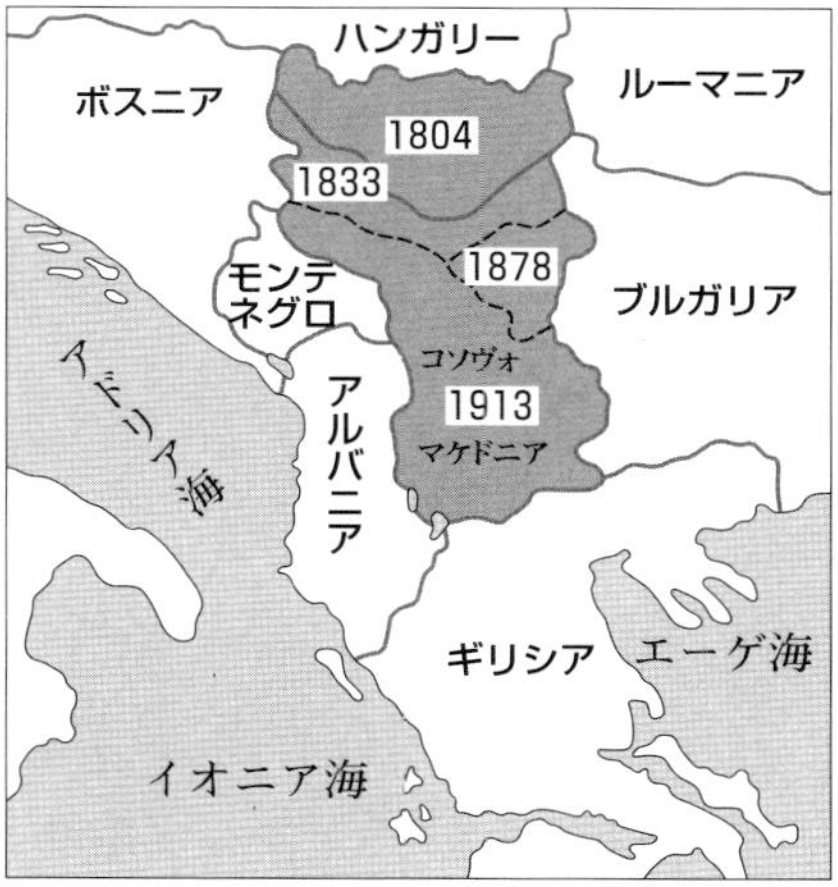


◀セルビアの領土拡張　1804～1913年
近代セルビアの領土の拡大を示した地図。セルビア蜂起時には当時のベオグラード・パシャリクがその領域であったが、しだいに南部に領土を拡大していった。1878年に独立が承認されて以後は、南部のマケドニアへの進出が目指された。1913年の第2次バルカン戦争でマケドニアの一部を領土に組み込んだ。

スブルク帝国とオスマン帝国とのあいだに結ばれたシストヴァ条約で、「義勇兵」として参戦したセルビア人を罪に問わないことと、ベオグラード・パシャリクの内政上の自治が保障された。

　これに伴い、スルタンのセリム三世はベオグラード・パシャリクからイェニチェリを追放する布告を出した。かつての常備歩兵軍団イェニチェリがいまやオスマン政府の統制を離れ傭兵集団と化したため、辺境地域に分散させられており、ベオグラード・パシャリクにも多くのイェニチェリがいてセルビア人農民の土地を強奪していたのである。オスマン政府は戦略上、重要な地点にあるベオグラード・パシャリクを確保するため、セルビア人が享受してきた自治の保障、税制の改善、チフトリキの没収による旧来の秩序回復などでセルビア人を繋ぎとめようとした。

　しかし、セルビア社会の秩序回復は容易に進まなかった。ベオグラード・パシャリクのムスタファ・パシャは、隣接するヴィディン・パシャリクで大きな力をもっていたアーヤーンのパスヴァンオウルに対抗するために、セルビア人からなる民兵隊を組織したが、スルタンはパスヴァンオウルとの和平が成立するとセルビア人民兵隊の存在を脅威と感じるにいたり、一七九九年までにイェニチェリのベオグラード・パシャリク帰還を許可してしまった。帰還が許されると、ベオグラード・パ

◀ヴェリコの死
第一次セルビア蜂起最終局面の1813年7月、オスマンの大軍がベオグラード・パシャリクをいっせいに攻撃した。ハイドゥクの首領で蜂起に参画していたヴェリコ・ペトロヴィチは、セルビア東端の町ネゴティンで指揮をとり壮絶な死をとげた。その死はセルビア人のナショナリズムを喚起する格好の題材となった。

◀第二次セルビア蜂起
1815年、セルビア中部のタコヴォで第二次セルビア蜂起が生じた。この絵の中央にいるのが蜂起の指導者ミロシュ・オブレノヴィチ。ミロシュは独立ではなく自治を求めて、オスマン政府と粘り強い外交交渉を続けた。その結果、1830年には公国としてセルビアの自治を獲得し、33年には南に領域を拡大した。

シャリクはまたたくまに「ダヒヤ」の称号をもつイェニチェリの四将軍の手中に掌握されてしまう。「ダヒヤ」はスルタンの意に反し、自らの利益を求めてベオグラード・パシャリクを統治し、一八〇四年初頭、セルビア人の有力者やクネズや聖職者七二人を虐殺するにおよんだ。

この事件が直接の契機となって、セルビア各地の農民が立ち上がり、一八〇四年二月にシュマディヤ中部のオラシャツで「ダヒヤ」に対する蜂起の決議が行われた。第一次セルビア蜂起の始まりである。蜂起は「悪いトルコ人」に対する反乱として生じたのであり、当初は帝国による旧秩序の回復を求めた。最高指導者に選出されたのは豚を扱う商人のカラジョルジェであり、指導者の多くはクネズ、商人、聖職者、ハイドゥクであった。カラジョルジェの本名はジョルジェ・ペトロヴィチ。セルビアの寒村に生まれ、オーストリア・トルコ戦争（一七八八〜九一年）に際し、ハプスブルクの組織した「義勇軍」に参加し、軍事的経験を積んだ。戦後、故郷近くのトポラにもどりハイドゥクと行動をともにする。蜂起の準備が進められるとこれに加わり、その経験を買われて指導者に選出された。

蜂起はセルビアに存在していた自治組織のネットワークを通して、一八〇四年末までにほぼ全土に拡大した。蜂起者による議会が招集され、一二のナヒヤから各一人ずつの代表

**▲リガス**
18世紀末、ヨーロッパの啓蒙思想の影響を受けて、ギリシアの解放を唱えた二人のギリシア人がいた。一人は、パリに留学しフランス革命に遭遇した古典学者のコライス、もう一人がウィーンで「ギリシア共和国憲法案」を起草し活動したリガス・ヴェレスティンリス。ハプスブルク当局に逮捕され1798年に処刑された。

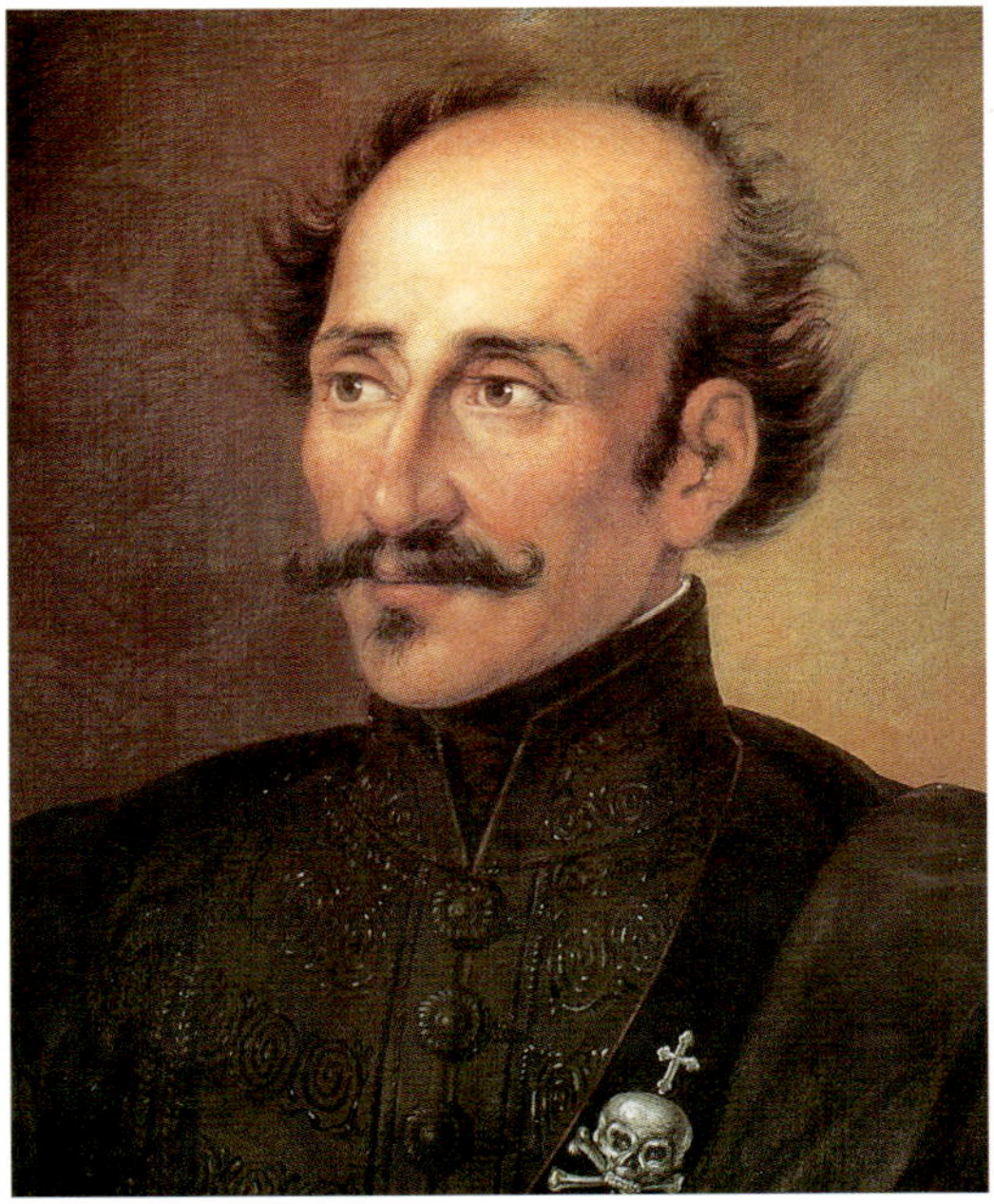

**▲イプシランディス**
バルカンの解放を唱える秘密結社フィリキ・エテリアの最高指導者。ファナリオティスの名門イプシランディス家に生まれ、ロシア帝国陸軍少将としてアレクサンドル1世の副官を務めた。のちに初代大統領に就任するカポディストリアスが最高指導者を断ったため、イプシランディスに白羽の矢が立てられ、1820年に就任。

**▼フィリキ・エテリアの旗**
フィリキ・エテリアは1814年、クサントス、ツァカロフ、スクファスの3人のギリシア人商人によってオデッサで結成された。1820年にイプシランディスが最高指導者に就任すると、ギリシア・バルカンの解放を目指すエテリア蜂起が開始された。蜂起の旗には「自由、さもなくば死を」と書かれている。

からなる統治会議と呼ばれる執行機関も形成された。一八〇五〜〇六年にかけて、カラジョルジェの軍隊はイヴァンコヴァツ（セルビア東部）、ミシャル（セルビア北西部）、デリグラード（セルビア南部）で蜂起の鎮圧に乗り出したスルタンの軍隊と初めて戦い、勝利を収めた。「悪いトルコ人」からの秩序の回復をスルタンに請願するという蜂起の性格が、反スルタンへと変化していく。この時期はちょうどナポレオン戦争の時期と重なり、一八〇六年に露土戦争が始まると、カラジョルジェはロシアの支持を期待して、オスマン政府による自治承認の申し出を拒否して、セルビアの独立を要求した。ロシアの支持があり、蜂起はオスマン帝国に対する独立を目指す民

族解放の闘争となった。

しかし、一八〇七年にロシアはナポレオンとティルジットの和約を結び、オスマン帝国と休戦協定を結んだ。ロシアに失望し孤立した蜂起軍はなおも独立を掲げて闘い続けるが、一三年には圧倒的なオスマン軍の攻撃にあい、蜂起は鎮圧されてしまう。チフスにかかり病身のカラジョルジェはハプスブルク領内に逃亡した。バルカン初の反オスマン反乱は周辺の同様の農村社会にも多大な影響を与えた。各地のハイドゥクや境界地域の密輸業者のネットワーク、正教会の組織網などを通じて、バルカンの農民に反オスマン蜂起の契機を与えた。

オスマン帝国の激しい報復攻撃に対して、一八一五年にやはり豚商人のミロシュ・オブレノヴィチ（セルビア南部チャチャク近郊生まれ）を指導者とする第二次蜂起が、シュマディヤ高地のタコヴォで生じる。すでにナポレオン戦争は終結しており、ロシアはバルカンに全勢力を注ぐことができたので、オスマン政府も強硬な手段に訴えることはできなかった。ミロシュはこうした国際情勢を巧みに利用して、独立ではなく自治の獲得という現実主義的な政策を採った。かれは一五年にオスマン帝国の支配を受け入れる代わりに、租税権や行政・司法上の一定の自治を獲得した。一七年、ミロシュは議会で「公」に選出され、オスマン政府との粘り強い交渉を続けた結果、セルビアは三〇年に公国として完全な自治を得た。

ミロシュは個人に権力を集中させる集権的な国家体制を築いたが、立憲制を求める勢力との対立が激化した。セルビアでは、カラジョルジェとミロシュが近代王朝の始祖となり、両家の激しい抗争がセルビア近代化の方針の問題と絡み、政治史の中心を占めることになる。しかし、他のバルカン諸国では独立や自治が達成されると国外から国王を招聘することが多かったのと比べて、特徴的である。

## ●エテリア蜂起——ギリシア独立戦争への序曲

セルビア蜂起に続き、やはり特殊な状態にあったギリシアでは一八二一～二九年に独立戦争が展開された。ギリシア人社会はセルビア人社会と比べると複雑であったし、西欧社会とも深く関わっていたといえよう。一八世紀末に、ヨーロッパ啓蒙思想の影響を受けた二人のギリシア人がいた。

一人はテッサリアの商人の家に生まれたリガスである。ファナリオティス支配（47頁参照）の始まっていたワラキアの公（ホスポダル）イプシランディス家の秘書を務め、この地でフランス革命思想に熱中した。一七九六年、ウィーンに移り、共和制を実現すべく「ギリシア共和国憲法案」を著した。この憲法案に基づいてギリシア人解放のためバルカン連邦を構想し、ギリシア本土での蜂起計画を立てるが、計画が事前にもれてしまい、オーストリア当局により逮捕されてしまう。もう一人は小アジアのエーゲ海沿岸部の都市イズミル（ギリシア名、スミルナ）出身のコライスであり、医学を学ぶためにパリに渡りフランス革命に遭遇した。古典学者となったコライスもギリシア本土の解放を唱え、ギリシア人に蜂起を呼びかけた。当時のギリシア本土の様子はどのような状況にあったのだろうか。

ギリシアは一八三〇年に王国として独立を承認されるが、その時点の北部国境（イオニア海側のアルタとエーゲ海側のヴォロスを結ぶ線）以南の領域、つまり、モレア（ペロポネソス半島）とその北にある内陸部ルメリの人口は独立戦争前夜で約九〇万、そのうち六万三千がムスリムであり、モレアだけに限定すると人口は約五〇万、うち四万五千がムスリムと推定されている。しかし、アルタ—ヴォロス線の北に広がるテッサリア、イピロス、マケドニア、トラキアの各地方、そしてイスタンブルと小アジアのイズミルなどを含めると、二百万以上のギリシア人が居住していた。

独立戦争に先立ち、エテリア蜂起と称されるギリシア本土の外に居住するギリシア人の行動がみられた。先に述べたように、バルカン商人として最も活動していたのはギリシア人であった。かれらはヨーロッパやロシアの主要都市に散在しており、とくにヨーロッパ

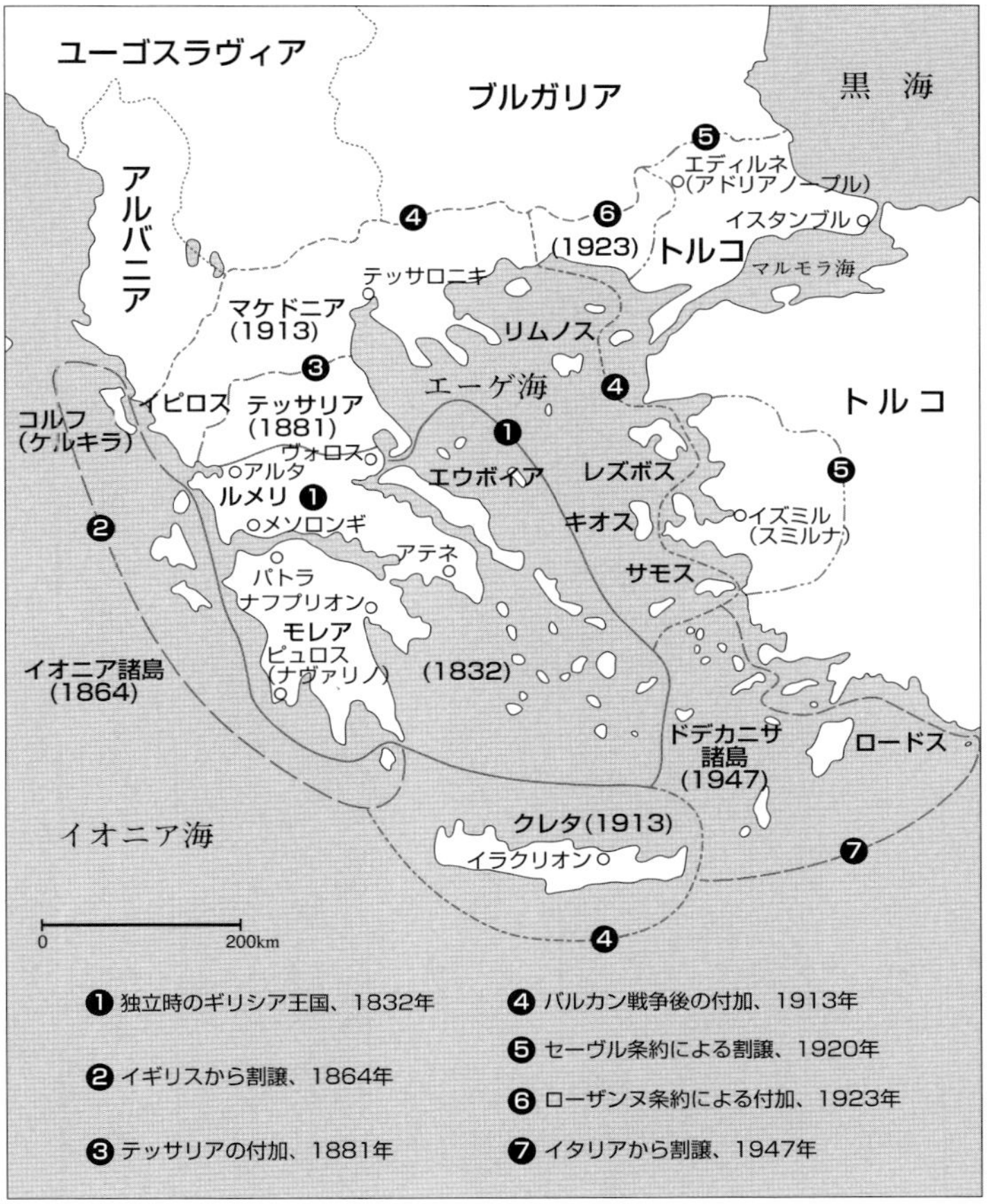


▶ギリシアの拡大
1832年に独立国としての国境が画定されて以後、ギリシアの領土拡大を示した地図。独立時のギリシアの領域はペロポネソス半島とその北部の一部地域のみであったことがわかる。その後、北部に領域を拡大していく。ドデカニサ諸島がギリシア領となるのは第二次世界大戦以後のことである。

では古代ギリシアの文明がヨーロッパ文明の源流と考えられていたため、ギリシア人がギリシア語を通してギリシア文化や歴史を強く意識することは容易であった。一方、西欧列強やロシアもギリシア人の動向に多大な関心を寄せた。一八世紀末にエカチェリーナ女帝の命令で建設されたロシアの国策都市であり、黒海に面する港町オデッサ（現在、ウクライナ共和国の都市）で、一八一四年に三人のギリシア人商人が秘密結社フィリキ・エテリア（友愛会、通称エテリア）を結成した。

リガスの考えを引き継ぐエテリアの目的は、あくまでオスマン帝国の統治下にあるギリシア人の解放であったが、そのためにはバルカンの解放が必要だとして、バルカン地域の諸民族に協力を呼びかけた。エテリアはロシアの主要都市をはじめとして、モルドヴァとワラキアのドナウ二公国、そしてギリシアの主要都市などに組織を拡大していった。オデッサにいたセルビア蜂起の指導者カラジョルジェにも呼びかけが行われている。メンバーの社会構成としてはディアスポラの商人が圧倒的に多かったが、イスタンブルのファナリオティス、モレアのクレフティス（匪賊）や名望家コジャバシや正教会の聖職者、島嶼部の海運業を営む船主や船員など、セルビアと比べて多岐にわたっていた。

一八二〇年、ファナリオティスの出身で、ロシア帝国陸軍少将としてアレクサンドル一世の副官を務めていたイプシランディスがエテリアの最高指導者に選出された。イプシランディスは二一年三月、ロシア領内からエテリア軍とともに、イピロスを牛耳っていたアーヤーンのアリー・パシャの打倒を目指して、まずモルドヴァに進撃する。かれの計画では、モルドヴァやワラキアで多くの賛同者を加えて、さらに南下するはずであった。だが、バルカンの解放といった目的はあまりにも漠然としており、この地のルーマニア人農民を引き入れるどころか、徴税の猶予などルーマニア人農民の利益を優先させようとするヴラデ

◀聖ラヴラ修道院
ペロポネソス半島北部のパトラ近郊にある。イプシランディス率いるエテリア蜂起が始められたのと時を同じくして、1821年3月25日に聖ラヴラ修道院で、フィリキ・エテリアの会員であったパトラの府主教ゲルマノス（絵の中央）がオスマン支配に対する蜂起を宣言した。この日が現在でもギリシアの独立記念日。

ィミレスク率いるワラキアの農民軍と対立してしまい、計画は早くも挫折してしまう。

## コロコトロニスからオットーへ——ギリシア独立戦争の展開

一八二一年八月までに、エテリア蜂起はオスマン軍の手で鎮圧されてしまい、イプシランディスはハプスブルク帝国内のトランシルヴァニアに亡命した。かれの軍隊はギリシア本土に進撃することはできなかったが、モレアでは反オスマンの動きが進行していた。モレアはアリー・パシャが支配していたイピロス地方とは異なり、比較的に地方の自治が享受されていた。しかし、チフトリキ（土地私有形態）が増大していたため農民は窮乏化しており、不満を募らせていた。エテリア蜂起との直接的な関係は薄かったようだが、三月中旬からモレア各地で反オスマンの反乱が生じた。三月二五日、モレア北部パトラの府主教でエテリア会員であったゲルマノスがパトラの東、カラブリタ近郊の聖ラヴラ修道院でオスマン支配に対する一斉蜂起を宣言した。現在でも、この日がギリシアの独立記念日となっている。

蜂起はモレアから北の内陸部へ拡大し、さらに島嶼部に広がった。モレアはその三分の二が山岳地であり、オスマン軍に対するクレフティスのゲリラ戦が功を奏した。土着のクレフティスであるコロコトロニスが大いに活

▼バイロンのメソロンギでの宣誓
ギリシア独立戦争は西欧知識人の強い共鳴を得た。1809年から2年間地中海諸国を旅したことのあるイギリスの詩人バイロン（絵の中央）はギリシアの解放を求めて、1824年1月に義勇兵としてメソロンギに到着。戦争に参加しないうちに熱病にかかり、3カ月後に死亡したが、バイロンの死は西欧知識人に多大な衝撃を与えた。

▲ナヴァリノ沖の戦い
1827年10月、オスマン帝国、エジプトの連合艦隊とイギリス、フランス、ロシアの連合艦隊との海戦。ナヴァリノ（現在のピュロス）はペロポネソス半島南西部に位置する。この海戦に勝利を収めた英・仏・露は以後、独立後のギリシアの処遇をめぐってオスマン帝国と外交上の駆け引きを始める。

躍する。名目上、新たな統治機構を掌握するのは、西欧列強との絆を誇る外来のファナリオティスや知識人（エテロフソネス）であった。一八二一年一二月にはエピダウロス（モレアの東端）で国民議会が招集された。二二年一月にはギリシア共和国が宣言され、フランス革命期のジャコバン憲法に範をとった憲

▶国王オットー（ギリシア名オトン）のナフプリオン到着（1833年2月）
バイエルンの君主ルートヴィヒ一世の次男でギリシア初代国王。1832年の国王即位当時、17歳であったため摂政が随行した。オットーは1834年にアテネに遷都し、44年に立憲君主制へ移行。領土拡大に努めたので、国民の評判はおおむね良好であった。1862年に軍部のクーデタにより王位を追われ、67年に故郷のバイエルンで死去。

法が制定された。ファナリオティスのマヴロコルダトスが初代大統領に選出される。

　しかし、エテロフソネスが蜂起の実権を握ったわけではなく、農民に支持基盤をもつ土着のコロコトロニスが依然として勢力を維持していた。二三年初めに開催された第二回国民議会の主導権をとったのはモレアのコロコトロニスらの匪賊であったが、エテロフソネスは島嶼部の名望家とともに反対派を形成した。コロコトロニスはナフプリオン（モレア東部）に、エテロフソネスはイドラ島（モレア東端に隣接した島）の富裕な船主クンドゥリオティス（出自はアルバニア系）らとクラニディ（モレア東端）に政府を樹立し、ついに両者の内戦が二三年から二四年にかけて生じた。結局、イギリスの支援をとりつけたクラニディ政府がナフプリオン政府を圧倒した。クラニディ政府はイピロスのヴラフ有力者の支援を受けていたため、この内戦はモレア対島嶼・内陸部という地域間、土着対外来の対立であり、近代ギリシアという国家観をめぐる闘いの性格をも備えていた。

　オスマン帝国はギリシアの内部対立に救われたが、イピロスのアリー・パシャの討伐に手を焼いていた。海軍力の乏しいオスマン軍は陸路から蜂起の鎮圧を試みるが、モレアにオスマン軍を派遣することはできなかった。軍事的な手詰まり状況を打開したのは、エジプトの支配者ムハンマド・アリーの海軍であった。オスマン帝国の支援要請にこたえて、二四年にエジプト海軍がアレクサンドリアを発ちクレタ島を占領。翌二五年にはモレア南西部のナヴァリノの要塞を攻略して、ペロポネソス半島を攻撃した。さらに二六年になると、モレア北部に位置するコリントス湾の対岸西端のメソロンギを占領し、アテネを陥落させるにいたった。

窮地に陥ったギリシア側は一八二七年に第三回国民議会を開催し、ヨーロッパ列強の支援要請を決めた。コルフ島（イオニア海の島、ギリシア名はケルキラ島）生まれで、ロシアの外務次官を務めたカポディストリアスが、外交手腕を買われて新大統領に選出された。これ以後、ヨーロッパ列強がギリシアに大きく関与し始める。二七年一〇月、ナヴァリノ（現在のピュロス）沖の海戦でオスマン帝国とエジプトの艦隊がイギリス、フランス、ロシアの連合艦隊に敗北した。さらに二八年には、ロシアが単独でオスマン帝国に宣戦布告し、オスマン軍を破り、二九年九月にエディルネ（アドリアノープル）条約が締結されて、ロシアは南方に領土を拡大しギリシアへの多大な影響力を確保した。この条約に従い、翌三〇年にロンドン議定書が調印され、英・仏・露三国の保護下でのギリシア王国の独立が承認された。

一方、ジュネーヴからギリシアに到着したカポディストリアスは地域間の激しい対立を抑えるため、集権体制を築こうとしたが、三一年に反対派によって暗殺された。三二年、英・仏・露とバイエルンとのあいだで条約が結ばれ、三三年二月にバイエルンの君主ルートヴィヒ一世の一七歳になる息子オットー（ギリシア名、オトン）がナフプリオンに到着して、アルタ―ヴォロス線を北限とする独立王国が正式に成立した。これは土着のギリシア人が自らつかみ取ったのではなく、列強の利害関係のなかで与えられた独立といえる。

いずれにせよ、ヨーロッパ列強やロシアの強い影響を受けながら、オスマン帝国支配下のバルカンに東方正教に基づく近代国家が誕生した。ギリシアもセルビアも、承認された国境の枠内で統合を進め近代化に着手すると同時に、国境外の周辺地域に残された多くの同胞をいかに取り込むかに多大な関心を示す。そのため、大ギリシア主義や大セルビア主義といった「民族」に基づく考えが生み出され、相互に対立する傾向を強めていく。

## ●ドナウ二公国の統治の変遷

モルドヴァとワラキアのドナウ二公国では、一八世紀初めからオスマン帝国のもとで特殊な統治形態であるファナリオティス支配が続いていた。オスマン政府によって任命されたギリシア人、あるいはギリシア化したファナリオティスの公（ホスポダル）が統治にあたった。それまでドナウ二公国にみられた自治は消滅して軍隊は解体され、オスマン支配が強化されたといえる。

ファナリオティス統治のもとで改革が目指されたが、その目的は増大する税の徴収および農民の動態を十分に把握することであった。ファナリオティスの公は、後進的な国家の近代化を図った西欧の啓蒙専制君主と類似の統治を行った。一方では近代化政策が進められ、一七四六年にはワラキアで、四九年にはモルドヴァで農奴制が廃止された。ギリシア語の学校が建設され、病院や読書室も設置された。しかしもう一方で、土地貴族ボイェリはファナリオティス統治のなかに深く組み込まれ、農民に厳しく対応した。

一八・一九世紀は、オスマン帝国がハプスブルク帝国およびロシア帝国の領土拡大政策とぶつかり、戦争が繰り広げられた時期であった。ドナウ二公国は戦場と化すこともあり、二公国とその周辺地域の支配権が変化する。例えば、一七六八～七四年の露土戦争でオスマン帝国の支配を脱したブコヴィナ（モルドヴァの北の地方。当時、人口約七万のうちルーマニア人が七〇%を占める）はロシア軍が撤退したあと、七五年にハプスブルク帝国に併合された。また、一八〇六～一二年の露土戦争で勝利を収めたロシアはブカレスト講和条約によって、ベッサラビア（モルドヴァの東の地方。当時、住民の大多数はルーマニア人。名称はワラキア公国のバサラブ王朝にちなむ）の大部分を併合して州とした。この後、ベッサラビアの帰属をめぐる問題は現在まで続くことになる。

ドナウ二公国に対するヨーロッパ列強の利害が交錯するなかで、ロシア帝国の影響力が強まっていく。ドナウ二公国を取り巻く国際環境の変化は、ボイェリにとってファナリオティス支配から脱する好機でもあった。一八二一年一月、ロシアの支援を期待して、ワラキアのボイェリであるヴラディミレスク率いる農民蜂起が生じた。ヴラディミレスク家はセルビア蜂起の指導者カラジョルジェと同様、家畜を扱う商人として力をつけた。一八〇六年に始まる露土戦争ではロシア軍に従軍し、ロシア帝国の高官とも親交を深める。イプシランディス率いるエテリア蜂起に呼応して、ファナリオティス支配の打破と農民の生活改善を掲げて蜂起を呼びかけ、ワラキア西部のオルテニア地方の農民を引き入れた。

しかし、ロシアの支援が期待できないことがはっきりすると、ヴラディミレスク率いる農民軍とエテリア軍との目的の違いが表面化し、両軍はそれぞれの行動をとり始めた。結局、ヴラディミレスクはエテリア軍に捕らえられ虐殺されてしまう。二一年七月までに、エテリア軍も農民軍も個別にオスマン軍の攻撃を受けて蜂起は鎮圧された。蜂起は失敗に終わったが、これを契機として、百年を超え

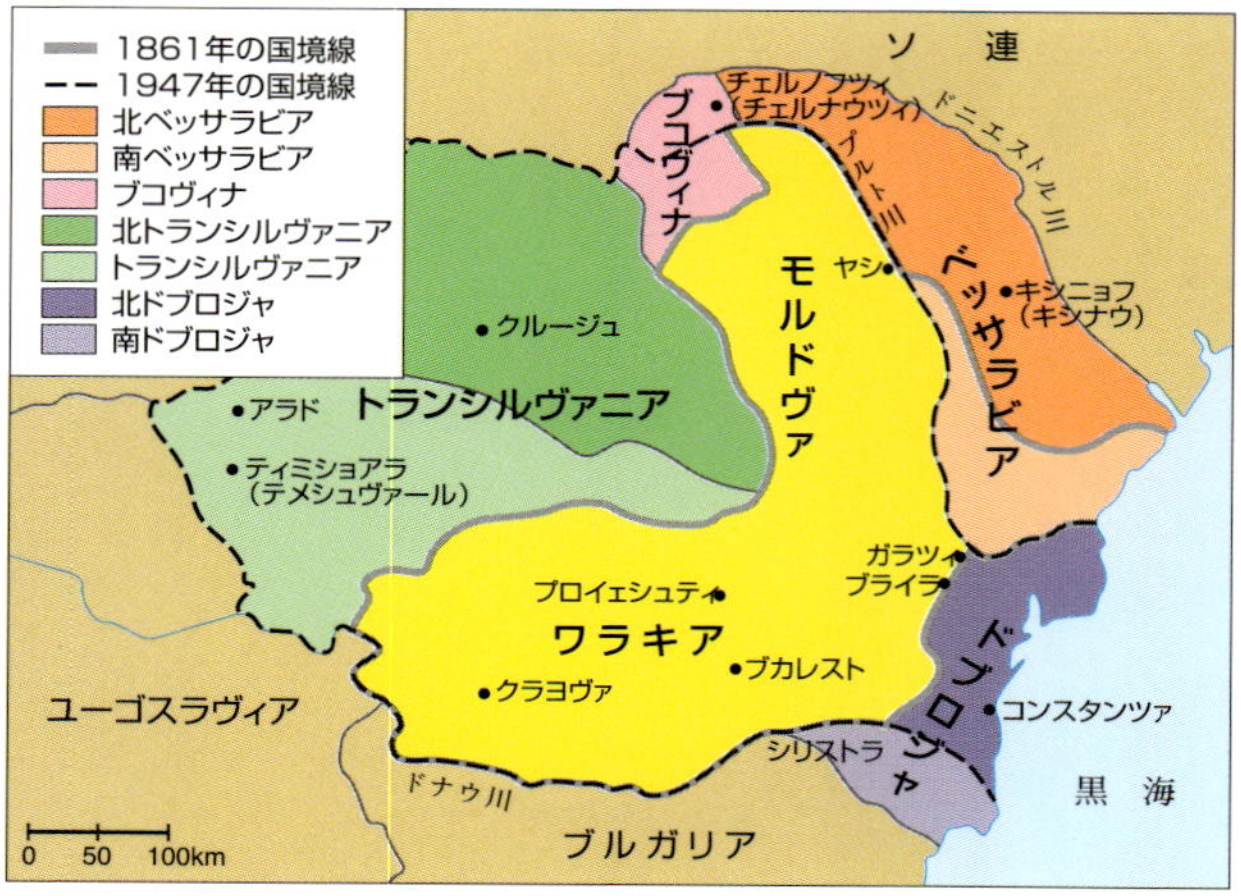


◀ルーマニアの統一と現在の国境
14世紀に成立したワラキアとモルドヴァのドナウ二公国は1859年、公として同一人物のクザを指名し事実上、統一した。1861年にはオスマン帝国もこれを承認した。66年にはホーエンツォレルン家のカールが公として迎えられ、78年のベルリン条約で独立。なお、地図のドブロジャはブルガリアではドブルジャと発音される。

◀ヴラディミレスク
1821年のワラキア農民蜂起の指導者。1780年にワラキア西部オルテニア地方のボイェリの家庭に生まれた。1806〜12年の露土戦争には、パンドゥリ（自衛のための農民組織）の義勇兵を率いてロシア軍に加わる。エテリア蜂起に呼応して、ファナリオティス支配の打破を目指して農民蜂起を起こしたが失敗。

▲クザ公
ルーマニア公国の初代の公。モルドヴァのボイェリの出身。パリに留学し、1848年のモルドヴァ革命に参加した。賦役農民の解放とワラキアとの統一を主張。1859年、ワラキアとモルドヴァ二公国の両議会から同時に公に選出された。62年に正式にルーマニアの公となる。66年に退位し、73年にドイツのハイデルベルクで死去。

▲バルチェスク
ルーマニアの政治家、歴史家。ワラキアのボイェリの出身。パリに留学し、1848年の「諸国民の春」の時期にワラキアに戻り、ワラキア革命の指導者の一人として賦役農民の解放やモルドヴァとの統一を主張。革命の鎮圧後、パリに亡命しルーマニアの統一を訴えた。イタリアのパレルモで病死した。

るファナリオティス統治が終焉する。一八二二年四月、ドナウ二公国のボイェリはオスマン政府と交渉して現地出身の公をふたたび選出し、ギリシア人を聖俗両方の場から排除する権利を獲得した。二六年には、ロシア帝国とオスマン帝国間のアッケルマン条約により、ボイェリによる公の選出が確認され、二年間におよぶ貢納の禁止、貿易の自由が認められた。両国の共同統治が確立される。

　だが、ギリシア独立戦争の過程で、二八年にはロシア帝国がオスマン帝国との戦争を始め、ドナウ二公国を軍事占領下に置いた。二九年九月、両国間にエディルネ条約が結ばれ、共同統治の体制は早くも崩れた。宗主権は保持されたものの三百年におよぶオスマン帝国の統治が終焉し、ロシア帝国によるドナウ二公国の保護国体制が成立することになる。

## ●ルーマニアの統一へ向けて

　ロシア軍による占領は一八三四年まで続いた。軍事行政上の長に任命されたキセリョフ将軍は西欧で教育を受けた啓蒙的な人物であった。キセリョフのもとで、ルーマニア統一の基礎が築かれたといえる。キセリョフは当時のロシアでは不可能であった近代化をドナウ二公国で実現しようとした。一八三〇年に、西欧の政治思想をふまえた「組織規定」（憲法に相当する）が制定され、二公国に同一の政治組織を定めた。公はボイェリと高位聖職者と少数の商人からなる特別議会で選出され、終身制となった。六名の大臣からなる行政評議会が設置され、公を補佐した。立法は総主教を議長とする議会が司り、予算を決定した。権力分立の原則が確立され、商業の自由、税制の一元化などが図られた。

　この時期、ボイェリの子弟のなかにはパリだけにとどまらず、ベルリン、ライプツィヒ、ウィーンに留学し、自由主義思想の影響を受けてワラキアとモルドヴァの統一を夢見るグループが形成された。一八二九年には、ブカレストとヤシで最初の新聞が発行され、三八年にはブカレストでハプスブルク統治下のトランシルヴァニアのルーマニア人をも視野に入れた日刊紙『ルーマニア』が出された。知識人のあいだに、「ルーマニア」を求める志向が強まっていった。

　一八四八年二月にパリで生じた革命は、三月にはベルリン、ウィーンに波及した。「諸国民の春」と称される四八年革命は、ハプスブルク帝国内の各地では自由主義というより、ナショナリズム運動の色彩を強めて展開された。トランシルヴァニアにとどまらず、ドナウ二公国でも大きな反響を呼ぶ。モルドヴァでは、三月末に首都のヤシで大規模な集会が開かれ、パリ留学生グループに属し、ボイェリ旧家生まれのクザや歴史家のコガルニチャヌがストゥルザ公に宛てて、個人の自由や検閲の廃止など自由主義的な請願書を提出した。

　一方、ワラキアでは自由主義的な要求だけでなく、賦役農民の解放を唱え、モルドヴァとの統一をも求める「革命委員会」が設立された。五月にパリから帰国したばかりの若い知識人バルチェスクやブラティアヌが運動の指導者であった。これに対して、ロシア軍とオスマン軍は共同で鎮圧にあたり、九月までに運動は終息させられた。

　ロシア帝国とオスマン帝国は四九年に協定を結び、ドナウ二公国の秩序の回復に着手した。任期七年の公の指名は両国の合意に基づくとされ、議会は暫定政府に置きかえられた。ドナウ二公国の統一は一時後退するが、オスマン帝国とロシア帝国との戦争、つまりクリミア戦争（一八五三～五六年）を待って具体化の方向へ動きだす。

　統一へ向けた動きは、国外に亡命していた知識人のあいだでもみられた。例えば、バルチェスクは一八五〇年に、パリで「ルーマニア民族宣伝委員会」を結成して、西欧の政治家にルーマニアの統一が国際問題であることを訴えかけた。この結果、クリミア戦争後のパリ条約（一八五六年）で、ロシアの保護国体制の廃止、オスマン帝国の宗主権をヨーロッパ列強が集団で保障すること、「組織規定」の改定などが盛り込まれた。

　一八五七年、ヤシとブカレストでそれぞれ暫定議会のための選挙が実施され、統一派が勝利を収めた。オスマン帝国は最後までドナウ二公国の統一に反対したが、五九年一月、二公国の議会が公として同一人物のクザを指名した。こうして事実上、二公国の統一はなったが、それぞれの政府と議会はもうしばらくのあいだ別々であった。オスマン帝国はようやく、六一年一一月の勅令で統一を認めた。翌年一月、クザ公は統一政府を形成し統一議会を招集して、「二公国の最終的統一」を宣言した。

　自由主義者コガルニチャヌの補佐を受けて、さまざまな自由主義的改革が断行された。国土の四分の一を占めていた修道院領の世俗化、農民の賦役の廃止や耕地の有償分配などの農業改革がその一例である。しかし、国内の抜本的な改革は反対勢力をも生み出した。六六年一月、クザ公は退位に追いこまれ、ウィーンに亡命せざるをえなかった。ホーエンツォレルン家のカール（ルーマニア名カロル）が公として迎え入れられ、当時最も自由主義的とされていた三一年のベルギー憲法をモデルとした憲法が七月に起草された。

　このルーマニアがオスマン帝国から正式に独立を達成するのは、一八七八年のベルリン条約によってである。ルーマニアにおいても、ギリシアやセルビアと同様に大ルーマニア主義が掲げられ、ルーマニア人が居住するハプスブルク帝国支配下のトランシルヴァニア、ロシア帝国下のベッサラビアの領有が目指されていく。

第四章

# 民族国家の建国
# ——対立と協調

▲19世紀のザグレブ　1830年のクロアチアの中心地ザグレブの繁華街。当時の人口は8千人。11世紀にカトリックの司教座が設置され、16世紀中頃からクロアチアの中心地となる。19世紀末、この絵の広場に1848年革命期のクロアチア総督の像が建設されイェラチッチ広場となるが、社会主義期には共和国広場と改称。現在はふたたびイェラチッチ広場。

## 民族国家と近代化

　イギリスやフランスでは、近代国家のもとで統合の過程が進行し、しだいに国内のさまざまな民族集団や宗教上の少数派や言語の違いなどが乗り越えられて一つになり、均質的な社会が形成されていった。一八世紀のイギリスの産業革命とフランスの市民革命、すなわち「二重革命」(イギリスの歴史家ホブズボウムの用語)を通して、産業化や都市化が進行し、均質的な市民による国民意識が作られた。ここでの主役は聖職者や貴族に代わり、人口の大半を占める市民であり、かれらが「国民」を意識することになる。個人の権利や国民主権に基づき、民主主義的な政治制度を求める運動の原動力となるのがナショナリズムであった。

　これに対して、バルカン諸民族はオスマン帝国の支配下で、長いあいだ国家をもたない状態が続いた。産業革命も市民革命も経験することはなく、均質的な市民もいなかった。一九世紀には、こうしたバルカン地域にもナショナリズムの思想が波及してくる。バルカンでのナショナリズムは均質的な個人と結びつくのではなく、さまざまな民族集団の解放と国家を求めるイデオロギーとしての役割を担うことになった。

　バルカン・ナショナリズムのきわだった特色は、その基礎に民族の歴史が置かれ、中世の王国が強調されることであろう。そのため、生み出される国家は「民族国家」としかいいようがなく、この新国家は近代化を急速度で進める必要に迫られた。その際の一つの問題は、制度としていち早く導入される西欧型の議会政治と、依然として続く家父長的な伝統社会の生活習慣とのズレである。もう一つは国民統合の問題であろう。バルカン諸国は時間をかけて少数派の民族・宗教や言語的に異なる集団を均質化することはできず、むしろこれらを排除する方向に進んでしまう。一方、国境の外に居住する同胞を懸命に取り込もうとした結果、バルカン諸国間の利害が対立することになる。

　バルカン「民族国家」の誕生を追ってみると、一八三〇年のギリシア王国の独立に続き、露土戦争後の七八年のベルリン条約によって、セルビア王国、ルーマニア王国、モンテネグロ王国の独立、ブルガリア公国が正式に承認され成立した。さらに、ブルガリアは一九〇八年に独立を達成し、アルバニアは一九一三年に独立を承認された。セルビアとモンテネグロを例外として、ヨーロッパの王家出身の国王を戴くこれらのバルカン諸国は近代化や軍事化を競い、相互の対立を深めた。ヨーロッパ列強やロシアは、衰退過程をたどるオスマン帝国のもとに置かれたバルカンの問題に多大な関心を示し、それぞれの利害関係から介入を試みた。ヨーロッパの外交史上、「東方問題」あるいは「東方の危機」と称される事

▼ミレティチ
1826年、ヴォイヴォディナのセルビア人家庭に生まれる。ハンガリーのペシュト大学法学部を卒業し、1848年革命時にはヴォイヴォディナのセルビア人運動に参加。54年にはウィーン大学で法律学の学位を取得し、ノヴィ・サドで弁護士を開業。その後、政治活動を始めセルビア民族自由党の指導者となる。バルカン連合を主張。

**▲三色旗を携えるラコフスキ**
ブルガリアの民族運動指導者。1821年にブルガリア東部の町コテルの裕福な商家に生まれる。イスタンブルのギリシア語学校で学んだあと、ブルガリアの自由を求めて民族運動に没頭する。バルカンのキリスト教徒の蜂起によるオスマン帝国の解体を主張し、ブルガリア軍団を結成。バルカン連邦を構想した。

**▲ポリト－デサンチッチ**
1833年、ヴォイヴォディナの裕福な商家に生まれる。父親はトルコ人、母親はセルビア人。61年に、ウィーン大学で法律学の学位を取得したあと、政治生活に身を投じる。ミレティチのセルビア民族自由党の党員となって活動し、ハンガリー議会の議員を務めた。オスマン帝国の解体を前提として、バルカン連合構想を提起した。

**▼イェラチッチとクロアチア議会**
1848年に招集したクロアチア議会（サボール）でクロアチア語の演説をするイェラチッチ。1801年にハプスブルク帝国軍将校の家に生まれ、自らも軍人として大佐にまで昇進。1848年革命の時期に、ザグレブの民族会議によりクロアチア総督およびクロアチア軍の将軍に任命された。ハンガリーからの独立を求めたが失敗（80頁参照）。

**▲バルカン鉄道網の発達**
1860年代から1910年代にかけて、近代化の象徴であるバルカン半島の鉄道建設が行われた。資本はヨーロッパ列強に依存していた。この時期に、主要な都市が鉄道で結ばれたことがわかる。ハプスブルク帝国の首都ウィーンとオスマン帝国の首都イスタンブルが鉄道で結ばれたのは1888年。

**◀マルコヴィチ**
セルビア社会主義の先駆者。1846年に生まれ、ベオグラードで学生生活を送り、66年から4年間、ペテルブルク、チューリッヒに留学。ロシアのチェルヌイシュフスキーの強い影響を受けた。著書『東方におけるセルビア』で、バルカン諸民族の解放のためには社会変革を行い、連邦主義に基づく民主的なバルカン連邦を主張。

態が生み出される。

　世界史のうえで「帝国主義の時代」と呼ばれるこの時期に、ヨーロッパ列強の資本がバルカンに競って投下された。バルカン諸国は行政、交通、軍備の面で近代化を進めなければならず、資本がきわめて不足していた。一八六〇年代から一九一〇年代にかけて、近代化にとって不可欠とされる鉄道建設がヨーロッパ列強の資本に依存して行われた。バルカンを縦断し、ウィーンとイスタンブルが鉄道で結ばれたのは一八八八年のことである。バルカンの諸国家は近代化によってヨーロッパと結びつく一方で、それぞれの独自性を声高に主張し始めた。宗教の面でいえば、一八六〇年代から七〇年代にかけてのブルガリア人の民族解放運動がオスマン帝国のもとで、東方正教会として一括されていたブルガリア正教会の自立の運動と密接に関連して展開されたことは、その典型的な一例といえる。

　言語の面でも近代化が図られ、それぞれの言語の確立が目指された。バルカンの諸民族は、トルコ語を例外として、他はすべてインド・ヨーロッパ語族に属するが、語派はさまざまである。南スラヴ語派のなかでは、セルビア語とクロアチア語の整備が進むが、両者の場合はきわめて類似した言語であるため、セルビア・クロアチア語として統合する動きも同時に進められた。また、ルーマニア語はロマンス系の言語であるが、キリル文字が使

▶オーストリア・ハンガリー二重帝国下のクロアチアとボスニア
1867年のアウスグライヒ（妥協）によって、ハプスブルク帝国はオーストリア皇帝がハンガリー国王を兼ねるオーストリア・ハンガリー二重帝国となった。クロアチアはハンガリー支配、ダルマツィア沿岸はオーストリア、ボスニアは1878年のベルリン条約によって二重帝国の行政下に置かれた。

われていた。言語改革が行われてラテン文字を用いるようになったのは、一九世紀の中頃のことである。ギリシア語とアルバニア語も独自の言語体系を持っており、バルカンの諸民族がそれぞれに言語の独自性を強調した。

　このように、一九世紀から二〇世紀にかけての民族解放の時期に、バルカン諸民族・諸国家の政治指導者は独自性や個別性を前面に掲げて対立する傾向を強めたが、もう一面で対立関係を解消するための構想を提起する知識人も存在した。結果的にはこれら知識人の構想は、人口の大半を占める農民の心に十分な訴えかけをすることができず、実現の運びにはいたらなかった。しかし、バルカンの近代史には対立・抗争の側面と同時に、共存・協調の関係を築こうとする試みがつねに存在したことを見過ごすべきではない。

　さまざまなバルカン連邦構想は、一八六〇年代から七〇年代にかけてみられた。ハプスブルク帝国の辺境地ヴォイヴォディナ地方のセルビア人政治家ポリトーデサンチッチやミレティチは、「東方問題」を作り上げているヨーロッパ列強の枠組みを分析し、その解決策としてバルカン連邦を提起した。とくに、ポリトーデサンチッチは民族原理にのっとってオスマン帝国を解体し、バルカン半島を小国の連合により「中立地域」にするという「バルカン連合」構想を初めて理論化している。また、セルビア社会主義の先駆者S・マルコヴィチは、セルビア人を含めたバルカン諸民族の解放のためにバルカン連邦を主張した。ブルガリア人革命家のラコフスキも民族解放の手段として、バルカン連邦構想を唱えた。バルカン連邦構想は社会主義者に受け継がれ、バルカン諸国が激烈な戦いを展開したバルカン戦争から第一次世界大戦の時期にもみられた。

## クロアチアの民族再生

　近代におけるクロアチア人の夢は、分断されてしまった固有の領域を統合することであった。クロアチア人にとって、中世クロアチア王国の領域、すなわちザグレブを中心とする内陸部クロアチア、スラヴォニアとダルマツィアが固有の領土と考えられていたのである。ダルマツィアは四百年におよぶヴェネツィア支配のあと、ナポレオンの短い統治を受け、一八一五年からハプスブルク帝国の支配下に組み込まれた。また、ダルマツィア北部とスラヴォニア地方の一部は一八八一年まで「軍政国境地帯」として、ハプスブルク帝国の軍政がしかれていた。一方、ハプスブルク帝国のもとで、ハンガリー化の脅威にさらされていた内陸部のクロアチア人は、ハンガリーの圧力をはねのけて自治権を保持しようとする試みを続けた。こうして、近代のクロアチア人の民族意識が明確になっていく。

　ナポレオンの大陸進出に伴い、ダルマツィア沿岸部がつぎつぎとフランスに占領され、一八〇八年にはついにドゥブロヴニク共和国も廃止された。翌年、フランスのもとで、北はケルンテン、スロヴェニア、クロアチアから南はダルマツィア沿岸部のドゥブロヴニクやコトル湾に至る帯状の地域が、古代イリリアにちなみ「イリリア諸州」として統治され、一八一三年まで続いた。ここでは、近代的な統治が行われた。法の前にすべての市民が平等とされるフランス民法が導入され、それまでの封建的な諸制度が廃止され、クロアチア人の居住地域ではクロアチア語、スロヴェニア人の居住地域ではスロヴェニア語の使用が認められた。

一九世紀前半期にドイツ・ロマン主義の影響を受けて、ハプスブルク帝国内諸民族のあいだで文化的な民族再生の運動が進展する。クロアチアの場合は、「イリリア諸州」での体験をもとにして、一八三〇年代にイリリア運動として展開された。これは、文学者のガイを中心とするクロアチア知識人の運動であった。ガイは当時チェコでみられたスラヴの連帯を説くスラヴ主義の影響を強く受けていたが、その政治目標はあくまでクロアチア人が固有（中世クロアチア王国）の領土と考えるクロアチア、スラヴォニア、ダルマツィアの統合であった。ダルマツィアとスラヴォニアにはセルビア人が多数居住していたため、ガイは南スラヴとしての連帯を考慮せざるをえなかった。言語面でクロアチア語を統一すると同時に、セルビア語との統一の基礎を築き、クロアチア人とセルビア人との一定の共通意識を形成した。クロアチア人の民族再生運動は南スラヴ意識を伴いながら進行していく。

クロアチア人の文化的な民族再生運動は、「諸国民の春」と称される一八四八年革命を経て、一九世紀後半には政治的な民族運動へと変化する。ハプスブルク帝国内の四八年革命は、帝国の重層的な支配構造を反映して複雑な様相を呈した。コシュートを指導者とするハンガリーがハプスブルク帝国からの独立を求める運動を展開する一方、ハンガリーの直接的な支配を受けていたクロアチアやセルビア人が多数を占める南ハンガリーのヴォイヴォディナでは、ハンガリーからの自治を求める運動が進められた。

一八四八年三月二五日、ガイらの呼びかけにより、ザグレブで民族会議が開催され、「民族の要求」が採択された。「民族の要求」には、クロアチアとダルマツィア、「軍政国境地帯」との統一、ハンガリーからの独立、クロアチア語の公用語化、サボール（議会）の身分制から代議制への移行が掲げられていた。これと同時に、民族会議はイリリア運動の支持者であったイェラチッチ大佐をクロアチア総督に任命した。

クロアチア人の要求は直接的にはハンガリーに向けられていたが、ハプスブルク帝国からの独立に邁進《まいしん》するハンガリーに、クロアチア人の要求を考慮する余裕はなかった。ハプスブルク皇帝はハンガリーに対抗するため、クロアチアの民族運動を利用しようとする。イェラチッチの側もクロアチア人の要求実現のために皇帝に接近した。結局、イェラチッチ率いるクロアチア軍はハンガリー革命鎮圧の尖兵として使われてしまう。四九年にハンガリー革命が鎮圧されると、ハプスブルク皇帝のもとに集権的な体制の立て直しが図られたため、クロアチア人の要求は実現しなかった。

その後、ハプスブルク帝国は一八六六年の

▲ボスニア女性の衣装
民族衣装をまとったボスニア女性。この絵は旧ユーゴスラヴィア時代に切手にもなった図柄。ボスニアにはムスリム、セルビア人、クロアチア人が居住しているが、これはセルビア人女性と思われる。女性の衣装は既婚か未婚かで異なっており、既婚女性は何らかの被り物で頭部を隠すのが一般的。

▲ムスリムの男性（ボスニア）
19世紀ボスニアのムスリム男性を描いている。真紅のいわゆるトルコ帽（フェス）をかぶっており、ボスニアのムスリム知識人と思われる。

▲正教徒の女性（ボスニア）
19世紀ボスニアのセルビア正教徒女性が描かれている。圧倒的多数の農民層の女性ではない。頭部に被り物を着けておらず、髪を束ねているので、未婚の女性であろう。

▲カトリックの女性（ボスニア）
19世紀ボスニアのカトリック女性が描かれている。農民層の女性ではなく、髪をお下げに結っており、ボスニアで19世紀後半期に開設されたカトリックの女学校の生徒と思われる。

普墺戦争での敗北を契機として、帝国の再編に取り組まざるをえなくなる。六七年、オーストリアとハンガリーとのあいだにアウスグライヒ（妥協）が成立して、同君連合のオーストリア・ハンガリー二重帝国が発足した。これに伴い、ハンガリー王国内に置かれたクロアチアは、翌六八年にハンガリーとのあいだでナゴドバ（協約）を結んで二重制を築き、ハンガリーの任命する総督のもとで、制限つきながら自治を獲得することができた。

　この結果、政党活動が活発になり、それらは親ハンガリー・グループ、皇帝に忠誠をつくし帝国の枠内で南スラヴの統一を主張する民族党、クロアチアの独立を唱える権利党の三潮流に分かれた。領域の問題としては、クロアチア人の夢であったダルマツィアは第一次世界大戦の終わりまでオーストリアの支配下に置かれたが、「軍政国境地帯」は一八八一年にクロアチアに返還された。クロアチアの人口は一八四万に達した。

## ●クロアチアの南スラヴ統一主義

　一九世紀を通じて、クロアチア人の民族再生運動が進行したが、この時期にはクロアチアの領域に居住していたセルビア人も民族意識を明確にしていく。興味深いのは、この時期に、クロアチア人の民族運動とセルビア人の民族運動が相互に南スラヴとしての共通性を認め、ユーゴスラヴィア統一主義（ユーゴ

▲シュトロスマイエル
クロアチアのカトリック司教、政治家。1815年に生まれ、学生時代にチェコ人のスラヴ主義者の影響を受ける。1849年にスラヴォニアの町ジャコヴォの司祭となる。1861年から国民党を指導して、言語の共通性に基づき南スラヴの文化的同一性を主張。南スラヴの統一運動を進めたが、宗教の相違を容易に超えられなかった。

スロヴェンストヴォ）の動きを生み出すことである。

例えば一八四八年革命の際に、ハンガリーを共通の敵として、ハプスブルク帝国内のクロアチア人とセルビア人とが皇帝の側に立って共同の軍事行動をとった。四八年革命期にみられた両者の共同行動は、革命後には帝国の枠を超えてセルビア公国のセルビア人との共同行動となって継続した。著名なセルビア人の言語学者・文学者・歴史家カラジッチ（ウィーン在住）やクロアチアの詩人マジュラニッチを含むセルビア人とクロアチア人の言語学者がウィーンに参集して、五〇年には「言語協定（ウィーン合意）」を成立させ、セルビア・クロアチア語の基礎を築いた。さらに六〇年代に入ると、文化的な協力関係から一歩進んで、セルビア政府とクロアチアの政党との協力関係が模索された。国民党の指導者である司教シュトロスマイエルと歴史家ラチュキは、セルビア公国を核として南スラヴ（セルビア人、クロアチア人、スロヴェニア人、ブルガリア人）の統一を構想している。

露土戦争のあと、一八七八年のベルリン条約によって、セルビアとモンテネグロの独立が承認され、ボスニア・ヘルツェゴヴィナの行政権がハプスブルク帝国に移行された。ボスニア・ヘルツェゴヴィナへの勢力関係をめぐり、クロアチア人とセルビア人の民族主義が前面に掲げられるようになって両者の関係が悪化し、一時的に南スラヴ統一主義は大きく後退した。

しかし一九〇三年、クロアチア人とセルビア人との敵対関係を巧みに操作しながら、二〇年におよぶハンガリー化政策をとり続けたクロアチア総督クエン＝ヘーデルヴァーリが、ハンガリー支配に対する民衆運動が高揚するなかで辞任した。これを契機として、反ハンガリーという旗印のもとにクロアチア人政党とセルビア人政党との協力関係が進展した。

クロアチア人とセルビア人との政党レベルでの協力関係は両者の混住地域であるヴォイヴォディナ出身のセルビア人政治家、スラヴォニアやダルマツィアの政治家によって主張され、ダルマツィアにおいて具体化されていく。セルビア人とクロアチア人そしてスロヴェニア人は異なる三つの呼称をもつが、南スラヴという一つの民族であるとの考えに基づいて、「新路線」と称される政治的潮流が大きな位置を占め始めた。リエカのジャーナリストのスピロやスプリトの政治家トルムビッチらを中心とするダルマツィアでのこうした潮流は、クロアチアにも浸透していくことになる。

ダルマツィアやクロアチアの民族間関係にとって一大転機となる「新路線」は、議会を通じて政治問題や民族問題をじょじょに解決していこうとするものであった。一九〇五年一〇月、クロアチア人政治家がセルビア人政党との協力関係を呼びかけ（リエカ決議）、セルビア人政党がこれに同意した（ザダル決議）。この具体的な成果が一二月、クロアチア議会

▲ハプスブルク軍のボスニア入場
露土戦争後のベルリン条約（1878年）で、ボスニア・ヘルツェゴヴィナの行政権はハプスブルク帝国に移された。この絵はハプスブルク帝国軍がボスニアに入場したときの様子を描いている。以後、ボスニアは第1次世界大戦期まで、ハプスブルク帝国の軍事占領下に置かれ、1910年までは議会も設置されなかった。

▲ボスニア蜂起
1875年にボスニアで生じた農民蜂起。ドイツ人旅行家カニツのこの絵は、ヘルツェゴヴィナ蜂起の指導者たちを描いている。前年の不作とムスリム地主が課す重税に対する不満が、突発的な事件を契機として農民蜂起となる。蜂起はボスニア全土に拡大し、反オスマンの色彩を強めた。国際的にも多大な反響を呼び、義勇兵が参集。

の五政党（クロアチア権利党、クロアチア進歩党、セルビア民族独立党、セルビア民族急進党、社会民主党）による「クロアチア人・セルビア人連合」宣言である。

「クロアチア人・セルビア人連合」はクロアチア人とセルビア人との協力関係の維持およびクロアチアとダルマツィアとの統合を現実的な目標としたが、基本原則は南スラヴ統一主義であり、ハプスブルク帝国内のスロヴェニア人の政治統合をもその視野に入れていた。しかし、帝国の外にあるセルビア王国やモンテネグロ王国との統合を展望していたわけではなかった。

一九〇四年にラディチ兄弟によって創設されたクロアチア人民農民党は、南スラヴ統一主義はクロアチア人のアイデンティティーを失わせるものだとして、この連合に加わることを拒否している。

「クロアチア人・セルビア人連合」は一九〇六年のクロアチア議会選挙で、四二％の票を獲得して第一党に進出した。もっとも、この連合は反ハプスブルク帝国という点でまとまっていたにすぎず、個々の問題に対する利害をすべて共有していたわけではなかった。そのため、一九〇八年のハプスブルク帝国によるボスニア・ヘルツェゴヴィナの併合を契機として、クロアチア人政党とセルビア人政党との取り組み方の違いが見られた。だが、政党レベルで両者の協力関係が築かれたことは大きな前進であり、第一次世界大戦後の南スラヴ統一国家形成の基盤ともなるのである。

## ●境界地ボスニアの民族意識

ボスニアは四〇〇年以上にわたるオスマン帝国の統治のあいだに、中世ボスニア王国の領土的一体性を損なわれることなく、三つのサンジャク（県）、すなわちボスニア、ズヴォルニク、ヘルツェゴヴィナからなる一つのベイレルベイリクあるいはヴィラーエト（州）として行政区分されていた。オスマン帝国はムスリムと非ムスリムという宗教的帰属に基づいて統治を行ったため、ムスリム、正教徒、カトリック、ユダヤ教徒（イベリア半島から移住してきたスファラディム）の区別は明白であった。しかも、ムスリムはオスマン社会で支配的な地位につくことができたが、キリスト教徒はそうではなかった。

しかし、宗教・社会上の違いは別として、ここに住む人たちが、ボスニアという領域に対する共通の帰属意識を持っていたことも確かであった。このボスニア人意識はムスリム、正教徒、カトリックと直接結びつくものではなく、ましてや近代的なセルビア人意識やクロアチア人意識と結びつくものでもなかった。オスマン帝国統治下のボスニアでは、まだ前近代的なボスニア人意識が一般的だったといえる。

一八七五年、ヘルツェゴヴィナ地方のネヴェシニェ村のキリスト教徒農民が、ムスリム地主の専横に対して反乱を起こした。この農民反乱は数週間のうちにボスニア・ヘルツェゴヴィナ全土に拡大し、反オスマンを目指す一大蜂起となった。ボスニア蜂起は隣接する南スラヴ地域にも、また国際的にも多大な影響をもたらした。隣接するセルビア公国やモンテネグロ公国はこの蜂起を援助するため、オスマン帝国に宣戦布告し、これが引き金となって露土戦争を誘発した。結局、オスマン帝国は敗北を喫し、一八七八年のベルリン条約によって、ボスニア・ヘルツェゴヴィナの行政権はカトリックの国であるハプスブルク帝国に移行した。

ハプスブルク帝国はボスニアの各地でムスリムや正教徒の大規模な抵抗にあいながら、ようやくボスニアをその軍事占領下に置くことになる。ハプスブルク帝国はボスニアで一定の近代化を進めようとしたが、基本的にはオスマン帝国支配下で形成された社会構造を維持する政策を採った。支配層であるムスリム地主を敵に回すことなく、かれらに依拠して統治にあたることが得策と考えられたからである。そのため、農民にとって最も重要であった土地改革は実施されず、とくにカトリック農民の期待が裏切られてしまった。

一方、前近代的なボスニア人といった意識にも変化が生じる。一八八〇年代に入ると独立を達成したセルビア王国やハプスブルク帝国内のクロアチアから、正教徒やカトリック教徒の宗教共同体に対する民族的な働きかけが活発になる。その結果、正教徒はセルビア人、カトリック教徒はクロアチア人といった民族意識が強化された。この二民族のあいだにあって、ムスリムも宗教を基盤として自らの民族意識を強めていった。

こうした状況において、一九世紀末から二〇世紀初頭にボスニア統治の直接的責任者であったハプスブルク帝国の大蔵大臣カーライは、ムスリム地主層に依拠しつつボスニアに対する愛郷心に基づく「ボスニア主義」（ボシュニャシュトヴォ）の政策を進めようとした。セルビアやクロアチアの民族主義がボスニアに浸透するのを防ぎ、セルビア人、クロアチア人、ムスリムといった民族意識に代わる新たな「ボスニア人」（ボシュニャク）を形成しようとしたのである。

現在の問題になるが、ボスニア内戦のさなか、一九九四年三月にアメリカの主導でセルビア人勢力を排除して、ムスリム勢力とクロアチア人勢力からなるボスニア連邦が形成された。これ以後、ムスリムに与えられていた民族概念の「ムスリム人」は用いられなくなり、代わってハプスブルク帝国のボスニア政策として生み出された「ボスニア人」が使われるようになったのは興味深い。

上から「ボスニア人」を形成しようとするハプスブルク帝国の政策は、第二次世界大戦後のユーゴで「ユーゴスラヴィア人」を作ろうとした試みがうまくいかなかったのと同様に、住民のあいだに浸透していかなかった。ボスニアの人々はこうした政策に反発し、それぞれの民族・宗教共同体への帰属意識をいっそう明確にしていく。一九〇八年、ハプスブルク帝国はついにボスニア・ヘルツェゴヴィナの併合を宣言した。一九一〇年にはボスニアに立憲制が導入され、議会が機能するようになった。セルビア人、クロアチア人、ムスリムはそれぞれの政党を結成して当局の許

**◀ガヴロヴォ**
ブルガリアのバルカン山脈北麓の都市。14世紀から街道の町として発展した。18世紀頃から金属加工、皮革などの手工業が発達し、それに伴い商業活動が活発となる。１８３５年には、ブルガリアで初めての世俗学校が建設。１８７８年にブルガリア公国が成立すると、小規模な工場が設立され、労働者の町となる。

**◀4月蜂起**
１８７６年4月、バルカン山脈山間の町コプリフシュティツァで始められた反オスマンの武装蜂起。準備不足のため、1カ月足らずで失敗した。蜂起鎮圧の中心勢力はブルガリアのムスリムからなる不正規軍（バシボズク）であった。この絵は同時代のロシアの雑誌に掲載されたもので、バシボズクの残虐な鎮圧の様子を描いている。

▲4月蜂起の旗
蜂起軍が掲げた旗。上部にはギリシアの秘密結社フィリキ・エテリア（1814年に結成）が用いた旗と同様に、「自由さもなくば死」と書かれている。オスマン帝国からの解放を「自由」という考えで捉えていた。中央のライオンはブルガリア国家のシンボル。下部の1876は蜂起の年号。

す範囲内で議会活動を行った。一方、既成政党の行動に批判的な青年層は、のちのサラエヴォ事件を引き起こす「青年ボスニア」に見られるように、民族・宗教の枠を越えた南スラヴ主義に基づく運動を展開した。

## ●ブルガリア――遅れた民族再生運動

中世のブルガリア国家がオスマン軍の支配下に置かれ、その直轄地になったのは一三九六年のことであった。以後、ブルガリアはオスマン帝国のもとでルメリ・ヴィラーエト（州）に組み込まれ、いくつかのサンジャク（県）に分けられて統治された。クロアチアやボスニアと異なり、ブルガリアはイスタンブルに比較的近く、西欧の影響を受けることも少なかった。そのため、ブルガリア人の民族再生は遅く、一八世紀後半にようやくその兆しが見え始める。一八世紀にはオスマン帝国の商業活動が活発に行われており、ブルガリアの地でも社会の変化が進み、皮革や毛織物、さらには織物工業が進展していた。しかし、民族再生の先駆者となるのは、商人や手工業者ではなく聖職者であった。

ブルガリア人の民族再生は、ギリシア人支配の続いていた正教会の独立という形で追求される。バンスコ（現在、マケドニア共和国東部の町）で生まれ、アトス山のヒランダル修道院で修道士となったパイシー・ヒランダルスキは、ここで広くヨーロッパの哲学を学び、ブルガリア人としての近代的な民族意識を自覚する。パイシーはブルガリア人の民族意識の淵源としてブルガリアの国家と教会の歴史に関心をいだき、一七六二年に教会の典礼で使われていた教会スラヴ語による大部の著書『スラヴ・ブルガリア史』を発表した。この著作には、反オスマンというより、当時正教会を支配していたギリシア人やギリシア語に対する強い反発がみられ、ブルガリアの歴史と言語の擁護が貫かれていた。

　パイシーの考えはヴラツァ（ブルガリア北西部の町）の正教会主教ソフロニー・ヴラチャンスキに受け継がれた。ソフロニーは一八〇六年に、口語として使われていたブルガリア語による最初の書物『日曜講話』をブカレストで出版し、文化活動を通して教会スラヴ語による典礼とブルガリア語による教育を主張した。しかし、ソフロニーの活動はブルガリア人の民族解放という政治運動につながることはなかった。当時のブルガリア人社会には、正教徒の商人や手工業者が生まれ、地方の有力者も成長していたが、かれらはイスタンブルとの結びつきが強く、オスマン帝国内での経済活動の安定こそが重要だと考えていたからである。

▼マカリオポルスキ
ブルガリアの正教会主教。1821年に生まれ、イスタンブルのギリシア語学校で学ぶ。18世紀以来のブルガリアの正教会におけるギリシア化傾向に反発し、ブルガリアの正教会独立運動を進めた。1860年にイスタンブルのブルガリア正教会で一方的に独立を宣言。世界総主教から破門されたが、独立宣言は人々の強い支持を受けた。

　ブルガリアの民族解放運動は一九世紀後半になると、一つは民族と一体化したブルガリア正教会の独立を求める運動として、もう一つは在外の知識人による革命運動として進められた。主教マカリオポルスキは一八六〇年に、イスタンブルの正教会で一方的にブルガリアの正教会の独立を宣言した。この宣言はブルガリアの各地で支持を広げたため、オスマン帝国は七〇年に独立したブルガリア総主教代理座を承認している。

　一方、スタラ・プラニナ（バルカン山脈）山間の町コテルの裕福な商家に生まれたラコフスキは、イスタンブルのギリシア語学校で高等教育を受けたあと、アテネやブライラ（ルーマニア東部のドナウ川沿岸の都市）で民族解放運動に身を投じた。ブルガリアの解放のためには、キリスト教諸民族の一斉蜂起によってオスマン帝国を打倒する以外にないと考え、キリスト教諸民族によるバルカン連邦を提起する。クリミア戦争後、ベオグラードを拠点としてブルガリア軍団を創設したが、セルビア当局によりベオグラードを追放された。ブカレストに拠点を移し武装蜂起の準備を進めたが、一八六七年に結核のため病死した。

　ラコフスキの死後、かれの考えはカラヴェロフ、レフスキ、ボテフらの革命家に継承されて民族解放の組織化が図られ、一八七六年の四月蜂起となって結実する。前年にはボスニア蜂起が生じ、オスマン帝国とセルビア、モンテネグロの関係も悪化していた。「東方の危機（バルカンの危機）」が生じており、ブルガリア人革命家にとって、これは一斉蜂起の絶好の機会と見なされた。

　スタラ・プラニナ山間の町コプリフシュティツァで四月蜂起が開始された。しかし、武装蜂起はまだ準備不足であり、予期していた広がりをみないうちに、一カ月足らずでオスマン軍、とりわけブルガリアのムスリムからなる不正規軍（バシボズク）により鎮圧され

▲プロヴディフのバザール
ブルガリア中南部に位置する同国第2の都市で、人口は約35万。フィリポポリス、フィリベとも呼ばれた。コンスタンティノープル（イスタンブル）と中欧を結ぶ交通の要衝として発達し、19世紀には、この絵のようにブルガリア商業の中心地となる。1878～85年には、自治権を与えられた東ルメリア州の州都とされた。

▶フェルディナント公
ブルガリア公国の公、独立後初代のブルガリア国王。ドイツ・ザクセンのコーブルク家出身でハプスブルク帝国軍の将校となる。1866年のアレクサンダル公退位後、87年に公に選定され即位した。政略をめぐらせしだいに個人に権力を集中させて、1908年のブルガリア独立宣言のあと初代国王となり、1918年10月に退位。

てしまう。当時、ブルガリアの人口の三分の一はトルコ人とムスリムであった。四月蜂起は失敗に終わったが、この蜂起を通してブルガリア人の民族意識が飛躍的に強まると同時に、反ムスリム感情も強化された。また、不正規軍のキリスト教徒に対する残虐行為がヨーロッパに広く伝えられたため、ブルガリア問題がヨーロッパ列強の強い関心を集めることにもなった。

## ●ブルガリア国家の誕生——公国から独立国へ

　四月蜂起後、セルビアとモンテネグロがボスニア・ヘルツェゴヴィナの領有を主張してオスマン軍と戦火を交えた。戦争は現状維持のまま休戦を迎えたが、翌七七年四月にはロシアがバルカンのスラヴ人解放を口実としてオスマン帝国に宣戦布告し、露土戦争が始められた。ロシア軍はスタラ・プラニナ北部のシプカ峠の激戦に勝利を収め、一二月にはプレヴェン（ブルガリア北部の都市）の要塞を陥落させた。七八年三月、イスタンブル西郊のサン・ステファノ（イェシルキョイ。現在のイスタンブル空港周辺）で、両国は条約に調印した。この条約はセルビア、モンテネグロ、ルーマニアの独立を認めるとともに、ロシアの保護下で、マケドニアを含むドナウ川からエーゲ海に至る「大ブルガリア公国」を創設するものだった。

　イギリスとハプスブルク帝国は、バルカンにおけるロシアの影響力の拡大を恐れた。「誠実な仲介者」を自任するドイツの宰相ビスマルクの呼びかけにより、七八年六～七月にベルリン会議が開催され、サン・ステファノ条約に代わってベルリン条約が調印された。この結果、「大ブルガリア公国」は三分割されることになる。ドナウ川とスタラ・プラニナにはさまれた地域がブルガリア公国とされ、スタラ・プラニナとロドピ山脈とに囲まれた部分、つまり「南ブルガリア」はオスマン帝国から自治権を与えられた東ルメリア州として区分され、マケドニアは帝国の直轄領にもどされた。また、ボスニア・ヘルツェゴヴィナの行政権がハプスブルク帝国に移行された。

　ベルリン会議はヨーロッパ列強の勢力圏を確定し、バルカン諸国の均衡を図ろうとする場にすぎなかった。そのため、これ以後の数十年間、バルカン諸国はまだオスマン帝国の

**▲アレクサンダル公**
ブルガリア公国初代の公。ロシアの推挙により、ロシア皇妃の甥でドイツのバッテンベルク家出身の陸軍少尉であったアレクサンダルが、22歳で公に即位した。しかし、アレクサンダルは保守派を基盤として、反ロシアの姿勢を鮮明にする。1886年、親ロシアと反ロシアのクーデタが生じると、ロシアの圧力で退位に追いこまれた。

支配下に置かれている地域、つまりトラキア、マケドニア、アルバニア、イピロスの同胞を取り込もうとして、いっそう対立を強めていく。ヨーロッパ列強の帝国主義的利害関心が強まるなか、一八六〇年代にみられたバルカンの連帯を求める動きは大きく後退した。

　ブルガリア公国では、ロシアの軍事占領下で人口二万のソフィアが首都とされ、七九年二月にタルノヴォ（現在はヴェリコ・タルノヴォ）で東ルメリアの代表をも含む議会が開催され、憲法制定作業が進められた。議会は自由主義派が優勢を占め、四月には、「タルノヴォ憲法」と称される自由主義的な新憲法が制定される。この憲法はロシアの意に反し、男子普通選挙制に基づく一院制の議会のみが立法権をもつ自由主義的なものであった。ロシアの推挙により、ロシア皇妃の甥にあたるドイツ・バッテンベルク家のアレクサンダルが公に即位した。この結果、解放軍としてのロシアの軍事占領は終わったが、アレクサンダル公と議会で優勢なスタンボロフらの自由主義派との対立、および保護国ロシアとの対立が続いた。

　プロヴディフを州都とする東ルメリアは、スルタンが任命するキリスト教徒の総督のもとに独自の議会をもった。議会と行政を支配していたのは人口の多数を占めるブルガリア人であり、かれらの政治目標はブルガリア公国との統一であった。一八八五年、プロヴディフの政治組織「ブルガリア秘密中央革命委員会」が統一を求めて武装蜂起をおこすと、アレクサンダル公はこれに応えて、ロシアの同意を得ずにブルガリア公国との統一を宣言した。

　ギリシアとセルビアは、ブルガリアの統一がバルカンの均衡を脅かしかねないとの理由から、統一に強く反対した。とくに隣接するセルビアは、ハプスブルク帝国の支持を取りつけたうえで、関係の悪化していたブルガリアに宣戦布告した。ブルガリア軍はロシアの支援を得られなかったが、優勢に戦いを進めた。ハプスブルク帝国が仲介に乗り出し、八六年四月にブカレスト講和条約が結ばれて戦争は終結した。この条約で、ブルガリア公国と東ルメリアの統一が国際的に承認され、アレクサンダル公が東ルメリアの総督を兼ねることになる。ブルガリアは人口三百万強のバルカンの大国となった。だが、国内の対立は続き、九月にアレクサンダル公はロシアの圧力で退位に追い込まれてしまう。

　アレクサンダル公の退位後、実権を握ったのは反ロシアの立場を貫くスタンボロフであった。スタンボロフはロシアとの関係を切るとともに、ハプスブルク帝国やドイツとの関係を強め、オスマン帝国との関係も改善してブルガリアの近代化に努めた。しかし、かれの政治手法はきわめて強権的であり、反対派を力で弾圧した。こうした政治手法は、以後のブルガリアの政治に長く影響をおよぼすことになる。スタンボロフは新たな公の選出を急いだ。八七年七月、かれのお膳立てにより、議会はドイツ・ザクセンのコーブルク家のフェルディナントを選出した。なおもスタンボロフ体制が続くなか、その政治的影響力を嫌うフェルディナント公は九四年にスタンボロフを解任し、ロシアとの関係回復に努めた。

九六年二月、オスマン帝国はロシアの合意を取りつけたうえで、フェルディナントをブルガリア公兼東ルメリア総督としてようやく承認した。フェルディナント公は、セルビアやギリシアと同様に、ここでも個人の利害や人脈によって結合している政党間の抗争を巧みに操りながら、権力を集中させていく。この時期、社会的には凶作と十分の一税の復活に抗議する農民運動が活発になり、ザブノフらにより農民の利害を代表する農民同盟が創設された。対外的には、サン・ステファノ条約の「大ブルガリア」の実現が掲げられて、マケドニアやトラキアの統合が目指された。一九〇八年、青年トルコ革命によるオスマン帝国の混乱に乗じて、フェルディナント公はブルガリアの独立を宣言し、「皇帝」を名乗った。

### ●大セルビア主義と大ギリシア主義

比較的早い時期に自治を達成したセルビア公国および独立したギリシア王国は、なお国外に多くの同胞をかかえていたため、一九世紀を通じてそれらの同胞を組み込むと同時に領域の拡大が目指された。その基礎となるのが、過去の栄光に基づく「大セルビア主義」であり、「大ギリシア主義（大理念＝メガリ・イデア）」であった。

セルビアではミロシュが公に選出されたあとも、憲法をもたない旧来の家父長的支配が続けられていた。ミロシュはかつてのパシャのような身なりをし、議会を無視して個人ですべての決定を行った。一八三〇年のスルタンの勅令によって、ようやくオブレノヴィチ家の世襲的支配権が承認され、セルビア正教会の独立も認められた。さらに三三年にはセルビア公国の国境が画定され、人口七〇万（三四年）の公国の地位は安定した。ミロシュは集権的な支配体制により近代化を進めようとしたが、立憲制の導入を掲げた反対勢力の動きが活発になる。三八年にはオスマン帝国が仲介に乗り出し、スルタンの勅令の形でロシア占領下のドナウ二公国で出された「組織規定」（三〇年）と類似したセルビアの憲法「トルコ憲法」を公布した。

議会は廃止され、スルタンに責任をもつ一七人の終身員からなる国家評議会が設置されて、公と権力を分有することになった。ミロシュはこれに反対したが、三九年には退位に追い込まれた。公位をめぐるオブレノヴィチ家支持勢力とカラジョルジェヴィチ家支持勢力との対立が続き、「トルコ憲法」擁護を主張する後者が優勢となり、四二年にカラジョルジェの息子アレクサンダルを公位につけた。以後、五八年までのアレクサンダルの時代は、セルビアの近代化を大きく進めた時期として知られている。四四年に民法が制定されたほか、行政組織や軍隊や教育の整備も行われた。

この時期、国家の政策全般に重要な役割を果たしたのが内相のガラシャニンであった。ガラシャニンはパリを拠点として、ポーランドの独立を掲げて活動していたチャルトリスキを中心とする亡命ポーランド人グループ（反ロシアの立場からセルビア公国に多大な関心を示す）と接触するなかで、四四年にセルビアの外交政策の基礎となる「ナチェルターニエ（指針）」を公表した。ガラシャニンはオスマン帝国内だけでなく、ハプスブルク帝国内にもセルビア人が居住する状況を考慮して、亡命ポーランド人が強調する反ロシアだけでなく、反ハプスブルクの立場からも強力な南スラヴ国家の建国を求めた。

「ナチェルターニエ」では、中世セルビア王国ドゥシャン王の治世が想起され、セルビアを核とする南スラヴ国家、具体的にはブルガリアと友好関係を維持しつつ、周辺のボスニア・ヘルツェゴヴィナ、モンテネグロ、アルバニア北部からなる新たな国家の建国が目指された。これ以後、ガラシャニンはさらに南

▲19世紀のベオグラード
1859年の王宮前広場を描いたドイツ人旅行家カニツの絵。王宮前広場が市場になっていた様子がわかる。左手の建物がセルビア王宮。現在はベオグラード市議会の議事堂になっている。セルビアが公国として承認された直後の1834年にわずか7千だった首都ベオグラードの人口は、1900年には7万、1910年には9万に増大した。

▼ガラシャニン
セルビア公国の政治家。アレクサンダル公の時代(1842〜58年)に内相として立憲主義の確立に努めた。1844年、セルビア外交政策の柱となる「ナチェルターニエ(指針)」を公表。中世セルビア王国ドゥシャン王の時代が理想化され、セルビアを中心とする南スラヴの国家が目指された。「大セルビア主義」の基礎となる。

▲セルビアの農村
19世紀後半のセルビア農家の庭先を描いたドイツ人旅行家カニツの絵。右手に家畜として豚、鶏、七面鳥がみられる。19世紀初頭のセルビア蜂起前後の農村は、大家族共同体ザドルガからなっていた。セルビアの森林地帯では豚の飼育が盛んになり、これに伴って家畜を扱う商人が成長した。

スラヴの統一を考え、ハプスブルク帝国内のダルマツィアや「軍政国境地帯」をも視野に入れて外交活動を展開した。「ナチェルターニエ」は「大セルビア主義」の基礎に据えられることになる。

ガラシャニンは一八六〇年代のオブレノヴィチ家ミハイロ公の時代には首相兼外相となった。クロアチア国民党の指導者シュトロスマイエル司教と協定を結んで、オスマン帝国とハプスブルク帝国から独立した南スラヴ国家の実現に向けて努力を重ねた。また、大国の後ろ盾なしにギリシア、ルーマニア、モンテネグロ、ブルガリアと交渉を続け、オスマン帝国に対するバルカン同盟の結成を目指した。しかし、六八年のミハイロ公の暗殺とともに、バルカン同盟の模索は水泡に帰してしまう。ガラシャニンもすべての職を解任された。

人口一二二万（六六年）に達したセルビアは六九年に初めて自前の憲法を制定した。これにより、四分の一の議員は公の任命ながら男子制限選挙が実質化され、責任内閣制が導入されて政党政治が進展する。さらに八八年の憲法により、西欧型の議会政治が確立した。セルビア政府はベルリン条約でボスニア・ヘルツェゴヴィナの行政権がハプスブルク帝国に移行されると、領土的関心をもっぱら南のマケドニアとコソヴォに向けていく。

一八三〇年に独立が承認されたギリシアでは、三三年に一七歳のオットー（ギリシア名オトン）が三人の摂政とともに、三千五百の兵士に護られながらバイエルンからギリシアに到着した。独立国家として歩み始めたギリシアの人口は約八十万にすぎなかった。まだオスマン帝国支配下に置かれていた国境の北側の地方や小アジア、そしてイギリスの統治下のイオニア諸島には、人口の二倍を超えるギリシア人が居住していた。ギリシア人の住む最大の都市は依然としてイスタンブルであり、その数は一〇万人以上にのぼった。

当時のギリシアは独立戦争による国土の荒廃が続いていた。セルビアと同様に完全な農村国家であり、血縁や地縁に基づく伝統的な社会と生活が継続しており、加えて地方勢力間の対立も大きかった。西欧の知識人や在外のギリシア人が思い描く「ギリシア」とはかけ離れた貧しい小国であった。国境を越えてテッサリアやマケドニアに移住する農民がしばらくのあいだ見られたほどである。

国王オトンは成人に達してからもバイエルン人たちの補佐を受けて、強権的な手法で近代化を進めた。これに対して、立憲制の確立を要求して、保護国である英仏露とそれぞれ結びつく地方の有力者が政治勢力となった。ファナリオティス（47頁参照）で二二年のギリシア共和国初代大統領を務めたマブロコルダトスのイギリス派、ワラキア出身でルメリを拠点としていたコレッティス派、モレアのクレフティス（匪賊）のコロコトロニスを中心としたロシア派などである。英仏両派は立憲制を主張し、コロコトロニスはロシアの保護のもとで、ギリシア正教会の独立を求めた。

オトンは立憲制の導入を受け入れようとしなかったため、四三年九月に、首都アテネの守備隊が近代ギリシア初のクーデタを敢行し、王宮を包囲した。オトンは譲歩を余儀なくされ、テッサリア、イピロス、マケドニアのギリシア人代表も含む国民議会を招集した。四四年に憲法が公布される。選挙に基づく下院と終身制の上院からなる二院制の議会政治が歩み始めた。首相に選出された親仏派のコレッティスは、古代ギリシアからビザンツ帝国を経て近代ギリシアが成立したとする民族史観にのっとり、ギリシア文明のおよんだ地域、あるいはすべてのギリシア人居住地域の統合を主張した。国民議会でのコレッティスの演説（四四年）で述べられたのが「大理念（メガリ・イデア）」であり、この領土回復主義は「大ギリシア主義」として、一九二二年までギリシア外交の基本に据えられる。

国王オトンはロシアとの関係を改善しながら、「大ギリシア主義」に基づいて対外政策を進めた。ロシアの仲介で、一八五〇年にはギリシア正教会の世界総主教座からの独立が承認されたが、六二年には反国王派の後押しによるアテネ守備隊のクーデタが生じ、国王夫妻は国外に追放された。翌六三年、今度はデンマーク国王の第二子ウィルヘルムがゲオルギオス一世としてギリシアの新国王に指名された。新国王の即位に伴い、イギリスはイオニア諸島をギリシアに割譲した。六四年に発布された新憲法は国民主権をうたい、男子制限選挙制に基づく一院制の議会を確立する民主的な憲法であった。

しかし、ギリシアの政情は相変わらず不安定であり、一八六四年から一九一〇年までの時期に五八もの内閣が交代劇を繰り返した。また、「大ギリシア主義」に基づく領土回復は思うようには進まず、穀倉地帯のテッサリアとイピロス南部がオスマン帝国から割譲されたのは、ベルリン会議後の八一年であった。この時点で人口は約二五〇万に増大したものの、クレタ島とマケドニアがなお獲得すべき領土として残った。イスラームへの大量改宗が進んだクレタ島では、四一年、五八年、六六年にギリシアとの統合を目指す反乱が生じていた。オスマン政府はクレタ島の総督にキリスト教徒をつけること、ギリシア語を公用語とすることなどを認めていたが、その実施は遅々として進まなかった。一九〇八年一〇月、ハプスブルク帝国によるボスニア・ヘル

◀スラヴァ
セルビア正教会に固有の宗教上の習慣。セルビア正教徒の家庭には守護聖人が祀られ、その聖人の日を祝うもの。スラヴァとは「栄光」の意味。ドイツ人旅行家カニツのこの絵はベオグラードの家庭を描いている。スラヴァを祝う家庭では親類縁者が集まり、司祭が聖水を散布し、イコン（聖画）の前で礼拝をする。

◀イリンデン蜂起の旗
イリンデン蜂起の際に用いられた旗。ギリシアの秘密結社フィリキ・エテリアの旗、ブルガリアの四月蜂起の旗と同様に、「自由さもなくば死」と書かれている。オスマン帝国からの解放を「自由」の獲得と考えていたことがわかる。

◀イリンデン蜂起の兵士
1903年7月20日（聖イリヤの日）にマケドニアで生じた反オスマン帝国の武装蜂起。1893年にテッサロニキで、グルエフら六人によって結成された内部マケドニア革命組織（VMRO）がマケドニアの自治を求めて蜂起し、臨時政府を形成して「クルシェヴォ共和国」を宣言した。この写真は蜂起に参加した兵士たち。しかし、蜂起はオスマン軍によって鎮圧された。

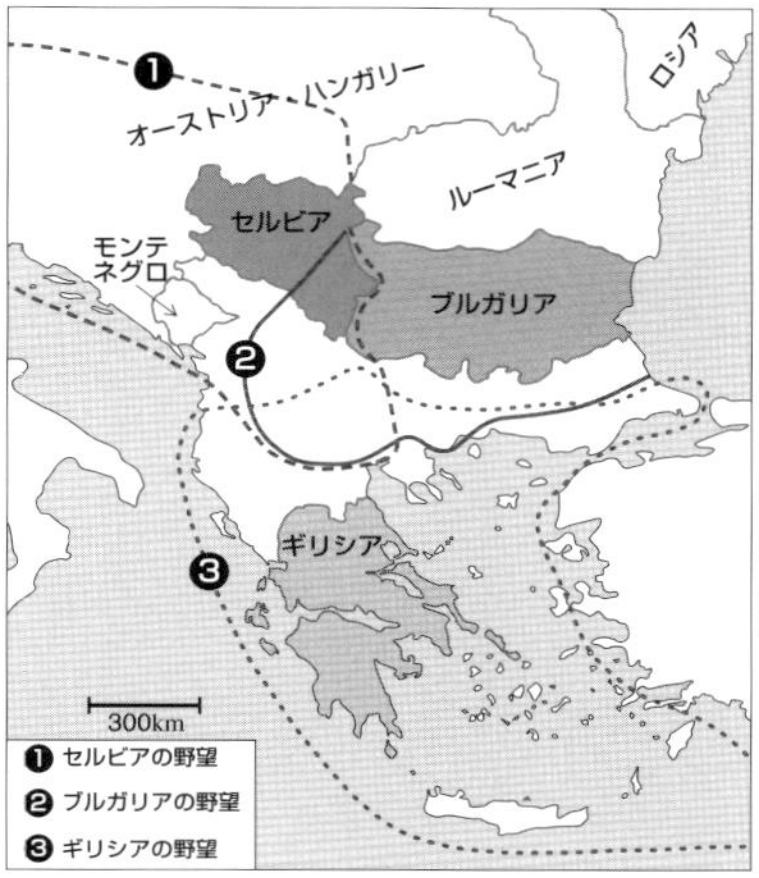


▲マケドニアをめぐる近隣諸国の野望
マケドニアの周辺に位置するギリシア、ブルガリア、セルビアの3国は民族意識が不分明だったマケドニアに領土的関心を強めた。この地図はマケドニアに対する3国の領土的関心が重なっている様子を示している。3国は1913年の第2次バルカン戦争で、マケドニアをめぐって戦火を交えた。

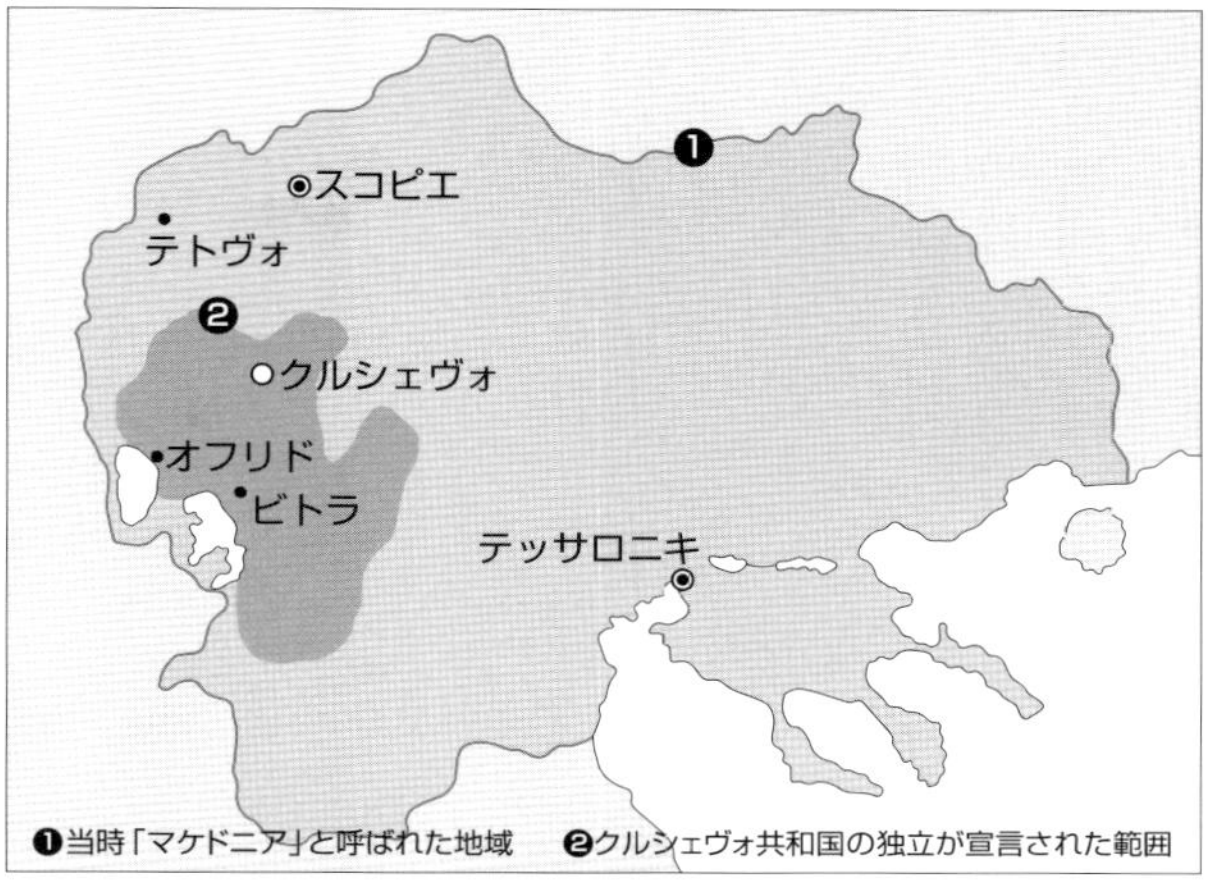


▲マケドニアとクルシェヴォ共和国
この地図は19世紀中頃から20世紀初頭にかけて、マケドニアと考えられた範囲を示している。マケドニアは民族の混住地域の典型だが、人口の多数を占めるスラヴ系の人たちが、いつ頃から、どれほど強くマケドニア人と意識するようになったかは不明確。イリンデン蜂起で宣言された「クルシェヴォ共和国」はこの地域の一部。

ツェゴヴィナ併合直後の混乱期に、クレタ島で蜂起が生じ、ギリシアとの統一を宣言した。ギリシアの領土的関心はマケドニアに集中することになる。

## ●領土的関心の的――マケドニア

バルカンの民族国家にとって、依然としてオスマン帝国支配下に置かれたままのマケドニアは領土的関心の的であり、「マケドニア問題」が生じる。歴史的には、ビザンツ帝国も中世のブルガリア帝国もセルビア王国もこの地域を支配領域としていた。近隣諸国が歴史の記憶に依拠して、マケドニアの領有を主張する所以《ゆえん》である。マケドニアは肥沃な平野と良港テッサロニキ（一九一〇年の人口は一四万。一一〇万人のイスタンブル、一六万人のアテネに次ぐバルカン第三の都市）に恵まれ、豊富な鉱物資源を有していた。テッサロニキは中央ヨーロッパとアジアとを結ぶ軍事・商業・交易の中心地であり、マケドニアの戦略的な位置が近隣諸国の関心を引きつける主要因であった。

マケドニアとは歴史的な地域名であり、この名称はフィリッポスとアレクサンドロス国王父子の古代マケドニア王国に由来している。マケドニアという地域の範囲は時代によって異なるが、一九世紀中頃から、北はブルガリアのシャール山脈とリラ山脈、南はギリシアのオリンポス山地とエーゲ海、東はブルガリアのロドピ山脈、西はアルバニアとの境界にあるオフリド湖およびプレスパ湖によって囲まれた、人口約二百万の地域と考えられるようになる。最大の問題はボスニアと同様に、民族の混住地域であったこの地に住む人々の帰属意識が、まだ不分明だったことである。

一九世紀後半から二〇世紀初頭にかけて、マケドニアはオスマン帝国のコソヴァ（コソヴォ）、マナストゥル（ビトラ）、セラーニク（テッサロニキ）の三ヴィラーエト（州）に行政区分されていた。この地域の住民は言語面からみても宗教上も、きわめて多様であった。いろいろなゆで野菜の入ったサラダがフランスではマセドワーヌ、フルーツサラダがイタリアではマチェドワンと呼ばれる。ともに「マケドニア風」の意味である。多い順に列挙すると、住民はスラヴ人、トルコ人、ギリシア人、アルバニア人、ヴラフ、ユダヤ人、ロマなどであり、概して混住していた。これらマケドニアの住民が、いつ頃からマケドニア人としての民族意識を自覚するようになったのかはっきりしていない。現在のマケドニア共和国の歴史家たちは、一九世紀中頃からそれが始まったとしている。マケドニア語の確立に努め、一八六〇年代にマケドニア民謡の採集を行ったミラディノフ兄弟がその先駆者とされる。

ギリシア、ブルガリア、セルビアの三国は教会や学校教育を通じてマケドニアへの働きかけを強めていく。ギリシアは、マケドニアが世界総主教座の管轄下に置かれており、正教徒でスラヴ語を話す住民は自らをギリシア人と意識していると主張した。一方ブルガリアは、言語的にみてマケドニア語がブルガリア語の一方言にすぎないと主張。七〇年にブルガリア正教会総主教代理座の設置が認められると、宗教を通して勢力を拡大していった。またセルビアは、セルビア正教会の宗教上の儀礼スラヴァ（家族固有の守護聖人の祝祭日）がマケドニアと共通していることをあげ、ブルガリアの「キリル・メトディ協会」に対抗して「聖サヴァ協会」を設立し、教育活動に乗り出した。三国はそれぞれの活動を繰り広げ、マケドニアの住民が自民族に属していることをアピールした。

マケドニアをめぐってバルカン諸国とヨーロッパ列強の利害が絡むなかで、最大の犠牲者はこの地方に住む住民であった。テッサロニキで中等教育を受け、ソフィアの士官学校で学んだあと、スコピエで教師となったデルチェフが、一八九三年に結成された内部マケドニア革命組織（ＶＭＲＯ）の中心となる。ＶＭＲＯは「マケドニア人のためのマケドニア」を掲げた。デルチェフはマケドニア問題の解決のためにバルカン連邦を創設し、そのなかでマケドニアが自治をもつ一単位となることを構想した。これに対して、ギリシアでは九四年に「民族協会」が、ブルガリアでは九五年に「最高マケドニア委員会」が作られて、マケドニアへの影響力強化が図られた。

一九〇三年七月二〇日（新暦八月二日）、聖イリヤの日にＶＭＲＯが武装蜂起した。目的はマケドニアの自治の獲得であった。ブラフが多く住むクルシェヴォ（現在のマケドニア共和国中西部の町）では、短期間ながら「クルシェヴォ共和国」の宣言が出された。この蜂起はイリンデン蜂起と称され、現在のマケドニア史学ではマケドニア初の共和国を成立させた蜂起として高く評価されている。結局、イリンデン蜂起はオスマン帝国の大軍によって鎮圧されてしまう。蜂起に対する報復は厳しく、ブルガリアの四月蜂起後の報復を彷彿させるものだった。蜂起後、ロシアとハプスブルク帝国がマケドニア問題に介入し、「マケドニアのスラヴ人」という民族概念を導入すると同時に、英・仏・伊・墺・露の五カ国からなる国際部隊を派遣して近隣諸国の対立を解消しようとした。しかし、近隣諸国が支援する武装集団はこれ以後も、マケドニアでの活動をやめることはなく、混乱は継続した。

## ●アルバニアのリリンジャ

マケドニアと同様に民族意識の不分明な状態が続いていたアルバニア人の住む地域でも、一九世紀後半に近隣諸国の領土的関心が向けられると、「リリンジャ（ルネサンス）」の動きが強まっていく。

バルカンの先住民イリリア人の末裔と考えられるアルバニア人は、六世紀に南スラヴがバルカン半島に進出すると、山岳地に追われ、現在のアルバニアの地域に定住するようになった。ビザンツ帝国、中世のブルガリア帝国やセルビア王国の支配を受け、諸侯が分裂したまま自らの王国を築きえなかった。一四世紀中頃にドゥシャンのセルビア王国が崩壊すると、大量のアルバニア人がギリシアの各地へ移住している。オスマン朝の支配下に置かれるのは一四三〇年のことである。

アルバニア人は自らをシュチプ（「鷲《わし》の子」）あるいはシュチプタル（言語を解する人）と称する勇猛な山岳民であった。オスマン帝国は、モンテネグロと同様に山岳地に居住するアルバニア人諸侯を容易に統治することができなかった。一四四三年、クルヤ（アルバニア中部の町）を拠点としたスカンデルベグ（本名ギェルギ・カストリオト）はオスマン帝国がハンガリーとの抗争に追われている間隙をつき、アルバニアの独立を求めて反乱を起こし、二十年にもわたってオスマン軍に果敢に抵抗した。「リリンジャ」の時期に、スカンデルベグはアルバニア人の民族再生に重要な役割を果たしただけでなく、今日でも民族の英雄としてアルバニア・ナショナリズムの基礎に据えられている。

　一九世紀後半の時点で、アルバニア人の住む地域は行政上、ヤニヤ（ヨアンニナ）、マナストゥル（ビトラ）、イシュコドラ（シュコダル）、コソヴァの四州に広がっていた。このアルバニア人地域は北部と南部に二分される。北部にはゲグ方言のゲグ族、南部にはトスク方言のトスク族が居住しており、中心都市は人口四万のプリズレン（現在のセルビア共和国コソヴォ自治州の都市）であり、ティラナの人口は一万に満たなかった。宗教的には北部山岳地はカトリック教徒（一〇％）、南部は正教徒（二〇％）、中央部は一七世紀の大量改宗によるムスリム（七〇％）であった。興味深いのは、ムスリムの大半がスンナ派ではなく、トルコ系イスラーム神秘主義のベクターシュ教団に属していたことである。また、イスラームへの改宗を装いながら、正教やカトリックの信仰を続けた人たちの存在にも興味を引かれる。

　このような状態にあったアルバニア人の民族再生に大きな役割を果たしたのは、古くは一五、一六世紀に南イタリアやシチリアへ移住し、アルバレシュと呼ばれる人たちであり、ギリシア、エジプト、ルーマニア、南ロシア、さらにアメリカやオーストラリアなどに散在する移住アルバニア人社会であった。ギリシア人の住む最大の都市が長いあいだイスタンブルであったように、アルバニア人の場合も六万人（一八五〇年）の移住者がいたイスタンブルが最大の都市であった。移住アルバニア人社会の知識人が民族を自覚的に捉えるようになり、アルバニア語と学校教育の確立、自民族の歴史と文化の見直しに取り組んだ。

◀スカンデルベグ
アルバニアの民族的英雄。１４０４年にアルバニア北部の豪族の家に生まれる。オスマン宮廷で教育を受け、改宗して宮廷に仕えた。アレクサンドロス大王に因んで、スカンデルの名を与えられる。スィパーヒーとして故郷に戻ったがキリスト教に再改宗し、アルバニアの独立を求めて反乱を起こした。

◀サミ・フラシャリ
アルバニアの政治家、文学者。アルバニア人の民族再生運動に大きな役割を果たしたフラシャリ三兄弟の末弟。長兄のアブドゥルはアルバニア人居住地域の統一と自治を目指すプリズレン連盟を結成。サミは兄の意を受け、イスタンブルで「アルバニア語出版協会」を創設してアルバニア人学校の建設に尽力。

◀コルチャの集会
1911年2月、アルバニア南東部の町コルチャで開かれた集会。アルバニアでは、19世紀末にいたりようやく文化的な再生運動が展開され、1887年にアルバニア語による最初の学校がコルチャに設置された。それまで、アラビア、ギリシア、ラテンの三文字が用いられていたが、この集会でラテン文字に統一することを決定した。

アルバニアの「リリンジャ」が始められた。

移住アルバニア人によって始められた文化的「リリンジャ」は、アルバニア人居住地域にも広がった。「東方の危機」が進行し、アルバニア人居住地域の分断の恐れが強まると、それはしだいに政治運動へと転化していく。

一八七八年のサン・ステファノ条約は、ブルガリアにアルバニア人居住地域の多くを含む「大ブルガリア」を認めるものであった。モンテネグロもアルバニア人地域への領土拡大を目論んでいた。同年六月、南部の豪族アブドゥル・フラシャリの呼びかけにより、アルバニア人居住地域から三宗教すべての代表を含む八〇名がプリズレンに参集した。プリズレン連盟が結成され、オスマン帝国からの独立ではなく、現実的な方策として、四州に広がっているアルバニア人居住地域を一つの州に統合し、その自治を求めた。現在のアルバニア史学では、プリズレンは「聖地」と考えられている。

オスマン帝国はこの要求を認めず、八一年にはプリズレン連盟を解散させた。しかし文化的「リリンジャ」はさらに続いた。アブドゥル・フラシャリの二人の弟ナイムとサミは活発な文化活動を展開する。サミは七九年にイスタンブルで「アルバニア語出版協会」を創設して、アルバニア人学校の建設に尽力し、ナイムは愛国的な叙事詩『スカンデルベグ物語』（九八年）を発表した。また、合衆国に移住したアルバニア人社会では、若き主教ノリが一九〇八年にボストンで、ギリシア人中心の東方正教会からアルバニア正教会を自立させている。

アルバニア人居住地域での自治を求める政治運動も継続した。アブデュルハミト二世の専制政治に対する改革運動として、一九〇八年に生じた青年トルコ革命の中心勢力「統一と進歩委員会」には、アルバニア人が関与している。「統一と進歩委員会」の創始者イブラヒム・テモはイスタンブルの軍医学校で学ぶアルバニア人であった。この委員会に参加したアルバニア人たちは帝国の改革を通じて、アルバニア人居住地域の自治を獲得する可能性に期待を寄せていた。青年トルコ革命によって、一八七六年のミドハト憲法（立憲制をめざす帝国初の憲法）の復活が宣言され立憲制と議会主義が確立されたが、帝国の多様な住民に対する集権的な「オスマン主義」は、アルバニア人の「民族主義」とは相容れないものであった。

一九一〇年春には、コソヴォのプリシュティナで反オスマンの蜂起が展開され、一二年春にも、国会議員のプリシュティナとケマルの呼びかけに応えて、ふたたびアルバニア人居住地域が反乱の渦に巻き込まれた。以後、自治ではなく、独立の方針が出されるようになる。

第五章

# 危機の時代

▲プリンツィプ橋　サラエヴォのミリャツカ川に架かる橋。ボスニア内戦を契機に、英雄とされてきたプリンツィプの評価が変化して、橋の名称が変えられた。現在はラテン橋。この写真は内戦以前のもので、中央の建物の１階部分は青年ボスニア博物館。建物左手にはプリンツィプの足跡が刻まれていたが、近年、ともに取り壊されてしまった。2007 年、青年ボスニア博物館はボスニア史博物館と名称を変えてオープンした。

◀ベオグラードの市電
1910年の撮影。セルビア近代化の一つの成果が都市の整備であった。20世紀の最初の10年間、ベオグラードでは夏の時期に、写真のような開け放たれた車両の市電がみられた。右端にみえる普通の車両に連結されていた。乗客はイギリス風の身なりに着飾っており、姿勢を正して座っている様子が興味深い。

▶1930年代のベオグラード
ベオグラードの中心街テラジエ、いまも名称は変わっていない。写真の上方に続く大通りは、旧ユーゴ時代にはチトー元帥通りと呼ばれた。現在はセルビア統治者通り。中央右手の建物はモスクワ・ホテルで、いまも当時の面影をそのまま残している。現在、この写真の部分に市電は通っていない。

## ●国民国家、国境、少数民族

バルカン地域は「長い一九世紀」（フランス革命から第一次世界大戦までの時期）を経て、オスマン帝国の支配から脱し、現在みられる政治地図の輪郭をほぼつくりあげた。四百年以上におよぶオスマン帝国統治の時代においては、宗教共同体が自他を分ける最もはっきりした基準であり、人種や言語の違いはほとんど意識されなかった。ギリシア語やセルビア語やブルガリア語を話すことは差異の対象にはならず、キリスト教徒あるいは東方正教徒としての共通意識の方が強かった。

しかし、「長い一九世紀」を通じて、西欧から自他を区分する基準として民族という考えがバルカン地域にもたらされ、東方正教の宗教共同体内部にも中世の歴史や言語に基づく区分が生じた。こうして生まれた近代の民族意識は、しだいに統治者であるオスマン帝国に向けられ、ナショナリズムが解放のイデオロギーとして多大な役割を演じることになる。バルカン諸民族の解放を求める動きに強い関心を示すヨーロッパ列強やロシアのもとで、「民族国家」として独立したバルカン諸国は、まだオスマン帝国の支配下に置かれている自民族を取り込むことに邁進した。

第一次世界大戦はオスマン帝国だけではなく、ハプスブルク帝国（一八六七年に再編成されてオーストリア・ハンガリー二重帝国と

◀難民となった子供たち
1919～22年のトルコ・ギリシア戦争で敗北したギリシア軍は戦争中、トルコ人に対する虐殺を行ったが、戦後、これに対するトルコのギリシア人大量殺害が行われた。この写真は22年に、生き延びてトルコからギリシアに難民となって到着した子供たち。この翌年、少数民族問題の解決策として、両国間で住民交換が実施された。

なる）やロシア帝国の崩壊をもたらした。その結果、敗戦国となったブルガリアを除き、バルカン諸国は領域を拡大したり、新国家を建設したりして新たな国境を設定する。この時期、ハプスブルク帝国内の諸民族向けに提唱されたウィルソン米大統領による民族自決の原則が、この地域では国民国家とワンセットになって捉えられた。もともと、ウィルソンの民族自決の原則は国際連盟という国際機関の創設を前提として、少数民族を保護する目的で提唱されたのだが、バルカン諸国はもっぱら多数民族の自決権を主張し、国民国家への再編成を進めようとした。ナショナリズムが国家の政策として掲げられ、国境が高い壁となって隣国同士を隔てた。少数民族問題は逆に、先鋭化してしまう。

　国民国家とワンセットになった多数民族の自決権は、冷戦後の一九九〇年代にユーゴスラヴィアやソ連やチェコスロヴァキアが解体して新たな国家が誕生した際、国家の正当性の論拠として、どこでも一様に唱えられた原則である。これに対して、現在問題となっているのは、新国家内の少数民族の自決である。その例がコソヴォやマケドニアのアルバニア人問題であり、アルバニア人は独立や自治を求めて活発な動きをみせている。いま、ふたたび少数民族問題が表面化しているが、第一次世界大戦後の時期に、西欧諸国と比べて少数民族の数が圧倒的に多いバルカン諸国は、この問題にどのように対処しようとしたのだろうか。

それには二つの試みがなされた。一つは、国民国家を基礎に据えた国際連盟の少数民族保護規定にのっとり、それぞれの少数民族が居住する国家にその権利を保護させようとするものであった。国際連盟は新たに生まれた国家に対しては少数民族保護の名目で内政干渉を積極的に行ったが、英仏など主要国は国家主権を掲げて内政干渉を嫌ったため、強制力をもたない国際連盟の権限はさらに限定されてしまった。主要国は、むしろ少数民族の同化政策を推進したため、少数民族保護は実質化されなかった。

もう一つは、隣接する二国が国家の政策として、相互にかかえる少数民族を入れ替える住民交換である。国際的な承認のもとで行われた、一九二三年のローザンヌ条約によるギリシア―トルコ間の宗教に基づく大規模な住民交換が、その典型的な例である。英仏は対立関係の続いていた両国の関係を改善する合理的な方策と考えた。また、ギリシアとトルコは国民国家の強化政策として住民交換を捉えた。一番の犠牲者は、数世紀におよび住み慣れた「故郷」やコミュニティーから強制的に移住させられた住民であった。いずれにせよ、強制移住による住民交換は国家や政治を優先させた政策にすぎず、住民のあいだに培われてきた共生の伝統を破壊するものであった。最近のユーゴスラヴィア紛争でみられた「民族浄化」は、住民交換の延長線上に位置づけられる政策といえる。

この章では、バルカン諸国が民族原則に基づき国民国家に再編成されるバルカン戦争と第一次世界大戦の時期から、両大戦間期を経て第二次世界大戦期にいたる「危機の時代」を概観し、この地域の特色を描き出してみたい。

## ●バルカン戦争

オスマン帝国の改革は集権的な「オスマン主義」に基づくもので、バルカン諸国の利害関心とは相容れないことがはっきりすると、バルカンの国々は一九〇八年以後、ロシアの後ろ盾のもとに同盟関係を相互に結んだ。一九一二～一三年にかけて、二度にわたりバルカン戦争が展開された。この戦争の結果、オスマン帝国はトラキア地方（バルカン半島の東部、現在はギリシア領）を除くバルカン半島から撤退することになる。

第一次バルカン戦争は一二年にロシアの仲介で、セルビア、ブルガリア、ギリシア、モンテネグロの四国間にバルカン連盟が形成されることによって一〇月に始められた。オスマン帝国はイタリアとの戦争に煩わされていたし、民族覚醒の遅れていたアルバニアやマケドニアでも民族運動が展開されていた。バルカン連盟側の兵力は約七〇万、オスマン帝国の軍隊は約三二万であり、その劣勢は明らかであった。ブルガリア軍はトラキア地方でオスマン軍の主力部隊と戦い、セルビアとギリシアはアルバニアとマケドニア地方に進出し、モンテネグロもアルバニアに軍を進めた。一三年春までに、オスマン帝国の敗北がはっきりすると、列強が介入して一三年五月にロンドン条約が締結され、休戦が成立した。

この戦争で注目すべきことは、セルビア軍が攻め込んだコソヴァ州やマナストゥル州で、復讐心から初めて住民を殺害する事例がみられたように、ナショナリズムによる国民の動員が一般化し、以後、この地域の住民が民族をめぐる対立に否応なく巻き込まれてしまうことである。

第一次バルカン戦争が勃発すると、オスマン帝国の国会議員であったアルバニア人のケマルは、ハプスブルク帝国の支持を取りつけたうえで、一二年一一月にアルバニア南部の港町ヴローラで「国民会議」を開催し、独立を宣言した。アルバニアの独立は一三年五月のロンドン条約で正式に承認された。この結果、セルビア、モンテネグロ、ギリシアの各国は占領したアルバニアの領域から撤退しなければならなかった。しかし、当時の力関係からして、アルバニア人が多数を占めるコソヴォとサンジャク（ボスニアからコソヴォに至る回廊地帯）はアルバニアに編入されず、コソヴォはセルビアに、サンジャクはセルビ

▼アルバニア初の政府
1912年11月、第1次バルカン戦争の最中にイスマイル・ケマルの呼びかけにより、アルバニア南部の港町ヴローラで国民議会が開催され独立が宣言された。この写真はヴローラの集会で国民の前に初めて姿をみせたケマルの政府。写真中央の柱の右手の人物がケマル。独立の正式承認は1913年5月のロンドン条約。

▲バルカン戦争
バルカン戦争は2度にわたって展開された。第1次バルカン戦争（1912～13年）では、ロシアの仲介で同盟関係を築いたバルカン諸国がオスマン帝国に対して戦争を起こし勝利を収めた。1913年の第2次バルカン戦争はマケドニアの領有をめぐるバルカン諸国間の戦争。

◀バルカン戦争後の領土変更
オスマン帝国は第一次バルカン戦争で敗北し、トラキア地方を除くバルカン半島から撤退した。第二次バルカン戦争では、権力の空白地帯になったマケドニアなどをめぐってバルカン諸国が戦い、領土の分割が行われた。しかし、敗戦国も戦勝国も領土的関心を満たすことはできず、不満を残した。

アとモンテネグロにより占領されてしまう。現在のコソヴォ紛争の淵源をここに求めることができる。第一次バルカン戦争後、バルカン諸国の関心はもっぱら、オスマン帝国が撤退して権力の真空地帯となったマケドニアに向けられた。

　マケドニア地方をめぐっては、ブルガリア、セルビア、ギリシア三国の領土的要求が衝突した。一三年六月、ブルガリアがセルビアとギリシアを攻撃することによって、第二次バルカン戦争が始められた。モンテネグロ、ルーマニア、オスマン帝国がセルビアとギリシアの側に立って参戦した。一カ月も経たないうちに、ブルガリアの敗北が明白となった。八月にはブカレスト条約が締結され、敗戦国ブルガリアはエディルネと東トラキアの一部をオスマン帝国に、南ドブルジャ（ルーマニア語ではドブロジャ）をルーマニアに、マケドニアの大部分をギリシアとセルビアに割譲しなければならなかった。一方、戦勝国のセルビアはサンジャク地方をモンテネグロと分割し、コソヴォを獲得した。ギリシアは東エーゲ海の島嶼部を領有する。

　しかし、バルカン諸国はこの戦争を通じて、それぞれに領土的不満を残すことになった。バルカン諸国はさらに対立関係を強め、第一次世界大戦を「第三次バルカン戦争」と捉えて参戦した。

## ●第一次世界大戦

　一九一四年六月二八日、ハプスブルク帝国の帝位継承者フランツ・フェルディナント大公夫妻がボスニアの州都サラエヴォで暗殺された。一八七八年以来、ハプスブルク帝国の軍事占領下に置かれていたボスニアでは、反ハプスブルクの動きが活発化しつつあった。

▶プリンツィプ
サラエヴォ事件の実行犯。ボスニア西部の正教徒の農家に生まれ、南スラヴの解放と統一を目指す運動「青年ボスニア」に参加。かれの銃弾がハプスブルクの帝位継承者フランツ・フェルディナント大公夫妻に命中。ボスニア解放の英雄としての評価はボスニア内戦後大きく変化し、イスラム政権下ではセルビア民族主義者と規定されている。

**右下・「統一か死か」の指導者アピス**
セルビア王国軍大佐。1876年生まれで本名はディミトリイェヴィッチ、アピス(雄牛の意味)は呼び名。1911年、大セルビアを目指す秘密結社「統一か死か」(通称、黒手組)を結成した。青年ボスニアに武器援助をしたのはこの組織。1903年の国王暗殺首謀の嫌疑により17年に軍事法廷で死刑に処せられたが、53年に名誉回復。

▼アンドリッチ
1961年にノーベル文学賞を受賞した旧ユーゴの文学者。1892年にボスニア中部トラヴニクのカトリックの家庭に生まれた。青年ボスニア運動に参加し、サラエヴォ事件に連座。第一次世界大戦後、外交官となるがボスニアの歴史に題材を求めた小説の執筆を継続。現在のボスニアでは、アンドリッチの作品は反イスラーム的だとの評価が一般的。

大公夫妻のサラエヴォ訪問に際し、市街にはプリンツィプを含めて「青年ボスニア」(ハプスブルク帝国支配下のボスニアの解放と南スラヴの統一を主張するボスニア青年の運動体)の七人が群衆にまぎれ、武器を携えて待ち構えていた。市の中心を流れるミリャツカ河畔に潜んでいたプリンツィプの銃弾が大公夫妻に命中した。

ハプスブルク政府は、「青年ボスニア」の背後で糸を引いているのがセルビアの秘密組織「民族防衛団」だとして、セルビアに対し暗殺事件の捜査に自国の機関の参加を要求することなど、一〇項目を内容とする最後通牒をつきつけた。セルビア政府は戦争回避の努力をしたが、国家主権の侵害に関わる条項を是認することはできず、四八時間の猶予期限は切れてしまった。七月二八日、人口五千百万のハプスブルク帝国は四三〇万の小国セルビアに対して宣戦布告をした。バルカンの局地戦として始められた戦争は、当時の二分された国際関係から、またたくまにヨーロッパ規模の戦争に拡大し、第一次世界大戦となった。

なお、ボスニア・ヘルツェゴヴィナが旧ユーゴスラヴィアから独立するまで、プリンツィプはハプスブルク帝国支配下のボスニアを解放した英雄として高く評価されてきた。しかしボスニア内戦後、ムスリム中心の現在のボスニア・ヘルツェゴヴィナ連邦では、プリンツィプはセルビア民族主義者、「青年ボスニア」はセルビア民族主義集団と規定され、ともに批判の対象とされている。

第一次世界大戦に際して、バルカン諸国は十分に戦況を見きわめ、領土的野心を満たすべく優勢と見なした側に立って参戦した。中央同盟(ドイツ、オーストリア・ハンガリー)側に立ったのはオスマン帝国とブルガリアであり、その他のバルカン諸国は三国協商(イギリス、フランス、ロシア)側に立った。両陣営に分かれて、バルカン諸国は激しい戦闘を繰り広げた。一例であるが、ベオグラードからセルビア南部への撤退を余儀なくされていた政府と軍がさらに真冬のアルバニア北部山地を行軍し、アドリア海岸にまで脱出しなければならなかったセルビアの場合、病死者も含めて百万人以上の犠牲者が出た。総人口の三〇%近い死者の数に改めて驚かされる。

## ●国境の画定

第一次世界大戦の結果、戦勝国となったセルビア王国はモンテネグロ王国およびハプスブルク帝国内の南スラヴ地域(スロヴェニア、ダルマツィア、クロアチア、ボスニア・ヘルツェゴヴィナ)とともに、セルビア国王のもとで一九一八年一二月に、南スラヴの統一国家「セルビア人・クロアチア人・スロヴェニア人王国」(二九年にユーゴスラヴィア王国と改称)を建国した。南スラヴという単一民族からなる国民国家と考えられたユーゴスラヴィアはセルビア人、クロアチア人、スロヴェニア人など南スラヴ系が総人口千二百万のうちの八三%を占め、少数民族としては五%のドイツ人のほかハンガリー人、アルバニア人、ルーマニア人、トルコ人、スロヴァキア人などがいた。

同じく戦勝国のルーマニアは、ハプスブルク帝国支配下のトランシルヴァニア、ブコヴィナ、バナト(西部のユーゴスラヴィアとの国境地域)、そしてロシア帝国のもとにあったベッサラビアの領有に成功して、領土を二・五倍、人口も約三倍の千六百万に拡大した。その結果、かかえる少数民族は一四〇万のハンガリー人をはじめとして、ドイツ人、ユダヤ人、ルテニア人、ロシア人、ブルガリア人、ロマなどで、人口の二八%を占めた。

戦勝国ながら、国王コンスタンディノスを支持する王制派と首相ヴェニゼロス派との対立が国土を二分していたギリシアは、トラキアの西部をブルガリアから獲得したものの、エーゲ海のドデカニサ諸島(一九四七年にギリシア領となる)はイタリアの、キプロス(一九六〇年に独立)はイギリスの領有のままであった。また、ギリシア人が多数居住する小アジアのエーゲ海沿岸イズミル(ギリシア名スミルナ)とその周辺地域はギリシア軍の占領下に置かれ、一九二〇年八月には、オスマン帝国に対するセーヴル条約によって五年後に住民投票でその帰属が決定されることとさ

▲モンテネグロのニコラ国王と皇族
1860年に公に即位し、独立後は1918年まで国王。娘をイタリアのサヴォイア家、ロシアのロマノフ家、ドイツのバッテンベルク家、セルビアのカラジョルジェヴィチ家に嫁がせたため、「ヨーロッパの義父」と称された。写真の後列右から3人目のダニロ王子は、レハールのオペラ『メリー・ウイドー』に登場するダニロ王子のモデル。

▼コルフ会談
1917年7月、ギリシアのコルフ（キルケラ）島に撤退していたセルビア政府がロンドンに本部を置くユーゴスラヴィア委員会の代表を呼んで行った会談。将来、セルビア王国のもとに南スラヴの統一国家を建国することで合意し、ユーゴ建国の基礎となるコルフ宣言が出された。写真の前列右から5人目がユーゴスラヴィア委員会代表のトルムビッチ、4人目がセルビア政府首相のパシチ。

▼アルバ・ユリアの大集会
1918年12月1日から12日間、トランシルヴァニア中部の町アルバ・ユリアで「トランシルヴァニアおよびハンガリーのルーマニア人大集会」が開催された。写真のように、アルバ・ユリアの町は労働者や農民であふれた。この集会で、トランシルヴァニアのルーマニアとの統合が決定された。

▲ユーゴスラヴィア建国の宣言
1918年12月1日、カラジョルジェヴィチ王朝の摂政アレクサンダルがペータル国王の名で、南スラヴの統一国家「セルビア人・クロアチア人・スロヴェニア人王国」（29年にユーゴスラヴィア王国と改称）の建国を宣言した。写真中央の人物がアレクサンダル。アレクサンダルは1921年に国王に即位した。

れた。

　しかし、ギリシア軍は「大ギリシア主義」の理念にかられて、イズミルから新生トルコの首都アンカラに軍を進めようとしてトルコ軍の反撃にあい、結局はギリシア・トルコ戦争に敗北した。ギリシア軍はイズミルから撤退しなければならず、先にふれた一九二三年のローザンヌ条約によって、両国の住民交換が実施された。二千年にもわたり居住し、土着化していた小アジアの正教徒住民一三〇万が「故郷」を離れ、難民となってギリシア北部の過疎地帯であるマケドニアやトラキアに渡らねばならなかった。一方、クレタ島などのムスリム住民四〇万はトルコに強制移住させられた。人口五五〇万となったギリシアには、トルコ人、アルバニア人、ルーマニア人、南スラヴが少数民族として存在した。

　独立を承認されたアルバニアは、プロイセンのヴィート公を迎えて国家建設途上のさなかに第一次世界大戦に直面した。中立を宣言したにもかかわらず、ハプスブルク帝国とセルビアはともに国境画定のできていなかったアルバニアに対する進攻を試みた。一五年末から、ハプスブルク帝国がアルバニアの北部と中部を占領すると、協商国側に立って参戦したイタリアが南部を占領した。一八年、ハ

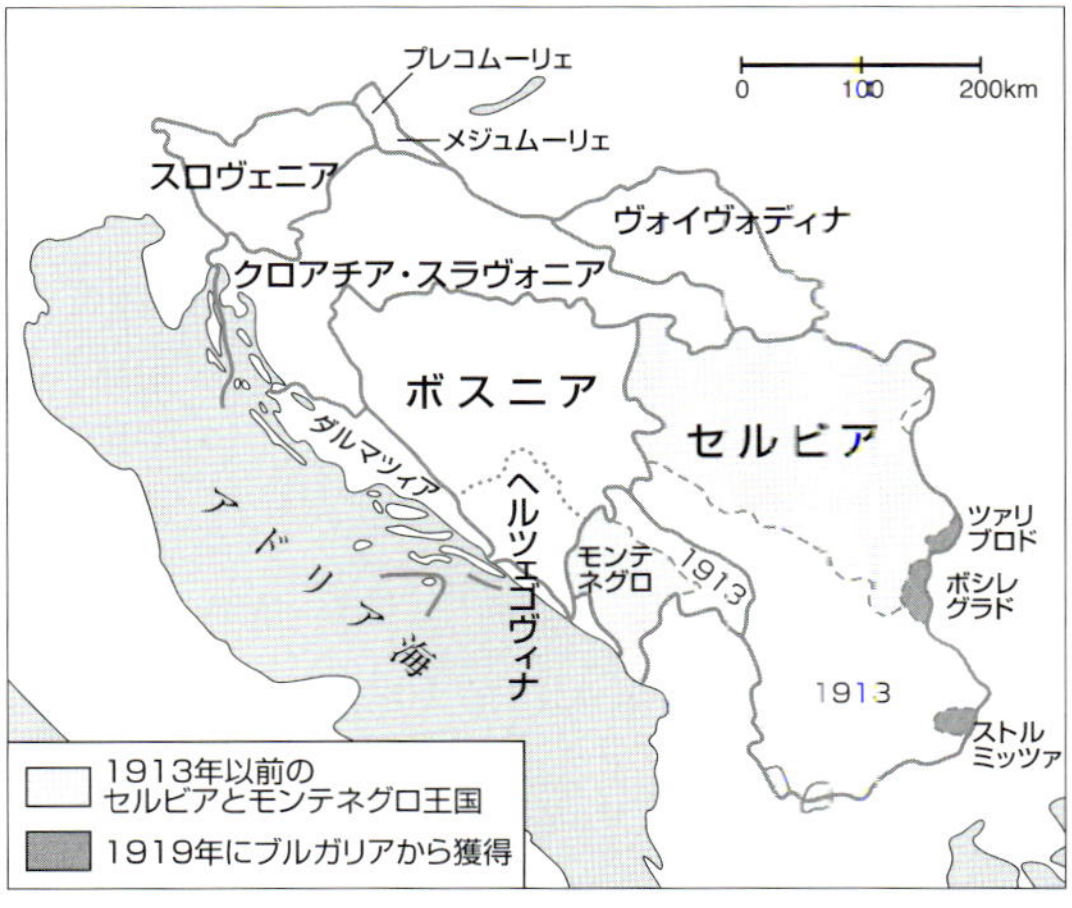


**▲第一次世界大戦後の東欧**
第一次世界大戦により、ロシア帝国が革命で、ハプスブルク帝国とドイツが敗戦で崩壊した。その結果、東はソヴィエト(ソ連)、西はドイツにはさまれた帯状の地域にいくつもの小国が建国された。この地域は「はざまの国々」あるいは東欧と呼ばれ、この地域に住む歴史家のあいだでも、東欧としての共通面が注目されるようになる。

**◀ユーゴスラヴィアの地域構成**
1918年12月に建国された南スラヴの統一国家「セルビア人・クロアチア人・スロヴェニア人王国」(1929年にユーゴスラヴィア王国と改称)を構成する地域を示している。これを「第一のユーゴ」、第二次世界大戦後の社会主義体制のユーゴスラヴィアを「第二のユーゴ」と称することもある。

プスブルク帝国軍がアルバニアから撤退すると、イタリア軍が進出してきた。

一九年一月から始められたパリ講和会議では、ユーゴスラヴィアとギリシア、そしてイタリアがアルバニアに対する領土要求を出した。しかし、三国の利害調整が図られて、二〇年にアルバニアの「再独立」が国際的に承認された。人口百万弱のうちアルバニア人の比率が九二％に達しており、バルカン諸国のなかでは最も均質的な国であったが、国土のほぼ中央を東西に流れるシュクンビン川以北のゲグ族と以南のトスク族とに二分されていた。少数民族としては、ギリシア人、南スラヴ、ルーマニア人、トルコ人が居住していた。

第二次バルカン戦争についでまたも敗戦国となったブルガリアは、一九年一一月のヌイイ条約でトラキア西部をギリシアに、西部国境の四地域をユーゴスラヴィアに割譲しただけでなく、多額の賠償金を科せられた。総人口は五百万、少数民族としては五五万のトルコ人をはじめとして、ロマ、ギリシア人、ユダヤ人がおり、その比率は一六％であった。

## ●農民と土地改革

第一次世界大戦後、バルカン諸国の国境は画定されたものの、新国家ユーゴスラヴィアや領土を大幅に拡大したルーマニアでは、歴史的体験を異にする地域の住民の統合に苦慮した。ギリシアもトルコやブルガリアやロシ

▶マケドニアのロマの家族
第一次世界大戦後のバルカン諸国はどの国も多くの少数民族をかかえていた。ユーゴスラヴィア、ルーマニア、ブルガリアには少数民族としてロマが多数いた。この写真は両大戦間期のユーゴスラヴィア・マケドニア地方のロマの家族を撮影したもの。定住しているロマだと思われる。

アからのギリシア系難民を数多く受け入れたため、やはり生活基盤を異にする住民の統合は容易ではなかった。また、民族的に均質性の強い小国アルバニアにしても、地縁や血縁に基づく部族社会の伝統が依然として続いていて国民意識は希薄であり、宗教上もベクタ－シュ教団のムスリム、スンナ派のムスリム、正教徒、カトリックに分かれていた。

こうしたバルカン諸国共通の特徴の一つは、典型的な農業社会から成り立っていることである。一九三〇年前後のバルカン諸国の人口と農業や牧畜に従事する人口比は、次のようになっている。ルーマニアは千八百万人（八〇％）、ユーゴスラヴィアは千四百万人（七五％）、ギリシアは七百万人（六〇％）、ブルガリアは六百万人（七五％）、アルバニアは百万人（九〇％）。西欧諸国と比べて半世紀以上も遅れたが、バルカン諸国は一八七八年以後、医療や衛生の改善に伴い飛躍的な人口増加を経験していた。

しかし、産業革命が伴っていなかったため、都市が村部の余剰人口を吸収することはできなかったし、ギリシアを除き、新天地を求めてアメリカへ移住する例も少なかった。農民の土地不足は死活問題で、それだけに土地改革が緊急の課題であった。例えば、バルカン戦争直前のセルビアでは、農業人口の一二％が土地なし農民であった。レガートと称されたルーマニアの「旧王国」（ワラキア公国とモ

**▲ルーマニアの農民デモ**
第１次世界大戦後、ルーマニア最大の問題であった土地改革は1920～21年に実施。大規模な土地改革だったが、十分ではなかった。30年の国勢調査によると、250万の貧農が土地の23％を所有していたにすぎないのに対して、6700人の大土地所有者が24％の土地を保持していた。そのため、農民の不満は強かった。

ルドヴァ公国とドブロジャからなる）の場合、耕地の約半分を貴族ボイェリ層が所有し、土地なし農民が三〇万、農業だけでは生計の立てられない貧農が二〇万人に達した。

第一次世界大戦後、バルカン諸国の政府はロシアの十月革命によって地主の土地所有を禁じた「土地に関する布告」が出されたことから影響を受けて、農民が反政府的行動に走り、戦後に創設された共産党支持にまわることを恐れた。きわめて政治的な理由から、土地なし農民に小規模でも土地を与えることを目的として、土地改革が実施された。

ルーマニアでは一九二〇年から二一年にかけて最も規模の大きな土地改革が行われ、農民の平均土地所有は三・八ヘクタールにまで増大したが、自立した生活を維持するのに十分な広さではなかった。ブルガリアでは一九年の総選挙でスタンボリースキを指導者とする農民同盟が勝利を収めて政権を握った。ブルガリアの農民はオスマン帝国支配下で小規模ながら平等に土地を所有していたが、農民同盟は綱領に土地改革を掲げていたので、あらためて二二年に土地改革が施行された。さまざまな地域からなるユーゴスラヴィア（一九一九年）、ディアスポラの人々を吸収することになったギリシア（一九一七年）、政治的混乱の続くアルバニアでも、土地改革は試みられたが十分ではなかった。

バルカン諸国の土地改革が概して不徹底だ

▲スタンボリースキ
ブルガリアの農民同盟指導者。1879年、ブルガリア中南部の農家に生まれる。農学を学び、ドイツに留学。1902年に帰国すると、農民同盟の活動に参加し、第1次世界大戦に際しては反戦の立場をとりバルカン連邦を主張。1919年の総選挙で農民同盟が第一党になり首相を務めたが、23年に反対勢力の手で暗殺された。

▶ブルガリアの農民
ソフィアの市場で座り込む農民たち。ブルガリアの画家ミトフの1903年の作品。第1次世界大戦後、ブルガリアでは農民の利益を代表する農民同盟が政権を担い、1922年に土地改革が実施された。

ったのは、それぞれの国の政府が地主層を完全に敵にまわしてまで、土地改革を実施するだけの力がなかったことによっている。バルカン諸国で徹底した土地改革が行われるのは、第二次世界大戦後の人民民主主義政権の成立まで待たねばならなかった。結局、土地改革は実施されても農民を取り巻く経済環境が整っていなかったため、農民の生活は向上したわけではなかった。

　土地分配にあずかった農民は市場経済に組み込まれた結果、現金を求めて商品作物の生産に傾きがちであり、資金不足のため高利貸しから借金を重ねる悪循環に陥った。日常品に高い間接税がかけられたり、自国産業保護のため輸入品である肥料や農業機械に高額の関税がかけられるなど、当時の税制も農民の生活に打撃を与えた。加えて、一九二九年に生じた世界恐慌は、農業主体のバルカン諸国にも多大な影響をおよぼした。この地域では、農業生産物の価格が大幅に下落する農業恐慌が生じ、農民の生活をいっそう圧迫した。

　農業人口が多数を占めるバルカン諸国にあって、農民の利益はなかなか政治に反映されなかった。各国に農民党が結成されたが、これらの政党は官僚や知識人を指導者とすることが多く、必ずしも農民の利益を代表するわけではなかった。また、農民の側も多くはまだ文字が読めず、政治意識を十分に持ち合わせていなかった。二〇年代中頃に七年あるいは八年の義務教育法が制定されたものの、貧しい農民の子弟は学校に通う余裕がなかった。三〇年代末の時点でも、識字率はギリシアが七三%、ブルガリアが六八%、ユーゴスラヴィアが六〇%、ルーマニアが五五%に達したにすぎず、アルバニアではわずか一五%であった。

　個別にみれば、ブルガリアでは農民同盟による政権（一九一九〜二三年）が、ルーマニアではマニウの民族農民党による政権（一九二八〜三〇年、三二〜三三年）が短期ながら成立した。しかしユーゴスラヴィアでは、最大の農民政党であるラディチ率いるクロアチア農民党が全土規模の政党になることはできなかった。ギリシアでも、共和制派と王制派とのはざまで、農民党は大きな支持を得ることができなかった。

## ●政治と文化

　バルカン諸国は第一次世界大戦までに王国として独立を達成しており、フランスやベルギーの自由主義的憲法をモデルとしてそれぞれの憲法を制定し、立憲制の議会主義に基づく政治が導入された。ギリシア（一八四四年）やセルビア（一八六九年）やブルガリア（一八七九年）では男子普通選挙制がいち早く施行され、両大戦間期には、それがさらに拡大されていった。しかし、議会政治は国民主権を掲げる憲法の理念どおりに機能しえなかった。バルカン諸国では、イギリスやフランス

**▲ツヴィイッチ**
セルビアの人文地理学者。1856年、ドリナ川沿いの町ロズニツァで生まれる。ベオグラード高等専門学校の数理・自然科を卒業後、ウィーン大学に留学し地理学と地質学を学び、学位を取得。第1次世界大戦末期にパリ大学で民族学を講義し、フランス語で人文地理学の書『バルカン半島』を出版。バルカン学の基礎を築いた。

**▶ヨルガ**
ルーマニアの歴史家。1871年にモルドヴァで生まれる。ヤシ大学で歴史学を学んだあと、パリとベルリンに留学し、ライプツィヒ大学で学位を取得。ビザンツ史、オスマン帝国史研究を経て、11冊本の『ルーマニア史』を出版した。バルカン学の先駆者。政治家としても活動し、1940年にファシスト集団「鉄衛団」により暗殺された。

のように市民革命が生じたわけではなく、血縁や地縁といった共同体に基づく社会がなお維持されており、国民という考えも実体を伴っていなかった。

「公共」の観念は乏しく、政党にしても、政策や政治的な立場を同じくする人々の集団とはいえず、有力な政治家を中心とする個人的な結びつきによる側面が強かった。そのため、議会政治は大衆性をもちえず、議会は一握りの有力政治家の利害を反映させる場にすぎなかったといえる。バルカン政治の顕著な特徴は、多くの場合、外国から招請された国王と議会との対立ではなく、国王の勢力を引き入れた少数の有力者政治集団のあいだの闘争であった。寡頭《かとう》制の政治風土は両大戦間期に継続されただけでなく、現在にも引き継がれているといえる。

西欧諸国と比べて工業化が格段に遅れていたバルカン諸国は、両大戦間期にさらにその差を広げた。そのため、都市の数は少なく規模も比較的小さかった。都市人口の比率が最も高かったのはギリシアであり、第一次世界大戦前に二四%になっていた。難民の流入により、二〇年代の末には四二%にまで達した。二一年の首都アテネの人口は二八万七千、テッサロニキの人口は一七万二千であった。もっとも同じ時期に、トルコのイスタンブルの人口は六〇万を超えていた。都市人口の比率が最も低かったのは、約一五%のアルバニアであった。

しかし、各国の首都は政治や経済の中心であると同時に、文化の中心でもあった。一九世紀以来、独立を達成したバルカン諸国の首都には行政機関が設置され、文化施設や教育施設が整備され、人口も飛躍的に増大した。例えばユーゴスラヴィアの場合、一九一〇年に人口が九万であったベオグラードは三一年には二四万に増加した。欧米諸国の大衆文化の影響が都市におよんだ。映画館が各地に建設され、都市住民の娯楽の重要な部分を占めるようになり、ザグレブやベオグラードやリュブリャナで映画製作も始められた。日刊紙の発行に加えて、二〇年代後半には、バルカン諸国にもラジオ局が開設された。ラジオの普及率はヨーロッパでは最低の部類に入るが、二〇年代末の統計によると、ブルガリアでは三四人に一台、アルバニアでは三七人に一台、ルーマニアでは五六人に一台、ユーゴスラヴィアでは六五人に一台であった。

バルカン諸国は初等・中等学校の建設を進める一方、緊急の必要性にかられて国家を担う官僚層の育成のために、都市の高等教育機関の整備に力を注いだ。大学や研究所が整備される環境のなかから、両大戦間期には人文科学の分野で、ヨーロッパ規模で活躍する顕著な人物が輩出され、多くの成果が生まれた。その典型はルーマニアの研究者であろう。

宗教学の分野では、エリアーデがいる。宗教史や神話学の研究を進めたエリアーデは三〇年代にインドに留学し、ヨーガの研究を進めた。第二次世界大戦後、フランスや合衆国の大学教授に就任し、『永遠回帰の神話』（一九四九年）や『ヨーガ――不死と自由』（一九五四年）を出版して世界的な宗教学者となった。社会学の分野では、グスティが学際的な方法を駆使して社会調査、とくに農村調査の方法を確立し国際的な評価を得た。グスティは四冊本の『ルーマニア百科事典』（一九三八～四三年）を編集したことでも知られている。

ブカレスト大学歴史学教授のヨルガはモルドヴァのヤシ大学卒業後、パリ、ベルリン、ライプツィヒで研究を続け学位を取得した。一一冊本の『ルーマニア史』（一九三六～三九年）をはじめとして、ドイツ語やフランス語で『オスマン帝国史』『ビザンツ研究』といった大部の著書を出版した。ヨルガは、第一次世界大戦期にパリ大学で民族学を講義し、フランス語で人文地理学の書『バルカン半島』を出版したベオグラード大学教授ツヴィイッチとならび、ルーマニアとユーゴスラヴィアでそれぞれバルカン地域の共通性に基づくバルカン学の基礎を作り上げた。ヨルガは政治家としても知られており、三一～三二年には首相を務めている。カロル国王支持者として、三〇年代に台頭したファシスト集団「鉄衛団」の解体に関与したため、「鉄衛団」から命を狙われ、四〇年一一月に暗殺された。

両大戦間期には、芸術分野でもパリの影響を強く受けて、ルーマニアから傑出した人物が現れた。一八七六年生まれの彫刻家ブランクーシは一九〇四年にパリへ移住し、芸術活動を開始した。ブランクーシは民芸の要素を取り入れながら、対象を単純化・抽象化する作風で二〇世紀を代表する彫刻家の一人となった。また、音楽の分野ではバイオリニストで作曲家のエネスコ（ルーマニア語名はエネスク）が特筆に値する。エネスコはウィーンやパリで音楽を学び、一八九八年にパリでバイオリニストとしてデビューした。その後作曲家としても活躍し、両大戦間期にはウィーンやパリの音楽院、合衆国のイリノイ大学やハーバード大学の教授として後進の指導にあたった。エネスコの作品の多くはルーマニア民衆のあいだに伝わる民謡の旋律をとり入れており、甘美な調べが特徴である。

## ●国王による独裁

バルカン諸国に導入された西欧型の議会政治は、自由や民主主義に基づく政治的体験の乏しい国民のもとでなかなか円滑に進まず、一九二〇年代から三〇年代にかけて機能不全に陥ってしまう。それぞれの国の政治的条件は異なっていたが、権威主義体制と称される個人に権限が集中する独裁体制、バルカン諸国の場合は国王独裁が上から一様に築かれることになる。議会制の危機の過程を具体的に

追ってみたい。
初めに国王独裁が宣言されたのはユーゴスラヴィアである。摂政アレクサンダル公（二一年の憲法で国王となる）は、南スラヴの諸地域からなる複雑な王国の統合を図ることに腐心した。かれは二一年八月には、さまざまな不満の受け皿となって前年末の憲法制定議会選挙で第三党に躍進した共産党を非合法化した。
一方、国内の最大の問題は、セルビア中心の集権主義とクロアチア農民党を中心とする連邦主義との対立であった。セルビア人の政治エリートによる集権体制が確立したことに対して、連邦制を求めるクロアチア人はこれに強く反発した。セルビアとクロアチアの対立が議会内で続いた。一九二八年六月、議会の議事録にクロアチアで用いられているラテン文字を使うか、セルビアで使用されているキリル文字（ロシア文字）を用いるかで議論が白熱した。このさなか、セルビア急進党議員ラチッチが議会内で発砲する事件が生じ、クロアチア農民党党首のラディチがこの事件の犠牲となって命を落とした。
二九年一月、国王アレクサンダルは混乱した事態を終息させるため、特定の政党と結びつくことなく独裁制を宣言して、議会の解散と二一年の憲法（セルビア正教会の聖人ヴィドの日に採択されたので「ヴィドヴダン憲法」と称される）の停止を命じた。国王はユーゴスラヴィア意識を強化し、中央集権を徹底させるために、従来の行政機構を再編する法律を制定した。民族名をつけた政党の活動は禁止され、全土がセルビアやクロアチアといった歴史的な境界線ではなく、川などの自然地理上の区分による九つの大きな州（バノヴィナ）と首都ベオグラード府に区分され、国名もユーゴスラヴィア王国と改称された。三一年九月、新憲法が制定されて議会は再開されたが、議会の権限は制限されており、クロアチアの自治を求める動きはさらに強まっていった。

▶1930年代のブカレスト
「バルカンの小パリ」と称されたルーマニアの首都ブカレストのカレア・ヴィクトリエイ（勝利大通り）。「勝利」とは1878年の露土戦争での勝利のこと。30年代の祝日にはこのように着飾ったブカレストっ子で賑わった。自動車の数も目を引く。ブカレストは政治、経済の中心であると同時に、文化の発信地でもあった。

　ブルガリアでは三五年一月に、国王ボリスが独裁制を宣言した。二三年にスタンボリースキの農民同盟政権が国王と連携をとる軍人や知識人らの反対勢力によるクーデタで崩壊したあと、ムッソリーニの信奉者ツァンコフを首班とする政権が成立した。ツァンコフ政権以後も議会制は継続したが、農民同盟と共産党を敵視する方針がとられ、二五年四月には共産党が非合法化された。また、一九世紀末にマケドニアで結成された内部マケドニア革命組織（VMRO）がブルガリアを拠点としてテロ活動を展開しており、政局は不安定であった。世界恐慌以後、社会的不安が増大すると、共和派の将校が三四年五月にクーデタを起こした。議会は解散させられ、すべての政党が活動を禁止された。こうした政治情勢において、国王ボリスは将校内部の対立に乗じてこれら将校を追放し、三五年一月に独裁制をしいた。その権力基盤は軍隊ではなく、官僚層と警察であった。以後、ボリス国王はドイツへの経済的依存を強めていく。

　ルーマニアでは三八年二月、国王カロルのもとで独裁制が始められた。ルーマニアの政治は一九年六月の法律によって男子普通選挙制が導入されて以来、民族自由党、民族農民党、人民党の三党を中心に展開された。民族自由党はブラティアヌ家一族を歴代の指導者として、「旧王国」で成長しつつあった産業や金融部門のブルジョワジーを支持基盤とし、国王フェルディナンドにも影響力を保った。民族農民党は「旧王国」で創設された農民党とトランシルヴァニア民族党とが二六年に合同して結成され、トランシルヴァニアの政治家マニウが指導者であった。人民党はアヴェレスク将軍を指導者として二〇年に作られ、農民や労働者に支持基盤を拡大しようとしたが、二七年以後は分裂を繰り返した。二一年に創設された共産党は二四年に非合法化されている。

**▲閲兵するアレクサンダル国王**
ユーゴスラヴィアの国王。セルビア・カラジョルジェヴィチ王朝のペータル国王の長子として、1888年に生まれる。14年に摂政となり、18年には南スラヴの統一国家の建国を宣言。21年に国王に即位し、最大の問題であった「クロアチア問題」に、国王独裁という上からの統合によって対処。34年にマルセイユで暗殺された。

ルーマニアの議会制の危機は、不正選挙や縁故主義といったバルカン諸国に共通してみられる現象に加えて、王家の問題が絡んで進行した。二七年に国王フェルディナンドが死去した時、皇太子カロルは王位継承権を放棄して愛人とともに国外にいた。国王には、カロルの六歳の息子ミハイが摂政府のもとで即位した。しかし三〇年には、摂政府の統治を快く思わない政治家たちの呼びかけにより、カロルは国内に戻り国王に即位した。以後、国王カロルは議会制を維持しつつも、議会に対して多大な権限を行使するようになった。三七年末の総選挙で緊密な関係を維持してきた民族自由党が敗北すると、国王カロルは議会を解散し、戒厳令をしいて三八年二月に国王独裁を宣言した。国王は当初、官僚や実業家に依拠していたが、しだいに軍隊や警察への依存を強めていく。

これら三国と比べると、ギリシアとアルバニアの独裁制は多少異なっている。ギリシアは二二年にトルコとの戦争で敗北し、一九世紀以来掲げられてきた「大ギリシア」の夢が潰《つい》え去った。国外に散在していたディアスポラのギリシア人たちは、難民となって国内に戻らざるをえなかった。民族的な均質化は進んだが、依然として政治的、経済的、社会的な分裂傾向は強く、国民統合は困難をきわめた。ギリシアの政治は王制派と共和制派、この両勢力のあいだで力を保持するヴェニゼロ

▼ルーマニア正教会総主教の手に口付けするカロル国王
ルーマニアの国王。フェルディナンド一世の長子として1893年に生まれる。27年、フェルディナントが死去したとき、王位継承権を放棄して愛人とともにパリにいた。長子のミハイ一世が6歳で国王に即位したが、30年に帰国して国王に即位。38年には国王独裁を宣言したものの、40年の領土縮小の責任を追及され退位した。

◀ボリス国王と皇族
ブルガリアの国王。フェルディナント一世の長子として1894年に生まれ、1918年に国王に即位した。30年にイタリアのヴィットーリオ・エマヌエーレ三世の娘と結婚。35年1月には独裁制を宣言した。皇后にだかれている長男はシメオン二世（159頁参照）。2001年の総選挙に国民運動を結成して臨み、圧勝して首相に就任した。

ス（クレタ島出身の政治家で第一次世界大戦期に首相を務めた）と自由党を軸として展開した。

トルコとの戦争で敗北した責任が国王コンスタンディノスに帰せられ、軍人を中心とする共和制派が力をもち始めた。二四年三月に議会は共和制を宣言し、四月の国民投票でも共和制が支持された。二七年には新憲法が制定され、三五年まで共和制が維持されるが、ヴェニゼロスが政権についた二八年から三三年の時期を除き、政権は不安定であった。加えて三〇年代中頃になると、イタリアとドイツのファシズム政権がバルカン半島に勢力を拡大する動きを明白にした。対外的な脅威を背景として王制派がしだいに優勢となり、三五年一一月の国民投票で、今度は王制が九七

◀聖ネデリャ教会爆破
１９２５年４月16日、ソフィアの聖ネデリャ教会が爆破された。ブルガリアでは23年に農民同盟政権がクーデタで崩壊したあと、ツァンコフ政権と農民同盟・共産党との対立が激化。共産党の武装行動の一つがボリス国王の暗殺を狙った聖ネデリャ教会爆破事件であったが、この事件を契機として共産党は非合法化された。

▲国民の歓迎を受けるメタクサス
ギリシア軍の将軍、政治家。1871年に生まれ、プロイセンの軍事アカデミーで学ぶ。両大戦間期のギリシア政治は共和制派と王制派との対立を軸として展開。メタクサスは王制派の有力者。35年にゲオルギオス２世が復位すると、首相に任命された。翌年、国王は戒厳令をしき、メタクサスに独裁権を与えた。

▲民族衣装を身に着けるゾグ
アルバニアの政治家、ゾグ一世として国王となる。ムスリム部族長の家に生まれ、イスタンブルの士官学校で学び軍人となる。1921年の総選挙で議員に選出されたのはムスリム地主が大半であり、ゾグが首相に選出された。強権的な政治手法で25年には共和制をしき大統領に、28年には立憲君主制をしき、君主となった。

▶マニウ
ルーマニアの政治家。1873年にトランシルヴァニアに生まれ、ウィーン大学で法律を学ぶ。弁護士や神学アカデミーの教授を務めたあと、政治活動に参画。26年に民族農民党を結成して初代党首となる。28年には首相に任命され、30年のカロル二世の復位に尽力。第二次世界大戦期には、アントネスク軍事独裁政権に反対した。

%の圧倒的な支持を得た。ゲオルギオス二世が亡命先のロンドンから帰国し、一九一一年の憲法を復活させて王制をしいた。王制派と共和制派との勢力が拮抗するなか、三六年八月、国王は戒厳令をしき議会を解散させて、メタクサス将軍に独裁権を与えた。以後、四一年一月にメタクサスが死去するまで、かれの軍事独裁体制が続いた。

二〇年に「再独立」が認められたアルバニアでは、人口わずか千五百にすぎないティラナに首都が移された。部族社会がまだ色濃く残っていたが、この国にも議会制が導入されて二一年に総選挙が実施された。議会を支配

**▲鉄衛団の集会**

ルーマニアのファシズム組織。1927年にコドレアヌが結成した「大天使ミハイル軍団」の政治組織として30年に創設。写真の左右に民族衣装を着た人たちがみられるようにルーマニアの伝統を重視し、正教会に基礎を置く農民主義、反共産主義、反ユダヤ主義を掲げた。勢力を拡大したが、国王独裁のもとで38年には非合法化。

したのは主としてムスリムの地主層であり、最初の内閣はムスリム部族長の息子でイスタンブルの士官学校出身の軍人ゾグを首班として形成された。ゾグの強権的な政治手法に対する反発が一時的に生じたが、二五年には議会に共和制を宣言させ、自ら大統領となった。権力を手中に収めたゾグはさらに二八年九月、議会に二五年の憲法を改正させて立憲君主国とし、その君主となってゾグ一世と称した。以後、三九年四月にイタリアによって併合されるまで、ゾグは対外的にはイタリアに接近し、ムッソリーニの庇護を受けて独裁的な統治にあたった。

## ●ファシズムの脅威

バルカン諸国の上からの国王独裁や権威主義体制を、イタリアやドイツで下から築かれたファシズム体制と同一視することはできない。バルカンでも、三〇年代にはファシズム運動が展開されたが、独裁政権に取り込まれてしまい権力を掌握する事態にはいたらなかった。しかしファシズム運動は、いっこうに生活が改善されず、政治的、経済的、あるいは社会的な不満をもつ農民や労働者の受け皿となり、勢力を拡大した。ファシズム運動の典型的な例はルーマニアの鉄衛団であろう。

ルーマニアでは、二三年にヤシ大学教授クザが民族主義と反ユダヤ主義を掲げてキリスト教民族防衛連盟という右翼政党を結成した。

クザのもとに集まっていた反共産主義・反ユダヤ主義の学生組織の指導者がコドレアヌであった。コドレアヌはモルドヴァのヤシに移住して同化したユダヤ系の家庭に育ち、ルーマニア社会が直面する問題はユダヤ人問題だけではないと考えており、しだいに反ユダヤ主義のみを前面に掲げるクザと相容れなくなる。二七年、コドレアヌは独自に「大天使ミハイル軍団」を組織した。この軍団の政治組織として、三〇年に鉄衛団が作られた。

　鉄衛団はルーマニアの伝統、正教会に基礎を置く神秘主義、反共産主義、反ユダヤ主義を掲げて活動した。「緑のシャツ」をユニフォームとする鉄衛団のメンバーは固い結束を保ち、既成の政治システムや政治家の腐敗を突き、テロ活動もいとわなかった。当初、国王カロルは自らの権力を強化するために鉄衛団を利用しようとしたため、三二年の選挙にはコドレアヌ・グループとして候補者を立てることさえできた。三三年の選挙を目前にして、支持者を増やしつつある鉄衛団に対して脅威を感じた政府が鉄衛団の非合法化を決めると、鉄衛団は首相ドゥカの暗殺で対抗した。

▲民族衣装を着たコドレアヌ（右側）
ルーマニアのファシズム組織鉄衛団の指導者。1899年、モルドヴァのヤシで同化したユダヤ人家庭に生まれた。ヤシ大学で学び、ルーマニア民族主義・反ユダヤ主義の推進者であった教授クザの影響を受ける。鉄衛団の議会活動に取り組み、37年の総選挙では第三党に進出。38年に鉄衛団が非合法化されると逮捕され処刑された。

　三五年になると、コドレアヌは第一次世界大戦の英雄カンタクズィノ－グラニケルル将軍とともに「すべてを祖国のために」という政党を結成し議会活動に取り組んだ。マニウ率いる民族農民党とも連携を保ったため、支持層を大幅に拡大し、三七年末の選挙では、一五％の得票で第三党に進出した。しかし、三八年に国王カロルにより独裁制がしかれると、すべての政党活動が禁止された。コドレアヌを含む鉄衛団の指導者は逮捕され、処刑されてしまう。

　ファシズム運動が政権を握るまでにはいたらなかったが、独裁体制下のバルカン諸国はしだいにファシズム諸国との関係を強めていく。もっとも、世界恐慌を契機として相互の経済協力の有効性を認識するようになるバルカン諸国は、三〇年代前半に初めて大国の後ろ盾なしに地域協力を進め、同盟体制を築く貴重な経験もしている。これについて、少しふれてみよう。

　一九三〇年一〇月、ギリシアの共和制派で元首相パパナスタシウがヴェニゼロス首相の了解を取りつけたうえで呼びかけた結果、アルバニア、ブルガリア、ユーゴスラヴィア、ルーマニア、トルコのバルカン諸国すべてが参加するバルカン会議がアテネで始められた。この会議では政府代表はオブザーバー参加であり、政界、経済界、労働組合、平和団体、学術団体などが中心となって進められたため、領土問題を中心として現状に不満をもつブル

ガリアの参加をも得ることができた。バルカン会議はその後、三三年まで年一回ずつイスタンブル、ブカレスト、テッサロニキで開催された。その結果、経済、交通・通信、保険・医療、学術・文化・スポーツなどさまざまな面での地域協力が進められた。しかし政治面では、現状を維持しようとする諸国とイタリアの支援を受け現状を打破しようとするブルガリアとの亀裂が拡大した。

三三年にヒトラーが政権を奪取して以後、ドイツのバルカンへの経済進出は大きな脅威であり、現状維持派のバルカン諸国はバルカン会議を基盤として、さらに強固な同盟関係を築こうとした。三四年二月、現状打破を目指すブルガリアとイタリアの保護下に置かれていたアルバニアを除く四カ国のあいだで、現存国境の相互保障と脅威が発生した際の協議を義務づけるバルカン協商を締結した。しかし、三五年のイタリアによるエチオピア侵攻、三六年のドイツによるラインラント再占領といった現状打破の行動に、英仏が本気で対抗措置をとらないことにバルカン協商諸国は危機感を強めた。

三六年八月、ルーマニアではバルカン協商成立の立役者で親仏主義者の外相ティトレスクがその職を解任され、ドイツやイタリアへの依存を強める政策転換がみられた。三七年初めにはユーゴスラヴィアでも、ブルガリアとの友好条約が締結され、イタリアとの相互不可侵条約が結ばれた。ルーマニアとユーゴスラヴィアの方向転換はバルカン協商の運命を決定づけた。その結果、チェコスロヴァキア、ユーゴスラヴィア、ルーマニアからなる小協商（一九二一年に成立）と同様に、バルカン協商は内部から崩壊していくことになる。バルカン協商は四〇年二月の会議を最後に機能しなくなり、その役割を終えた。バルカン協商の崩壊は、小国であるバルカン諸国の安全保障を含めた地域協力を考えるうえでさまざまな教訓を残した。

**▲バルカン協商の会議**
1934年2月、ギリシア、ユーゴ、ルーマニア、トルコの四カ国が結んだ同盟体制。国境の相互保障と一国に脅威が生じた際の四カ国協議を義務づけた。独伊の進出が本格化すると内部崩壊をきたした。写真は左からルーマニアのティトゥレスク、トルコのアラス、ギリシアのメタクサス、ユーゴのストヤディノヴィチの各外相。

# 第六章

# 多様な国家を求めて

▲**パルチザンが破壊したネレトヴァ川の鉄橋**　ボスニア南東部のネレトヴァ川に保存されたパルチザン戦争の史跡。1943年5月のネレトヴァ川とスーチェスカ川の戦いはパルチザン戦争最大の激戦。ネレトヴァの戦いではドイツ軍の追撃を断つため、橋が意図的に爆破された。旧ユーゴは社会主義の原点パルチザン戦争の体験を風化させないため、その史跡を意図的に保存した。

▶ミハイ勇敢公の銅像の前を行進する鉄衛団
1938年、鉄衛団は非合法化されたが、40年9月にアントネスク将軍による軍事独裁体制が築かれると、「軍団運動」と命名されてその中心に据えられた。コドレアヌの後継者シマが副首相となり、鉄衛団は写真のように右手を上げてブカレストを行進。しかし、アントネスクとの蜜月期は長続きせず、41年1月に軍事力で排除された。

▲ユーゴスラヴィアの三国同盟加盟
1941年3月25日、ユーゴスラヴィアのツヴェトコヴィチ政府は日独伊三国同盟に加入した。写真はウィーンでの調印式。40年11月のルーマニアとハンガリー、41年3月のブルガリアにつぐ加入であった。しかし国内では、三国同盟加入に対して激しい反対のデモが展開された。

## ●大国のはざまで

両大戦間期のバルカン諸国はどの国も経済的に遅れた小国であり、国民国家の建設にせよ議会政治にせよ、欧米諸国をモデルとしており、一九二〇年代には主としてフランスの強い後ろ盾のもとに置かれた。世界恐慌以後、経済のブロック化が進むと、バルカン諸国は自立的な地域協力や同盟関係を模索したが内部崩壊をきたしてしまい、しだいにファシズム諸国への依存を強めていく。

その過程を追ってみると、一九三九年四月、アルバニアはイタリアの侵攻にあい併合され、国王ゾグはギリシアへ亡命した。ルーマニアでは、三九年九月に第二次世界大戦が勃発すると中立を宣言したが、ソ連が独ソ不可侵条約で約束されたベッサラビア獲得に着手し、四〇年六月にベッサラビアに加えて北ブコヴィナをも併合した。これに伴い、ルーマニアに対する領土返還を求めていたハンガリーとブルガリアも行動を起こし、それぞれ八月には北トランシルヴァニアを、九月には南ドブロジャを割譲した。ルーマニアはわずか二カ月のうちに、第一次世界大戦後に獲得した領土の大半を失ってしまった。国王カロルへの批判が強まるなか、国王は息子のミハイに王位を譲り、アントネスク将軍に組閣を任せてスイスへ亡命した。アントネスクは領土の保障をドイツに求め、一一月には日独伊三国同

▲ユーゴの三国同盟加盟に反対するデモ
ユーゴスラヴィアの三国同盟加入が国内に伝えられると、それに反対するデモが各地で起こった。この写真は1941年3月27日、首都ベオグラードでのデモ。「条約より戦争を」「隷属より墓場を」などのスローガンが掲げられた。3月26～27日の夜半、親西欧派将校団のクーデタが成功し、シモヴィチ将軍の政権が成立した。

盟に加盟し、軍事独裁政権を確立した。枢軸国側に立ったルーマニアであったが、八〇万人の死者を出している。

経済的にはドイツの強い影響下に置かれながら、三九年に第二次世界大戦が始まると中立を宣言したブルガリアも、しだいに独ソの勢力圏対立に巻き込まれていく。国王ボリスは慎重に両国の動向を見守っていたが、ヒトラーの圧力が強まるにおよび、四一年三月、ハンガリー、スロヴァキア、ルーマニアについで日独伊三国同盟に加盟した。ブルガリアは枢軸国のなかでは、戦争被害の最も少なかった国として知られている。

メタクサスによる軍事独裁体制が続いていたギリシアでは、第二次世界大戦の勃発に際して中立を宣言した。しかし、四〇年にイタリアが参戦し、フランスがドイツの侵攻に屈すると、イタリアの脅威が増大した。ドイツに領土の保障を求めたが、その対応は遅く、一〇月末にイタリアは最後通告を突きつけギリシアに侵攻した。イタリアの攻撃計画の不手際もあり、パパゴス将軍の指揮するギリシア軍はすぐに反撃に転じ、イタリア軍をアルバニア領内に追いやった。さらに、イギリスがバルカン半島でのドイツの動きを牽制して支援を申し出た。四一年一月、メタクサスが病死すると、政権を引き継いだコリジスはイギリス軍のギリシア上陸を受け入れた。このため、ヒトラーはバルバロッサ作戦（ソ連へ

▶1942年の占領下のバルカン
第二次世界大戦期のルーマニアとユーゴスラヴィアの国土分割の様子が示されている。ルーマニアの場合は、1940年6月から9月にかけて、ソ連、ハンガリー、ブルガリアに領土を割譲した。ユーゴの場合、41年4月クロアチアが独立国となり、その他の地域はドイツ、イタリア、ハンガリー、ブルガリアの占領下に置かれた。

の攻撃、四一年六月）の前にバルカンでマリタ作戦（ギリシアへの攻撃、四一年四月）を始めなければならなかった。

しかし、マリタ作戦はユーゴスラヴィアの政治情勢により遅らされることになる。第二次世界大戦に際して、ユーゴも他のバルカン諸国と同様に中立を宣言した。ユーゴでは第二次世界大戦の勃発直前に、両大戦間期を通じて懸案となっていたクロアチアの自治を求める動きに一定の解決策が講じられた。三九年八月に、ツヴェトコヴィチ首相とクロアチア農民党党首マチェクとの会談で「スポラズム（協定）」が結ばれ、ザグレブを州都とするクロアチア自治州が創設された。クロアチア自治州はボスニア・ヘルツェゴヴィナの一部をも含む広大な領域となり、ユーゴ人口の三分の一にあたる四四〇万人を擁することになった。

「スポラズム」はクロアチア以外の地域にも多大な影響を与えた。例えばセルビア、スロヴェニア、ボスニア・ヘルツェゴヴィナで自治を求める動きがみられた。こうした国内情勢に加えて、ギリシアを除く近隣諸国がつぎつぎと枢軸国側に加盟し、ドイツの政治的圧力が強まった。四一年三月末、ユーゴ政府はついにウィーンで三国同盟に調印した。しかし、首都ベオグラードやリュブリャナでは、「条約より戦争を」と叫ぶデモが展開される。こうした状況を背景にして、三国同盟加盟に反対するシモヴィチ将軍を中心とする親西欧派将校団のクーデタが成功し、シモヴィチを首班とする内閣が作られた。激怒したヒトラーはイタリア、ハンガリー、ルーマニア、ブルガリアにユーゴ領土の分割を約束し、四月六日にこれらの国とともにユーゴに侵攻し、二週間もたたないうちにユーゴを分割し占領した。

　ドイツは引き続きマリタ作戦を展開し、イギリス軍、オーストラリア軍、ニュージーランド軍の支援を受けたギリシアの攻撃に着手した。すぐに国王と政府がクレタ島に脱出してしまうと、ギリシア軍の指揮系列は乱れ、ドイツ軍をはじめとする枢軸軍による占領が進んだ。四月末には、アテネのパルテノン神殿のあるアクロポリスの丘にナチスの旗が翻《ひるがえ》った。最後の砦《とりで》であったクレタ島も五月末までにはドイツに屈した。この結果、バルカン半島はすべて枢軸国の支配下に置かれてしまう。

　第二次世界大戦期のバルカン諸国は、枢軸国側に立ったルーマニア、ブルガリア、占領されたアルバニア、ユーゴ、ギリシアとに区分される。後者の三国では、ドイツやイタリアに対する抵抗運動が組織され、果敢な解放戦争が展開されると同時に激しい内戦を伴うことになり、多大な犠牲を払わなければならなかった。戦争終結後、今度は米ソの「冷戦」が始まり、バルカン諸国は「冷戦」の渦に飲み込まれてしまう。しかし、第二次世界大戦をどのような立場で戦ったかがその後に多大な影響をもたらし、しだいにそれぞれ独自の道を歩み始め、一九六〇年代以降、バルカン半島は体制を違えた多様な国々が集まる国際政治上きわめて重要な地域と見なされた。この章では、第二次世界大戦期から「冷戦」を経て、一九九〇年に「冷戦」が終結するまでの各国の様子を概観してみたい。

## ●第二次世界大戦と国土の分割

　ドイツの侵攻を受けるとユーゴでもギリシアでも、国王と政府は国外に亡命した。両国ともカイロを経由して、最終的にはロンドンに亡命政権を樹立したが、国土は枢軸軍の手で分割された。ユーゴの場合、セルビアは直接ドイツの軍政下に置かれ、戦前の国防相ネディチを首相とする「セルビア救国政府」が設置された。規模に小さかったが、戦前にセルビアでファシズム運動を展開したリョティチのグループがこの政権に協力した。スロヴェニアはドイツとイタリアにより折半され、モンテネグロとダルマツィア海岸部はイタリアの支配下に置かれ、マケドニア西部とコソヴォ南部はイタリア占領下のアルバニアに組み込まれた。バルカン戦争により分割されてしまったアルバニア人地域が、イタリアの占領下ながら一時的に統合され「大アルバニア」が生まれたことは、その後もアルバニア人の記憶にとどめられた。

　一方、ドイツは分離傾向の強かったクロアチアに対しては、ボスニア・ヘルツェゴヴィナのすべてを加え、中世クロアチア王国の最大版図とほぼ同じ領域の傀儡《かいらい》国家「クロアチア独立国」を創設した。二九年一月に結成され、イタリアで活動していたファシスト集団ウスタシャの指導者パヴェリッチが三百人の部下を引き連れて帰国し、日本の同盟国でもある「クロアチア独立国」を担うことになる。

　ギリシアの場合、ドイツが戦略上重要な二都市アテネ、テッサロニキおよびそれぞれの周辺部とクレタ島の大部分を占領し、ブルガリアが念願の西トラキアとマケドニア東部およびその周辺の島嶼部を組み込み、残る領域はイタリアの管轄下に置かれた。アテネに傀儡政権が作られたが、分割三地域を統治するほどの力を備えてはいなかった。ヒトラーをはじめとしてナチス・ドイツには古代ギリシアの崇拝者が多く、アテネを占領したドイツ軍の将兵はパルテノン神殿を「観光」させられたという。

　アルバニアの場合は三九年四月、イタリアにより占領されたが、四一年四月にはコソヴォとマケドニアの一部が加えられて不十分ながら「大アルバニア」の夢が実現した。イタリアはティラナに傀儡政権を作り枢軸国の貢献を宣伝して、アルバニア国内の民族主義者の動きを抑えようとした。一方、国王ゾグは

▲パルテノン神殿前で記念写真を撮るナチス兵士
1941年4月27日、パルテノン神殿のあるアクロポリスの丘にナチスの鉤十字の旗が翻った(この旗が降ろされたのは44年10月12日)。ヒトラーをはじめとし、ナチス支持者の多くは古代ギリシアの礼賛者だった。ナチス兵士もギリシア占領期にアクロポリスを訪れては、記念撮影に興じた。この写真は1941年の撮影。

ギリシアを経てロンドンに脱出した。しかし、ユーゴスラヴィアやギリシアのように亡命政権を樹立することはできなかった。

こうした状況下で展開されたユーゴスラヴィア、ギリシア、アルバニアの枢軸軍に対する戦争は、共通する三つの性格をもっていたといえる。第一は占領軍の武器を奪ってゲリラ戦を展開し、独力で解放を成し遂げた戦いであり、第二は最近の研究で強調されている国内諸勢力のあいだのさまざまな内戦であり、第三は旧来の伝統を打ち破ろうとする社会変革を目指す戦いの性格である。

## ●共通する抵抗運動

ユーゴスラヴィア、ギリシア、アルバニア三国の抵抗運動は、大別して二つの勢力によって組織され展開された。一つは、占領軍に対する武装闘争を呼びかけた共産党を中心として組織化されたパルチザンの抵抗運動であり、これは各地の自発的な抵抗の動きをも巻き込んでいった。結果として、この運動がソ連の援助をほとんど得ることなく、それぞれの国土を解放した。もう一つは、民族主義者や王制を支持するグループが中心となった抵抗運動の組織であり、亡命政権やイギリスの支援を受けて活動したが、共産党系の抵抗運動と対立するにいたり内戦が生じた。

ユーゴの抵抗運動は、四一年四月にユーゴ王国軍の降伏を承認しないセルビア人将兵の

**◀ウスタシャの指導者パヴェリッチとクヴァテルニク**
ドイツの傀儡国家クロアチア独立国の政権を担ったファシスト集団ウスタシャの二人の指導者（写真左側がパヴェリッチ、右側はクヴァテルニク）。この写真は1941年5月、クロアチア独立国の国境に関するローマ協定締結のために立ち寄ったヴェネツィアで撮影された。

集団チェトニクによって初めて組織された。ミハイロヴィチ大佐が率いるチェトニクは、四一年五月頃からセルビア西部のラヴナ・ゴーラ山中で抵抗運動を始め、ロンドンの亡命政権と密接な関係を保った。しかし、チェトニクにセルビア人中心の組織であり、「大セルビア」的な傾向が強かったうえに、連合国の援助を期待して組織の温存を第一義として、ドイツ軍と戦うのを極力避けた。そのため、占領軍に対する戦いをすぐさま始めようとする人々のエネルギーを吸収することはできず、しだいに下部組織からドイツ軍と協力関係を結ぶようになり、内部から崩壊してしまった。

これに対して、戦前に非合法であったが、一万二千人の党員数をもち全土にネットワークを張りめぐらせていたユーゴ共産党は四一年六月二二日にドイツ軍のソ連攻撃（バルバロッサ作戦）が開始されると、占領軍に対する武装蜂起を全土で呼びかけた。六月末には、チトーを最高司令官とするユーゴスラヴィア人民解放パルチザン部隊の最高司令部が設置された。九月に入ると、最高司令部は首都ベオグラードでの活動が困難となり、解放区となっていたセルビア西部へ移動した。その後、四四年一〇月にベオグラードが解放されるまで、首都に戻ることはできなかった。ボスニアやモンテネグロの山岳地がゲリラ戦の主要な舞台となった。

パルチザンは占領軍に対する果敢な戦いを続け、貧しく零細な農民に戦後の土地改革を語り、イデオロギーや民族や宗教や言語の違いを超えて、愛国的な立場からユーゴ解放のために敵と戦う必要性を訴えかけた。パルチザンは山岳地を逃げまわる困難な戦闘を続けるなかで多くの農民の支持を取りつけただけでなく、四三年までには態度を保留していた知識人の支持を得ることができた。

ギリシアの抵抗運動としては、三六年に非合法化されていたギリシア共産党（一九二〇年に創設）が中心となって四一年九月に国民解放戦線（ＥＡＭ）が結成された。国王の復位を否定せず、自由を掲げて広範な勢力を結集しようとした。ＥＡＭはそれまでギリシアの公用語として使われていた文章語のカサレヴサを廃止し、口語を基礎としたディモティキを用いた。これにより、多くの人たちがＥＡＭに加わることになる。この軍事組織が四二年二月に作られた国民解放人民軍（ELAS）である。ELASの兵士はアンダルテス（パルチザン兵士）と呼ばれ、ギリシアの中心部を南北に貫くピンドゥス山脈の山岳地を拠点として、ユーゴのパルチザンと同様に果敢な抵抗運動を展開した。ELASは愛国的な立場から、農民や小アジアから流入した難民や女性たちの支持を受けて勢力を拡大した。

ギリシアにはこのほかにも抵抗運動の組織が作られた。そのなかで主要な勢力はミハイロヴィチのチェトニクと同じように、ギリシア軍の降伏を承認しない将兵が共和派のプラスティラス将軍のもとで四一年一〇月に組織したギリシア民族民主連盟（EDES）であった。EDESはアルバニアとの国境のイピロスの山岳地帯を拠点とし、イギリスの支援を受けたが勢力を拡大することはできなかった。四三年三月には、共和派と王制派の勢力を結集しようとするイギリスの支援を受けて、プサロス大佐が民族社会解放運動を組織した。

アルバニアの場合、イタリア化政策に反対する人たちが抵抗運動の組織化に乗り出した。最初に行動を起こしたのは、四〇年に国王ゾグの支援を受けたアルバニア北部のゲグ族の有力者クピだが、組織的な抵抗運動となるのはつぎの二つであった。一つは、四一年一一月にティラナで創設されたアルバニア共産党中心の組織である。南部のトスク族のムスリム地主の息子で、フランス留学後に南部のコルチャでフランス語教師をしていたエンヴェル・ホジャが、知識人からなる共産党の指導者となった。一一月の共産党創設会議には、ユーゴ共産党の代表二名も参加したことからわかるように、アルバニアの抵抗運動にはユーゴ・パルチザンの影響が強くみられる。四一年末から、共産党は都市部や山岳地でゲリラ戦を展開し、勢力を拡大した。四二年九月には、ティラナ近郊で国王ゾグ派や北部のカトリック勢力の指導者をも含めて会議が開か

**▶ユーゴ・パルチザン指導者チトー（右）とリヴァール（左）**
1943年5月、パルチザン戦争最大の激戦であったスーチェスカの戦いを切り抜けたあと、パルチザン最高司令部で撮った写真。リチャード・バートンがチトーを演じた『風雪の太陽』（スーチェスカの戦い）と『ネレトバの戦い』は日本でも公開されたパルチザン映画の代表作。スーチェスカの戦いで、チトーは負傷した。

◀ギリシアのパルチザン兵士
1941年9月、ギリシア共産党が中心となって国民解放戦線（EAM）が結成された。この軍事組織が42年2月に作られた国民解放人民軍（ELAS）。この写真のようなELASの兵士はアンダルテスと呼ばれた。かれらは19世紀の独立戦争期に活躍したクレフティス（匪賊）を理想化して、自らをそれに重ね合わせた。

れ、人民解放運動が結成された。以後、中部や南部の山岳地帯で抵抗運動が展開され、連合国側もこれを認知した。

　もう一つは、四二年一〇月に組織された民族主義的な抵抗運動の民族戦線（バリ・コムバタル）である。首相を務めたことのあるミドハト・フラシャリを指導者として、ユーゴの影響力を排除し、ゾグの帰国禁止と共和制の樹立を唱える南部の地主層の多くが、親西欧・反共産主義の立場からこの組織に結集した。民族戦線は四一年末に連合国側がアルバニアの国家主権回復を承認したことに応えて結成されたが、イタリアの占領下で実現したコソヴォを含む「大アルバニア」の国境の維持を強く主張し、北部の農民のあいだに支持を拡大しようとした。また、人民解放運動を離れたクピは四三年一一月に国王ゾグの復活を目指して、中部で合法運動を組織している。

## ●対立する抵抗運動と内戦

　イギリスはこれら三国に対して軍事使節を派遣し、二つの勢力からなる抵抗運動を合同しようと試みた。アルバニアでは、四三年八月にティラナの北にあるクルヤ近郊のムーキェ村で、人民解放運動と民族戦線の代表者による会談が行われ、「ムーキェ協定」が成立した。この協定で、抵抗運動の統一司令部として「アルバニア救国委員会」を作ること、コソヴォの帰属問題は戦後、住民投票で決めることが合意された。会談では、コソヴォの帰属問題で見解の対立がみられた。人民解放運動の中心勢力であるアルバニア共産党はユーゴ共産党の影響を強く受けており、コソヴォの帰属にはこだわらなかったが、民族戦線はコソヴォがアルバニア固有の領土であることを主張して譲らなかった。

　ユーゴ共産党は「ムーキェ協定」を認めず、アルバニア共産党に圧力をかけた。アルバニア共産党はユーゴ共産党の要請を受けて、「ムーキェ協定」撤回の指令を出し、以後、人民解放軍を創設して民族戦線に対する対決姿勢を明確にした。四三年九月にイタリアが降伏すると、ドイツが即座に対応し、ギリシアか

らアルバニアに部隊を移動して都市部を占領し、アルバニアの独立を承認した。ドイツ占領下のコソヴォでは、「第二プリズレン連盟」（プリズレン連盟とは一八七八年に創設されたアルバニア人民族運動の組織）が結成され、セルビア人攻撃が続けられたため、多くのセルビア人がコソヴォを離れなければならなかった。これは、両大戦間期にコソヴォで実施されたセルビア化政策に対する報復の色彩が強かった。激しい内戦が四四年初めまで続けられる。

　ギリシアでは、四三年八月にイギリスの仲介により三つの抵抗運動の代表がカイロに呼ばれ、亡命政府代表との会談がもたれた。ギリシア解放後に挙国一致政府を作ることでは合意したが、王制問題についてはEAM／ELASの代表が国民投票によってそれを決めることを強く主張し、一致点がみられなかった。これ以後、イギリスとEAM／ELASとの関係は悪化した。EAM／ELASとEDESあるいは民族社会解放運動とは四三年秋から対立するようになり、両者の戦闘は激しさを増して四四年春まで続いた。

　四四年三月、戦争を有利に進めたEAM／ELASはピンドゥス山脈の町に暫定政府を樹立して、選挙を実施して国民議会を招集した。これに対して、亡命政府はヴェニゼロスの秘書官を務めたことのあるG・パパンドレウを首相に就けて対抗した。パパンドレウはすべての勢力をレバノンに招き、一つの政府を作る努力を続けた。王制問題については、解放後に国民投票によって決めることで合意し、五月にはパパンドレウのもとに「挙国一致内閣」が成立した。しかし、国内の戦闘は続き、EAM／ELASが秋にはイピロスを拠点としていたEDESをコルフ島へ追いやった。EAM／ELASがこの戦いを優勢に進めた理由としては、国民のあいだに反王制の感情が根強く、その結果、人々をEAM／ELAS支持へ向かわせたことが大きかった。

　ユーゴでは四一年九月、セルビア西部に移動したパルチザンは、この地方を拠点としていたチェトニクと統一行動をとるために数回の会談をもった。しかし、イギリス軍が来る

▶旅芸人の一団（映画『旅芸人の記録』から）　写真協力㈶川喜多記念映画文化財団
日本でも公開されたギリシアを代表する映画監督アンゲロプロス『旅芸人の記録』（1975年）の一シーン。ギリシアにおけるパルチザン戦争の特色の一つに、女性の積極的なパルチザン参加がみられた。兵士となる女性もいたが、この映画のように旅芸人一座に加わり、演劇を通して女性の社会的地位の向上を村人に訴えかけた。

◀ギリシアの村委員会の集会
1944年、ギリシア・イピロス地方の村委員会を撮った写真。ユーゴスラヴィアと同様に、ギリシアでもパルチザン（国民解放人民軍）によって解放された村々では、旧来の行政組織が廃止されて、新たに人民解放委員会が創設された。寒い屋外に座り込み、熱心に村の行政について語り合う村人の様子が垣間見られる。

まで待機主義をとろうとするチェトニクと、最高司令部を統一して枢軸軍に対する全面的な戦いを起こそうとするパルチザン側の主張は平行線をたどった。チェトニクは武器を持って戦う前に、しだいにイタリア軍やドイツ軍と協力関係を作り上げてしまう。その結果、パルチザンとの戦闘が行われた。

「クロアチア独立国」では「兄弟殺し」と称される激しい内戦が展開された。この国を担ったウスタシャは広範なクロアチア人の支持を得ていたわけではなかったが、パヴェリッチはヒトラーと同様の人種政策を進め、ユダヤ人やロマだけでなく、セルビア人を「劣等で危険な人種」と見なしテロの主要な対象とした。パルチザン戦争期の死者の数は公式統計で一七〇万人とされている。その大半がドイツ軍の手で殺害されたのではなく、「兄弟殺し」によるものであった。ウスタシャとパルチザン、ウスタシャとチェトニク、そしてパルチザンとチェトニクが戦い、ウスタシャの尖兵としてボスニアのムスリムが使われた。この時期の記憶はとくにセルビア人の心に深く刻み込まれた。一九九一年のクロアチア内戦期に、セルビア人がクロアチア人をウスタシャと、クロアチア人がセルビア人をチェトニクと相互に憎しみを込めて呼んだことが思い起こされる。

## ●社会変革のきざし

ドイツ軍は四一年一〇月末から四四年五月までに、パルチザンに対して七度にわたる大規模な攻勢をしかけた。しかし、パルチザンはその都度、山岳地を逃げ回り攻撃を切り抜けて、四二年一一月には、ボスニア西部の町ビハチで、各地に作られた人民解放委員会の代表を集めて第一回ユーゴスラヴィア人民解放反ファシスト会議（AVNOJ）を開催した。この会議は最高の権力機関を創設するための基礎固めの意味をもっていた。

四三年一一月、イギリスによるパルチザン支持という政策転換がなされ、イタリアが降伏したこの時期に、第二回AVNOJがボスニア中部の町ヤイツェで開かれた。AVNOJがユーゴ最高の立法・執行機関であること、

◀ティラナの解放
1944年11月、ホジャ率いる人民解放軍がアルバニアの首都ティラナを解放した。この写真はティラナの町を行進する人民解放軍。アルバニアでもパルチザン戦争に多くの女性が参加した。

新たな権力機関としてユーゴ解放全国委員会という行政府を創設すること、亡命政府のあらゆる権利の否定、国王ペータル二世の帰国禁止、民族平等の原則、連邦制に基づく新国家の建設が決められた。国土はまだドイツの占領下に置かれていたが、パルチザン戦争を通じて、ユーゴ社会は大きな変革を遂げていた。

パルチザンによって解放された地区では、人民解放委員会と呼ばれる自発性の強い権力機関がさまざまな形で作られていく。四一年七月、モンテネグロの一地方で創設されたのが最初であった。ユーゴスラヴィア王国時代の行政機関を否定し、自主的な判断で行政や教育や啓蒙活動などを行った。人口の大半を占める農民がパルチザン戦争や人民解放委員会での活動を通じて、それまで希薄だった政治意識を育み、積極的に社会参加するようになった。女性のパルチザン兵士もめずらしくはなく、パルチザン戦争を経験することで女性の社会進出も促された。ヴォイヴォディナ出身のある女性医師は、自分の村の解放にやってきた女性パルチザン兵士のきびきびした活動をまぶしく見つめ、「パルチザンが新たな魂を運んできてくれた」と少女期を回想している。

ギリシアでも、ユーゴのパルチザンと同様、四四年にはEAMは解放された地区に人民評議会を作った。住民集会が開かれ、選挙によって人民評議員が選出され、自らの手で行政、裁判、教育そして文化活動を行った。EAMは早い時期から農民に対する啓蒙活動を続けており、その一つが演劇や人形劇の上演活動であった。アンダルテスとして多くの女性が抵抗運動に参加したことが知られているが、女性たちは兵士としてだけでなく、村々でこうした活動をする旅芸人の一座に積極的に加わり、農民たちに新しい社会像を伝える役割を担った。現代ギリシアを代表する映画監督アンゲロプロスの『旅芸人の記録』には、この様子が淡々と描かれている。

ユーゴ、ギリシア、アルバニアのパルチザンは解放戦争と内戦という困難な戦いに直面しながら、解放地区で旧来の社会を変革し、新たな権力機関を築きながら国土の解放を成し遂げていった。アルバニアのホジャは四三年一一月からのドイツ軍の大攻勢を乗り切ると、ユーゴのAVNOJをモデルとして四四年五月に人民解放運動の代表を集めて、第一回人民解放反ファシスト会議を開いた。ホジャを議長とする臨時政府が形成され、ホジャは人民解放軍の最高司令官にもなった。

この時期、ドイツ軍を追撃してバルカンに迫っていたソ連軍は、アルバニアへ進撃することはなかった。イギリス軍の上陸作戦もいく度となく試みられたが、思うように進まなかった。ホジャ率いる人民解放軍はドイツ軍に対する戦いと同時に、民族戦線や合法運動

**▶アテネの解放**
1944年10月12日、イギリス軍の到着を待たずに、ギリシアの首都が国民解放人民軍によって解放された。ドイツ軍はすでにアテネから撤退していた。写真はアテネ解放の日に町に繰り出した市民たちの様子を示している。しかし、ギリシアは英ソの取り決めの影響を受けて、この直後から内戦に突き進むことになる。

との戦闘を続け、四四年九月末までにはユーゴやギリシアのパルチザンの支援を受けて、国土の大半を解放した。一〇月末、南部の町ベラトで臨時政府は「アルバニア民主政府」を宣言し、ホジャを首相とする共産党を中心とした組閣がなされた。翌一一月には、ドイツ軍が撤退し、首都ティラナが解放された。コソヴォはユーゴのパルチザンによって解放が進められた。

　ユーゴでは新政権の国際的承認が不可避だったため、イギリスの戦後構想にそい四四年六月、ユーゴ解放全国委員会のチトー議長とロンドン亡命政権のシュバシッチ首相とのあいだに協定が結ばれ、連立政権案が実現に近づいた。ドイツ軍の攻撃は依然として続けられたが、一〇月に入るとパルチザンとソ連軍との合同作戦が展開され、首都ベオグラードがようやく解放された。連合国側のチトー＝シュバシッチ協定実施勧告にしたがい、四五年三月にチトーを首班とし、亡命政権の代表三人を含む民主連邦ユーゴスラヴィア臨時政府が成立した。

　ギリシアでは一〇月中旬、イギリス軍が首都アテネに到着する前に、ドイツ軍はアテネから撤退した。九月には、ソ連軍がブルガリアに進攻し、ユーゴの解放も急速に進んでいたことが背景にあった。実質的にはＥＡＭ／ＥＬＡＳによる国土の解放が進んでいたが、パパンドレウを首相とする「挙国一致内閣」

▶アントネスク
ルーマニアの軍人、政治家。1882年、ワラキアのピテシュティに生まれ、フランスで軍事教育を受けた。1933年にルーマニア陸軍参謀総長となるが、ファシスト集団の鉄衛団と関係を強めたため37年に軍籍を剥奪。40年に国王カロルによって首相に任命されると、三国同盟に加入し軍事独裁政権を維持。46年に戦犯として処刑。

▶ディミトロフ
ブルガリアの政治家。1882年、ソフィア近郊の職人の家に生まれ、植字工となる。1902年にブルガリア社会民主党に入党し、その後共産党で活動。第一次世界大戦後、コミンテルンで活動し、35年にはその書記長として人民戦線戦術を提案。45年に帰国して共産党書記長、首相に就任。社会主義建設を担い、49年に死去。

がカイロから解放なったアテネに戻り、ついでイギリス軍もギリシアに上陸した。

## ●人民民主主義

枢軸国側に立って第二次世界大戦を戦ったルーマニアとブルガリアでも、四四年になると政治状況が大きく変化する。この年の三月末、ソ連軍がベッサラビアからルーマニア国境を越えて進撃した。さらに英米軍のルーマニア油田攻撃が始まると、アントネスク独裁政権に対する反対運動が活発になった。ルーマニア共産党の指導者の多くはモスクワに亡命しており、アントネスク独裁政権に対する抵抗は散発的であった。四三年八月、共産党を中心とする抵抗組織「愛国戦線」がようやく結成された。共産党はこれを基盤として、四四年六月に独裁政権に与《くみ》していない社会民主党、民族農民党、民族自由党の四政党からなる国民民主ブロックという統一戦線を形成した。

八月二三日、ミハイ国王をも巻き込み、連合国との休戦を拒否していたアントネスク政権打倒のクーデタが決行され、成功を収めた。クーデタに軍の果たした役割は大きく、ミハイ国王は軍人と国民民主ブロックと専門家からなる新政権の樹立を命じた。八月末、サナテスク将軍を首班とする新政権が樹立された。サナテスク政権は九月にソ連との休戦協定に調印し、ドイツに対するルーマニアの参戦、北トランシルヴァニアのハンガリーからの返還の保証の代わりに、ベッサラビアと北ブコヴィナのソ連への返還を認めた。

この返還をめぐって、国民民主ブロック内の対立が表面化すると、共産党は一〇月に社会民主党とともに国民民主戦線を新たに結成した。国民民主戦線は土地改革、国内の民主化、労働者の権利擁護を前面に掲げたため、新政権内に緊張が高まり、サナテスクは退陣に追い込まれた。共産党はソ連を後ろ盾としてさらに影響力を強め、親西欧派の軍人ラデスクを首班とする政権を成立させた。この政権は実質的に共産党主導の政権だったが、国王と軍の勢力はまだ強く、ルーマニアの王制が廃止されるのは四七年になってからのことであった。

ブルガリアの場合は、イタリアの占領」で「大アルバニア」が実現されたように、三国同盟に加入することによって、領土回復を成し遂げた。ギリシア領のマケドニア東部とユーゴ領のマケドニアを占領し統治することになり、バルカン戦争以来の夢であったマケドニア地方の統一が現実のものとなった。「統一者」と称された国王ボリスは、外交面でも国民の親ロシア感情に配慮して、ドイツに一定の距離を置く姿勢を貫き、国民の強い支持を受けた。ブルガリアでも、四四年夏にソ連軍が接近すると、方向転換の動きがみられた。

ルーマニアと比べて、ブルガリアには親ロシアの伝統が続いており、共産党の勢力もはるかに強大であった。四一年六月から、共産党を中心とする抵抗運動が展開されており、四二年七月には共産党に農民同盟や社会民主党、そして知識人や軍人を加えて祖国戦線が結成されていた。四四年九月初め、ソ連軍がルーマニアとの国境を越えてブルガリアに進撃すると、祖国戦線はドイツ軍に対する一斉蜂起の指令を出した。首都ソフィアでは、摂政会議（ボリス国王は四三年八月に死去。六歳のシメオン二世が王位を継いだため設置されていた）のメンバーや政府要人が逮捕され、共和制支持の軍人ゲオルギエフを首班とする祖国戦線政府が形成された。

ゲオルギエフ政権の実権を握っていたのは、全土に強力な組織を張りめぐらせていた共産党であった。一〇月末には、ソ連とのあいだに休戦条約が締結され、国境は三九年時点のものに戻された。共産党主導のゲオルギエフ新政府は急速度で旧体制の一掃と土地改革を実施しようとしたため、政権内で共産党と正教会の支持を受けた農民同盟との対立が生じた。農民同盟は単一候補者名簿方式の選挙に反対し、四五年一一月に延期された総選挙をボイコットしたため、この選挙では共産党中心の祖国戦線が圧勝した。四六年九月には、国民投票により王制が廃止される。

祖国戦線と農民同盟の対立は四六年一〇月の憲法制定議会選挙まで継続した。この選挙は政党別方式で実施されたが、祖国戦線が七八％の得票率を獲得して勝利を収めた。この結果、モスクワから帰国していたディミトロフを首班とする祖国戦線政府が成立した。四七年二月には、米英にも承認されたディミトロフ政権と連合国とのあいだで講和条約が締結された。

ルーマニアでもブルガリアでも、ソ連軍の占領下で戦後改革が進行した。この時期（一九四四～四八年）は人民民主主義期と呼ばれ、共産党を中心とする連立政権が国有化と土地改革（土地なし農民や零細な農民に土地を分配することが目的で、農業の集団化を目指したものではない）などの政策を実施した。戦後の社会主義期の歴史学では、人民民主主義は「正しい社会主義」へ移行する過渡期の形態にすぎないとされ、あまり関心を向けられなかった。しかし、体制転換後の九〇年代には、社会主義の相対化とともに民主主義や民主化が議論され、さまざまな可能性を秘めたこの時期に強い関心が向けられるようになっている。

ルーマニアやブルガリアでは、人々にとって社会主義は与えられたものにすぎなかったが、ユーゴやアルバニアやギリシアではパルチザンによる抵抗運動を通して、人々が社会主義をつかみ取ったといえる。社会変革を成し遂げていたユーゴとアルバニアでは、人民民主主義期に連立政権ではなく、実質的には共産党による単独政権が成立した。いずれにせよ、これらのバルカン諸国にとって、唯一の社会主義国であったソ連の存在は計り知れないものであった。しかし、ギリシアでは抵抗運動を通じて国土を解放したEAM／ELASが政権につくことはできず、ソ連も積極的な関わりをしていない。この違いはなにによるのだろうか。

## ●内戦から西側陣営へ――ギリシア

ソ連のバルカン諸国に対する関与の仕方の違いは、四四年一〇月にモスクワを訪れていたチャーチルとスターリンとの「バルカン勢力圏分割（パーセンテージ）協定」と呼ばれる取り決めによるところが大きかった。チャーチルがスターリンに、ルーマニアについてはロシアが九〇％、イギリスが一〇％、ギリシアについてはイギリスが九〇％、ロシアが一〇％、ユーゴについては五〇％ずつ、ブルガリアについてはロシアが七五％、イギリスが二五％の勢力圏分割を申し入れ、スターリンはこれに同意した。この取り決めはチャーチルの『回想録』のなかで明らかにされた。ヨーロッパの政治家がバルカン問題を扱う際の典型的な例といえる。ギリシアの戦後はこの取り決めと四七年から本格化する「冷戦」に強く規定されていく。

▲パパンドレウとメルクーリ
1981年10月の総選挙で、アンドレアス・パパンドレウ率いる全ギリシア社会主義運動（PASOK）が勝利を収めて社会主義政権を樹立。67年の軍事独裁体制下で、体制批判をしたため市民権を剝奪された女優のメルクーリが帰国し、パパンドレウ内閣の文化相に就任した。PASOK政権の誕生を喜ぶ2人の表情が印象的。

四四年一〇月、EAMの六人も入閣していたゲオルギオス・パパンドレウの「挙国一致内閣」がアテネに戻ったとき、共産党を中心とするEAM／ELASは権力を掌握するのに十分な力をもっていた。しかし、武力による政権掌握の手段を行使しないようにというソ連の意向が共産党に伝えられたため、政権の掌握にはいたらなかった。もちろん当時、EAM／ELASに参加していた人たちは「バルカン勢力圏分割協定」など知る由もなかった。一二月初め、新政権のELAS武装解除の要請をめぐり、EAM系の六閣僚が辞職すると同時に、アテネでは反政府デモが組織され、これに警察が介入してイギリス軍を後ろ盾とした政府軍とEAM／ELASとの衝突が生じた。

これが四九年まで続くギリシア内戦の端緒であり、緒戦から政府軍が優位に戦闘を進め、四五年二月には、政府とEAM／ELASとのあいだでヴァルキザ（アテネ近郊）協定が結ばれた。この協定はEAM／ELASの諸部隊の武装解除と引き替えに、すべての勢力の恩赦が保障されるものであった。しかし、この頃にはイギリスの支援を受けた政府側の勢力が急速に回復し、さまざまなレベルで枢軸国側に協力した旧支配層が実権を握るようになっていた。他のバルカン諸国では、戦後、対敵協力者が追放されていくが、ギリシアでは共産党員あるいは左派と見なされた人々が追放の憂き目にあった。

四六年三月に総選挙が実施されたが、共産党と左派政党は状況が不利と判断し、ソ連の意向に反して選挙を棄権したため、王制派が勝利を収めた。王制に関する国民投票も実施され、六八％の賛成を得て、国王ゲオルギオス二世が九月に帰国した。地方や村のレベルでは、反共産主義の色彩が強まり、左派の人々は身の危険を感じて故郷の地を離れ、第二次世界大戦期のようにペロポネソス半島の山岳地やピンドゥス山脈に逃れて軍事勢力を築き始めた。四六年末には、ＥＬＡＳを引き継ぐ形で、しかし共産党の指揮権がきわめて濃厚なギリシア民主軍が結成された。ギリシア民主軍はユーゴやアルバニアやブルガリアの支援を受けつつ、数のうえで圧倒的に勝る政府軍に対してゲリラ戦を展開し、当初、優位に戦いを進めた。

四七年春、東西の「冷戦」が本格化するなかで、ギリシア支援の続行が困難となったイギリスはアメリカに助力を求めた。これ以後、イギリスの肩代わりをしたアメリカが政府軍を支援する。アメリカの訓練将校が大量の軍事物資とともにギリシアに到着した。ギリシア民主軍にとって、ゲリラ戦が展開できる状況ではなくなった。さらに、四八年六月にはユーゴがソ連と対立して、コミンフォルムから追放されるとギリシア民主軍への支援を打ち切ってしまう。窮地に追い込まれたギリシア民主軍はついに敗北し、四九年九月に「冷戦」の最前線となった内戦は終わった。九〇年代のユーゴ内戦ほどではないが、政府軍とギリシア民主軍双方を合わせた死者の数は一〇万人を超した。第二次世界大戦期を上回る多大な損害を出し、七〇万人がギリシアを去っていった。

これ以後、ギリシアはアメリカの援助を受けつつ、荒廃した経済の再建に取り組む。五〇年に朝鮮戦争が勃発し、国際的な緊張関係が続くなかで、軍の占める役割が相変わらず大きかった。五一年には、要請を受けてギリシアはＮＡＴＯの正式加盟国となった。五二年の総選挙で、ギリシア軍の司令官に昇進していたパパゴス将軍が率いる政党が多数党として政権を担うことになり、以後一〇年以上にわたりパパゴスと戦後のギリシアを代表する政治家カラマンリスとが首相を務めた。

政治的に比較的安定したこの時期に、国民の経済生活は飛躍的に向上した。例えば、国民一人当たりの年平均所得は五六年の二七六ドルから六四年には五百ドルになり、ギリシア人の自信が回復された。しかし、五〇年代にはキプロスのギリシアとの統一問題が表面化し、トルコとの関係が緊迫化したため、国防費が予算の三分の一にも達し、経済回復は思うように進んだわけではなかった。

六〇年代中頃から政治的混乱が続くと、六七年四月に陸軍将校によるクーデタが生じ、軍事独裁政権が成立した。反共産主義のもと、言論や思想の弾圧政策がとられ、多くの共産主義者が逮捕された。映画女優のメルクーリが政府批判をしたとして、市民権を剥奪され、左翼の作曲家テオドラキスの歌が禁止された。パパドプロス大佐を首班とする新政府は議会制民主主義を停止し、国王の立場を大幅に弱め、権力を自らの手に集中した。この軍事独裁政権は、アメリカに支えられながら七四年まで続いた。

七四年に、エーゲ海の大陸棚の領有をめぐりギリシアとトルコとが衝突すると、ギリシアの軍事独裁政府は政権崩壊の危機を、キプロスとの統一を成し遂げることで回避しようとした。キプロスは六〇年に独立していたが、ギリシアとの統一支持派を扇動し、独立維持を主張するマカリオス大統領を暗殺して統一を達成しようとした。しかし、この計画は失敗し、軍事独裁政権はフランスに亡命していたカラマンリス元首相に政権を移譲せざるをえなかった。七四年一一月に実施された一〇年ぶりの総選挙で、カラマンリス率いる新民主主義党が圧勝した。引き続き王制に関する国民投票が行われ、王制は六九対三一％で否定された。

カラマンリスは国内のさまざまな改革を断行する一方、バルカンを「平和地帯」にすることを掲げて、バルカン諸国との友好関係を強めた。ＮＡＴＯやＥＣとの関係も積極的に進めた。八〇年には、カラマンリスが大統領に選出され、七四年に脱退していたＮＡＴＯに復帰し、翌八一年にはＥＣにも加盟した。八一年一〇月に実施された総選挙では、「変革」を掲げたアンドレアス・パパンドレウ（Ｇ・パパンドレウの息子）の全ギリシア社会主義運動（ＰＡＳＯＫ）が勝利を収め社会主義政権が樹立されたが、国内政策、外交政策とも

◀強制労働中の政治犯（映画『パパは出張中！』から）　写真協力 ㈶川喜多記念映画文化財団
サラエヴォ出身の映画監督クストリツァがカンヌ映画祭の大賞をとった作品『パパは出張中！』の一シーン。１９４８年にユーゴがコミンフォルムから追放され、チトーのもとに結束した時代が映画の背景。タイトルは、スターリン主義者との密告で政治犯とされる主人公の幼い息子に、母が「パパは出張中」と説明したことから。

従来と大きな変化はみられなかった。

## ●独自の社会主義――ユーゴスラヴィア

一九四五年一一月、政党別ではなく、単一候補者名簿方式で憲法制定議会選挙が実施された。選挙は共産党を中心とする人民戦線が圧倒的な支持を得る結果となり、ユーゴスラヴィア連邦人民共和国の建国が宣言された。亡命政権の代表を加えて連立政権を築こうとしたチャーチルの戦後構想は完全に打ち砕かれてしまった。四六年一月には三六年のスターリン憲法に範をとった新憲法が発布され、第二回ＡＶＮＯＪ決議に基づく連邦制の原則にのっとり、社会主義建設がいち早く着手された。

ユーゴ連邦人民共和国は北からスロヴェニア、クロアチア、ボスニア・ヘルツェゴヴィナ、セルビア、モンテネグロ、マケドニアの六共和国とセルビア共和国に属するヴォイヴォディナ自治州、コソヴォ・メトヒヤ自治区（六三年憲法により、自治州となる）からなる連邦制をしいた。この時期の連邦制はソ連をモデルとしていたため連邦の権限が強く、共和国間の境界線設定は厳密なものではなかった。そのため、九〇年代にユーゴが解体すると、独立国となった旧ユーゴ諸国のあいだで国境問題が生じることになる。

先にふれたように、ユーゴとアルバニアでは第二次世界大戦期にすでに社会変革が行われて新たな権力機関が築かれていたので、戦後の政権は実質的に共産党の単独政権であったといえる。ソ連をモデルとし、荒廃した国土の再建に向けて戦後改革が実施された。それは根本的な土地改革であり、産業の国有化であった。四七年には、早くも第一次五カ年計画が実施された。ドイツ人、イタリア人、ハンガリー人や対敵協力者の資産が没収され、土地なし農民や零細な農民に土地が分配された。一部の土地は国家の管理下に置かれ、農業の協同組合化も行われた。しかし、五三年の第二次土地改革で私有地の上限が一〇ヘクタールに抑えられたものの、農業の集団化は行われず、戦後を通じて個人農が中心であった。

ユーゴは国内の社会主義化を進める一方で、近隣の東欧諸国との友好関係の推進に努めた。人民民主主義の時期に、まだ連立政権の一翼を担うだけにとどまっていた近隣諸国の共産党に大きな影響力を持つようになった。こうしたなかで、ソ連とユーゴの対立が表面化する。両者の対立の直接的な契機は、ユーゴのチトーとブルガリアのディミトロフがスターリンに知らせず、一方的にドナウ諸国関税同盟構想を推進したことだった。ソ連共産党のユーゴ共産党批判が公然と行われるようになり、四八年六月のコミンフォルム（共産党・労働者党情報局。「冷戦」が本格化すると、ソ連の主導で四七年九月に創設）第二回会議で、

**▼非同盟諸国首脳会議の基礎となったブリオニ会談**
1956年7月、チトーの呼びかけによりアドリア海のブリオニ島で行われた会談。インドのネルー首相、エジプトのナセル大統領と「積極的平和共存」政策の推進で合意に達した。この会談の成果が61年9月にベオグラードで開催された第1回非同盟諸国首脳会議。写真正面の左がナセル、中央がチトー、右がネルー。

**◀労働者自主管理**
1948年、ユーゴスラヴィアのコミンフォルムからの追放後、生み出されたソ連型とは異なる分権的な社会主義。生産から分配にいたるすべての権限をもつ労働者評議会が自主管理社会主義の基礎に据えられ、写真のような労働者の集会が労働現場で開かれた。しかし、自主管理を推進することは容易ではなかった。

▶ゲオルギウ-デジ
ルーマニアの政治家。1901年、モルドヴァに生まれて鉄道員となり、30年に共産党に入党。34年に党中央委員に選出されたが投獄。姓のデジはこの時服役した刑務所のある町の名。45年に党書記長となり社会主義建設を指導した。53年以後の非スターリン化の波を巧みに乗り切り、60年代初めには自主路線の基礎を築いた。

◀グローザ
ルーマニアの政治家。トランシルヴァニアに生まれ、ハンガリーとドイツで法律学を学び学位を取得。国会議員を務めたあと、33年に急進的な農民政党の耕民戦線を結成してファシズムに対抗した。第二次世界大戦後、共産党と協力関係を保持し、首相や元首として58年までその地位にあった。

ユーゴは欠席のままコミンフォルムから追放された。

　この事件はソ連をモデルとしていたユーゴに根本的な変革を迫るものであった。近隣の東欧諸国との経済関係が閉ざされ、第一次五カ年計画を放棄せざるをえなかった。加えて、この時期は天候不順で不作が続き、農業が大きな打撃を受けていた。パルチザン戦争期より苛酷な状況が生じた。しかし、ユーゴは社会主義を維持する方針を貫き、国際連合を舞台として外交活動を展開した。同時に、国際機関、とくにアメリカとの接触を図り、経済援助や軍事援助を受けることになる。他方、冷戦過程が進行するなかで行われたこの事件は、東欧諸国に人民民主主義の変容を迫るものでもあった。ソ連の強い圧力のもとで連立政権からつぎつぎと共産党以外の政党が切り捨てられていった。東欧諸国は共産党一党支配によるソ連型の社会主義建設に邁進した。

　ユーゴではコミンフォルムからの追放を契機として、ソ連型の社会主義の見直しが進められ、五〇年には分権的な労働者自主管理に基づく社会主義が生み出された。これは六一年から政策として掲げられる非同盟政策とともに、「独自の社会主義」の二本柱とされる。ソ連を反面教師としながら、ユーゴは「独自の社会主義」を推進した。内外情勢の厳しかった五〇年代には、連邦の権限が実際にはまだ強く、民族問題は表面化しなかった。しかし、六〇年代後半になると、対外的な緊張関係が緩む一方、自由化政策が推し進められると、各地で民族主義の動きが顕在化した。とくに、クロアチア、コソヴォ、ボスニア・ヘルツェゴヴィナで、それが顕著であった。

　五三年に大統領に選出されていたチトーは、「友愛と統一」のスローガンのもとで微妙な民族・共和国間のバランスをとり、政治、経済、社会すべての領域に自主管理社会主義を徹底させる体制を築くことで事態の収拾を図ろうとした。自主管理社会主義の集大成といえる七四年の新憲法により、六共和国と二自治州が「経済主権」をもつ、きわめて緩い連邦制が発足した。八〇年に終身大統領のチトーが死去すると、連邦を束ねていた太い絆が失われてしまう。八〇年代は経済危機と民族主義によって、共産主義者同盟と連邦人民軍に支えられた「七四年憲法体制」が崩壊していく過程だったと考えられる。

## ●自主外交――ルーマニア

　一九四七年二月、敗戦国ルーマニアは連合国との講和条約に調印した。ソ連との休戦条約で取り決められていたとおり、北トランシルヴァニアはルーマニアに返還され、ベッサラビアと北ブコヴィナはソ連領となった。ソ連軍は三カ月以内に撤退することになるが、過重な賠償金が科せられた。経済再建が最重要の課題であり、国有化や土地改革に反対す

▲**ブカレストの巨大な国民の館**
チャウシェスク元大統領が1980年代後半に、日本円にして1500億を投じて建設させた未完の「人民宮殿」。1989年の「ルーマニア革命」で建設がストップした。地上8階、地下5階、部屋数は3千にもおよぶ。現在は観光名所になっていて、大理石をふんだんに使った内部を見物できる。手前は統一広場へと続く統一大通り。

▼**ティラナの中心にある文化宮殿**
アルバニアの首都ティラナの中心街にある文化宮殿の夜景。1978年、中国とも関係を断ち自給自足の「鎖国」政策をとり始めた。国連には加盟していたが、他国との関係をいっさい排除。自動車は公用車のみで、写真からわかるように、自動車がまったく走っていない。右手の像は15世紀アルバニアの英雄スカンデルベグ。

る勢力はミハイ国王に期待をかけた。しかし、国王はグローザの連立政権から退位をつきつけられ、一二月に文書に署名した。ルーマニアは人民共和国となり、翌年二月に新憲法が制定された。

人民共和国としての最初の行為が、四八年二月のソ連との友好援助条約調印であったことに象徴されているように、経済はソ連への依存を強め、政治的にもソ連の強い圧力がおよぶようになる。二月には共産党と社会党の統合が進み、ルーマニア労働者党（共産党）が創設されて、モルドヴァ生まれの共産主義者ゲオルギウ－デジが書記長に就任した。共産党による一党体制が築かれ、ソ連型の社会主義建設が進められる。国有化と工業化が推進されて五カ年計画が実施された。四九年には農業の集団化が進められたが、初年度にはこれに反対する農民が八万人も逮捕された。しかし、集団化はじょじょに進められ、六二年までには九六％が集団化された。

ソ連型社会主義がすべてのモデルとされ、ルーマニアの伝統的な価値観は否定された。教育の面でもソ連が模範とされ、ロシア語学習が義務化され、教科書はロシアのものが翻訳されて使用された。五三年にスターリンが死去すると、バルカン諸国にも非スターリン化の波が押し寄せた。「小スターリン」と称された当時の指導者は戦々恐々とする。ゲオルギウ－デジはパウケルらの党内のモスクワ派を「スターリン主義者」として追放し、巧みに非スターリン化の波を乗り切った。五六年のハンガリー事件に際しては、ソ連の介入を支持してソ連の信頼を取りつけ、五八年にはルーマニアからのソ連軍の撤退を成し遂げた。

六〇年代初め、世界情勢や社会主義建設の問題をめぐってソ連と中国が対立し、社会主義陣営が多元化すると、ルーマニアはこれを利用して行動の自由を拡大していく。ソ連は東欧諸国の分業体制をコメコン（一九四九年に成立。東欧経済相互援助会議）を通じて達成しようとした。工業化計画のさなかにあったルーマニアは農業国として位置づけられたため、これに強く反発した。ルーマニアは六三年から、国連でソ連と異なる立場をとって投票するようになり、翌年四月には、すべての共産党が独立、平等、内政不干渉の権利を持つことをうたった声明を出して、ソ連を牽制した。さらに、ワルシャワ条約機構にも異議を唱えた。

ルーマニアが自主外交の路線をとり始めていた六五年三月、ゲオルギウ－デジは死去した。後継者となったのが、貧しい農家の出身でデジの腹心の若手チャウシェスクであった。チャウシェスクはデジの路線を踏襲し、六八年のチェコ事件に際しては、ソ連軍のチェコ侵入を非難して、西側諸国の喝采を浴びた。国内政策としては重工業化と農村の近代化政策を進め、ルーマニア人のナショナリズムに基づく「民族社会主義」を推進した。しかし、七〇年代に入ると、妻エレナや息子たち一族に権力を集中させる傾向が強まった。七四年には、共和国大統領職を設置して自ら就任し、党と国家の統一を果たして権力を独占する。まるでチャウシェスク王朝が作られたようであり、この体制は「王朝社会主義」と称されている。

反面で華々しい外交活動を通じ、チャウシェスクの国際的な評価は高まった。アメリカ、イギリス、西ドイツはこぞってチャウシェスクの自主外交路線を賞賛した。しかし、七四年の石油ショックと七六年のブカレストの地震災害を契機として、貿易収支は赤字に転じた。七〇年代の多額の対外債務のつけがまわり、八〇年代に入るとその返済に追われ、経済状況は急速に悪化した。国民は食料品を求めて行列する日々が続く。ゴマなどの作家が市民的自由の抑圧を国際組織に訴える動きも生じた。八八年にはハンガリー人が多数を占めるトランシルヴァニアの農村を破壊して農地を拡大し、生産性を高めようとする「農村改造計画」に着手されると、ハンガリー人の不満が強まる。チャウシェスク王朝は末期的様相を呈していく。

### ●「鎖国」政策――アルバニア

人口一一〇万の小国アルバニアはイタリアおよびドイツに対するパルチザン戦争と内戦

▶カダレ
アルバニアの作家。現在はパリを拠点にして活動、日本でも多くの翻訳が出されている。1936年生まれでティラナ大学を卒業後、ソ連に留学し、帰国後ジャーナリストとして働くかたわら作品を発表。1963年に発表した小説『死者の軍隊の将軍』で国外の好評を得た。旅行制限が緩和された1990年、フランスに亡命。

▶ホジャ
アルバニアの政治家。1908年生まれで30年にフランスへ留学し、外交官やティラナでの教員生活を経て、39年にイタリアの占領に対する抵抗運動を組織した。41年には共産党の創設にあたり書記長に選出され、解放戦争を指導。第二次世界大戦後は長期にわたりアルバニア社会主義の最高指導者として留まり、鎖国政策を推進。

を通じ、国土は戦禍で荒廃した。主要産業の農業に与えた影響は大きく、家畜や農業施設の三分の一が使用不可能になった。家屋も三分の一が破壊され、死者は二万八千人に達した。イタリア占領下で、インフラの整備が行われたものの、活発な経済活動を営むには十分なものではなかった。平地では少数の大土地所有者が農業を牛耳っており、山岳地では零細な農業や牧畜に従事するといった前近代的な社会が継続していた。共産党はパルチザン戦争を通じて、部族社会によって分断されていたアルバニア全土に統一的な支配権を確立していった。

　ホジャを首班とする「アルバニア民主政府」は四四年一一月にティラナが解放されると、一連の法令を出してイタリアやドイツの資産を没収して国家の管理下に置き、鉱山を国有化すると同時に、対敵協力者を排除しようと努めた。ユーゴと同様にパルチザン戦争に勝利を収めたアルバニアは、ユーゴの強い影響を受けつつ急ピッチでソ連型の社会主義国家の建設にあたった。四五年一二月の憲法制定議会選挙は、アルバニア民主戦線の単一候補者名簿方式で行われ、民主戦線が圧勝した。四六年一月にはアルバニア人民共和国が宣言され、共産党の書記長であるホジャを首班とする政府が作られる。すべての産業の国有化が実施され、最大の課題であった土地改革も実施された。識字率が二〇%にすぎなかったので、教育改革にも積極的な取り組みがなされた。

　四八年のユーゴのコミンフォルム追放は、アルバニアに多大な影響をおよぼした。ホジャはユーゴとの関係をすべて絶ち、共産党内のユーゴ派を追放した。以後、ソ連との関係が急速に強化され、党名がアルバニア労働党と変更された。農業の集団化が進められ、他の東欧諸国と同様に工業化と電化の方針が出され、五二年には第一次五カ年計画に着手する。スターリンの死後、非スターリン化の波が東欧諸国におよぶが、ホジャはこの波に立ち向かい、各地でなおスターリン像の建設を進めていった。五五年にフルシチョフがベオグラードを訪問し、ユーゴのコミンフォルム追放事件を謝罪してソ連とユーゴの関係が修復されると、アルバニアはソ連離れを強め、中国に接近していくことになる。

六〇年一一月、モスクワで開催された第二回世界共産党会議で、ホジャはフルシチョフの路線に公然と反対を唱えた。ソ連との対立は決定的となり、ソ連はアルバニアとの外交関係を断絶した。アルバニアは中国に支援を求め、中ソ論争に際しても、一貫して中国側に立った。六五年一月、ついにアルバニアはコメコンとワルシャワ条約機構から追放された。これ以後、ユーゴのように西側諸国との関係を求めることはせずに、中国との関係強化に努めた。中国はアルバニアを重要な同盟国と見なして、経済および軍事支援を惜しまなかった。しかし、アルバニアには長い孤立の時代が待っていた。

◀子供たちに囲まれたジフコフ
ブルガリアの政治家。1911年に農家に生まれ印刷工となり、32年に共産党に入党。第二次世界大戦後、48年に党の中央委員、54年に第一書記となる。以後、体制転換によって辞任に追い込まれるまで35年間にわたって政権を維持。この写真は80年の第1回公教育大会で民族衣装の子供たちと撮影された。共産党の宣伝写真。

ホジャは国内政策として農業集団化をさらに進め、農村の電化を積極的に推進する一方、共産党支配を国民生活のすべての面に浸透させるため、宗教活動を排除するキャンペーンを強めた。戦後すぐにイスラーム、カトリック、正教の宗教組織に属する資産が没収され、宗教指導者は追放されたり逮捕されたりしていたが、六七年に宗教禁止の政府決定が出され、世界で初めての「無宗教国家」となった。各地のモスクと教会は破壊されたり、集会場やスポーツ施設に転用されたりした。

中国との蜜月期に亀裂が生じるのは、それほど先のことではなかった。七一年に中国はアルバニアの頭ごしにアメリカとの関係改善を進め、ニクソン大統領が北京を訪問した。アルバニアは中国批判を展開するようになり、孤立化への道を歩む。七六年のアルバニア労働党第七回大会で、ホジャはアルバニア社会主義の発展について一五時間におよぶ大演説を行い、数日後に新憲法を発布した。七六年に毛沢東が死去すると、中国との関係はさらに悪化し、七八年七月に中国はアルバニアへの援助をすべて停止するにいたった。

ホジャは「鎖国政策」の道を選択する一方で、周到に後継者選びを始め、パルチザン戦争の体験をもつ共産主義エリートのアリアに白羽の矢を立てた。八〇年代になると、ホジャの後ろ盾を得たアリアが台頭してくる。八五年にホジャは死去するが、混乱もなくアリアが後継者となった。アリアは自給自足の「鎖国政策」により経済が危機的状況にあることを認識し、根本的な改革に取り組む姿勢をみせた。

## ●静かな革命――ブルガリア

敗戦国ブルガリアはルーマニアと同様に、ソ連軍の占領下で戦後改革が進められた。しかし、戦争による被害はほとんどなく、ルーマニアとは異なり、ソ連とのあいだに領土問題をかかえていたわけでもない。ブルガリアのソ連に忠実な姿勢は顕著であった。

▲アレクサンダル・ネフスキ聖堂
ブルガリアの首都ソフィアにあるブルガリア正教会の巨大な聖堂で、ソフィアのシンボル。1877～78年の露土戦争で、オスマン帝国と戦ってブルガリアの解放を進めたロシアに対する謝意を込めて建立された。名称は、当時のロシア皇帝アレクサンドル２世の守護聖人アレクサンドル・ネフスキーに因む。1904年に着工され1912年に完成した。

ブルガリアでも最大の課題は土地改革であった。第二次世界大戦前まで、ユーゴと同様に零細な個人農が中心であったが、自発的な互助組織である生産協同組合農場が存在していた。四四年九月に成立した連立の祖国戦線政府は、零細な個人農では生産性が低いとの判断から、当初は一致して協同組合方式を支持する立場をとった。しかし、政府内の共産党（正式名称は労働者党）はブルガリア農業の発展にとって、協同組合方式が唯一の道であるとして生産組合農場を優遇し始めたため、個人農の反発を買い、個人農を支持する農民同盟との対立が深まった。四六年三月、土地改革法が制定され土地なし農民や生産組合農場に分配された。

国土の再建と将来の経済発展を軌道に乗せるため、連立政府のもとで経済の国家管理と産業の国有化が推進され、経済に占める工業の比率を高めようとした。一方、同年二月にはルーマニアとともに講和条約に調印し、ソ連軍が三カ月以内に撤退することになる。しかし、「冷戦」の本格化とともに四七年六月、最後まで共産党の政策に抵抗した農民同盟のペトコフが逮捕されてしまうと、実質的な反対勢力は消滅してしまう。一二月には、ディミトロフのもとでスターリン憲法をモデルとする新憲法が制定されて、人民共和国が宣言された。

四八年のユーゴのコミンフォルム追放後、ブルガリアでは共産党による単独政権が急速度で形成されていく。社会民主党を吸収し、一二月には労働者党という名称を正式に共産党に復帰させた。第一次五カ年計画に着手され、工業化と電化が国家目標として掲げられた。農業の集団化も進められた。これは一九二〇年代から三〇年代にかけてのソ連の集団化とは異なり、自由意志によるはずのものであったが、実際には国家や共産党による一定の強制力を伴った。農民は土地の私有意識が強かったので、集団農場に参加しない農民は生活にとって最も貴重な羊がきわめて安い価格で買い上げられたり、非参加農民の子供たちが通っている学校から排除される例がみられた。しかし、農民は生活の向上を求めてしだいに集団化に従うようになり、五八年には東欧諸国のトップを切って集団化の完了が宣言された。

四九年七月のディミトロフの死後、五〇年から権力の座についたのはソ連にきわめて従順なチェルヴェンコフであった。「小スターリン」のチェルヴェンコフは工業化と農業の集団化に努めたが、非スターリン化の波に飲み込まれ、ソ連の例にならって国家と党の役割の分離を図り、五四年には共産党の書記長職を四三歳のジフコフに譲らざるをえなかった。以後、ジフコフが三五年の長期にわたって政権の座を維持する。

　ジフコフはソ連のフルシチョフと密接な関係を保ちながら、党内の権力基盤を確かなものとしていった。コメコンの国際分業体制下では農業国として位置づけられたが、これを甘受し、じょじょに農業国から工業国への転換を進めた。六五年に、ジフコフは「下からの計画」という新しいシステムを導入し地方の企業の育成に取り組もうとしたが、六八年のチェコ事件を契機として、ソ連による社会主義圏の締めつけが厳しくなり、集権制と社会主義イデオロギーの強化を図らざるをえなかった。この結果が、七一年の新憲法と新党綱領であった。

　ルーマニアほど顕著ではなかったが、ブルガリアでも「民族社会主義」の兆候はみられた。社会主義イデオロギーが大きな力をもちえなくなり、社会主義の正統性が弱まると、ブルガリア人のナショナリズムと消費生活の向上を重視する政策が掲げられた。七〇年代前半には、ポマク（ブルガリア人ムスリム）がトルコ語風からブルガリア語風に改名を迫られたし、ロマに対する同化政策も強化された。脅威を感じたトルコ人が一三万人も祖国に向けて脱出している。七八年には、サン・ステファノ条約百年祭で、「マケドニア人」はブルガリア人であるとのキャンペーンが展開された。八一年には、八〇年のルーマニアの建国二〇五〇周年と同様に、六八一年のブルガリア国家建国千三百周年の行事が大々的に行われた。これら一連の動きは、ソ連に従順なブルガリアの「静かな革命」の始まりであった。

　順調だったブルガリアの農業が七〇年代後半になると不振に陥り、八〇年代には他の東欧諸国と同様に、経済改革が急務となった。八一年には企業の独立採算性を採用して、消費生活部門の拡大を目指す「新経済メカニズム」が導入され、八四年にはいち早く自由化政策が進められていたハンガリーをモデルとして、さらに企業の自主性を大幅に認める経済改革に取り組んだ。しかし、思うような成果を上げることはできず、ジフコフ体制による「静かな革命」は窮地に追い込まれていく。

## ●否定された社会主義

　バルカンの社会主義国――ユーゴ、アルバニア、ルーマニア、ブルガリア――は「冷戦」期にそれぞれの社会主義の道を選択し、異なる軌跡を描いた。しかし、八〇年代になるとどの国も経済状況が悪化し、一様に経済改革に取り組むが、改革は社会主義体制の枠内では思うように進まなかった。このため、社会主義体制下で、あるいはソ連との関係で長年にわたり蓄積されてきたさまざまな矛盾が表面化し、国民の疑いの目は社会主義の正統性自体にも向けられていく。多くの人々にとって、社会主義とは理論やシステムの問題ではなく、生活向上の手段と考えられていた。この傾向はとくに、社会主義を自らつかみ取ったのではないブルガリアやルーマニアの国民に強くみられた。だからこそ、市場経済のもとでの「豊かな暮らし」を求めて、社会主義はあっけなく否定されてしまった。

　ポーランドとハンガリーで始められた八九年の一連の体制転換は「東欧革命」と呼ばれる。これは、深刻な経済危機に直面していたソ連のゴルバチョフ政権がペレストロイカに踏み切り、「制限主権論」（ブレジネフ・ドクトリンともいわれ、社会主義圏の利害を脅かす恐れのある東欧諸国に対しては主権を制限できるとするソ連の論理）を放棄するなかで進行した。チェコスロヴァキアや東ドイツでは、「民衆の力」によって堅固に見えた社会主義政権がまたたくまに崩壊してしまった。まさに、「革命」であった。

　ブルガリアの場合、「民衆の力」によって体制転換が生じたというより、指導者の交代を契機として体制転換が助長されたといえる。八九年一一月にベルリンの壁が崩壊した直後、ゴルバチョフ書記長と連携をとって、ムラデ

◀ブカレスト建築大学の壁に書かれた革命歌
「ルーマニア人よ目覚めよ」と題された1848年当時の革命歌。チャウシェスク体制下の1987年にブラショヴで行われた反政府デモで歌われた。1989年12月のティミショアラの反政府運動でもブカレストへの集会でも、この革命歌が歌い継がれた。現在はルーマニア国歌になっている。

◀「ルーマニア革命」発端の都市ティミショアラ
1989年12月16日、ルーマニア西部の都市ティミショアラの反政府的な抗議運動が「ルーマニア革命」の発端となった。この写真は市の中心の広場、正面のオペラハウスと写真の背後にあるルーマニア正教会とに囲まれている。この広場で抗議運動が展開された。91年9月の時点では、犠牲者の写真に献花がたえなかった。

ノフ外相が「宮廷クーデタ」を起こした。ジフコフは辞任に追いこまれ、ムラデノフが後任者となる。もっとも、経済状況の悪化が長引き、社会不安の増大に伴い、知識人による、トルコ人の人権擁護や環境保護の団体が生み出されていた。これらの団体は社会民主党などとともに民主勢力同盟を形成した。九〇年初めには、共産党とこれら反対勢力との円卓会議が開催されて、体制転換の方向に大きく動きだした。

六月に憲法制定議会のため初の自由選挙が実施されたが、過半数の議席を獲得して勝利を収めたのは社会党（旧共産党）であり、民主勢力同盟は第二党にとどまった。地方レベルでは、依然として社会主義時代の人的なつながりが継続しており、社会は混沌としていた。八月にジェレフが大統領に選出され、一一月には国名がブルガリア共和国に変えられた。九一年七月には新憲法が制定され、新制度のもとでの初の議会選挙では僅差ながら民主勢力同盟が社会党を上回った。ディミトロフを首班とする初めての非共産党の内閣が成立する。しかし九二年一月、国民の直接選挙による大統領選挙では社会党のジェレフが再選された。社会党と民主勢力同盟の勢力が社会を二分しながら、市場化と民主化の道が模索された。

ルーマニアの場合、チャウシェスクによる長い独裁体制が「民衆の力」によって打倒さ

**▲ジフコフ体制の崩壊を喜ぶソフィアの市民　写真　AP／WWP**
ブルガリアの体制転換は、「宮廷クーデタ」による政権交代を契機としていっきに進んだ。ムラデノフ外相がソ連のゴルバチョフと連携して、ジフコフ長期政権を崩壊させた。この写真は1989年11月18日、ムラデノフの国家評議会議長就任直後にいっそうの民主化を求める5万人を超える市民集会。前列の女性が掲げている写真がムラデノフ。前列の男性が掲げているのは後に大統領となるジェレフの著書。

れた側面が強い。「農村改造計画」に対するハンガリー人やドイツ人の反発が強まっていたし、党内にもブカレストの都市計画に反対する勢力がみられた。チャウシェスク独裁体制の「悪」を国外のメディアに伝える試みもなされた。しかし、八九年一一月の共産党大会は改革の兆候などみられず、チャウシェスクを書記長に再選して終わった。

ルーマニアの体制転換は、一二月一六日から一〇日間でいっきに進められた。この日、ルーマニア西部の都市ティミショアラで、ハンガリー人牧師テーケーシュの教会からの退去命令に抗議する運動参加者に犠牲者が出た。テーケーシュはハンガリー系住民の人権擁護運動の活動家であった。

ティミショアラの抗議運動には教会信徒のほか、チャウシェスク打倒を唱える人々が集まっており、治安部隊がこれらの人々に襲いかかったため、抗議運動はさらにエスカレートしていった。事態の深刻さを把握できず、イラン訪問に出かけていたチャウシェスクは二〇日の帰国早々、ティミショアラ県全域に非常事態宣言を出した。

ティミショアラの動きはブカレストへも拡大していく。二一日に共産党本部のある共和国広場で党主導の大集会が開かれた。テレビ映像でなんども流された有名なシーンだが、チャウシェスクは演説途中で、経験したことのない非難の野次のために絶句する。集会参加者の一部は抗議デモを始め、治安警察や軍隊と衝突した。翌二二日にはルーマニア全土に戒厳令がしかれたが、デモはこの日も続けられ、デモ隊がラジオ・テレビ局を占拠した。テーケーシュや反体制活動家、反チャウシェスク派の党幹部などを含む雑多な人々からなる救国戦線が暫定的に政権を掌握した。反チャウシェスク派のイリエスクが救国戦線のスポークスマンとなる。二三日にはチャウシェスク大統領が逮捕され、二五日には大統領とエレナ夫人の裁判が慌ただしく行われ、夫妻は処刑された。

救国戦線を指導したのはイリエスクとフランスで教育を受けた技師のロマンであった。しかし、救国戦線の実権は旧共産党の幹部に

▲ブカレストの町を埋めつくした反政府集会の大群衆　写真ＡＰ／ＷＷＰ
１９８９年12月22日、戒厳令がしかれるなか、ルーマニアの首都ブカレストの共和国広場は市民で埋め尽くされた。一部の人たちが共産党本部になだれ込み、チャウシェスク夫妻はヘリコプターで脱出。雑多な人々からなる救国戦線が暫定的に政権を掌握し、反チャウシェスク派のイリエスクがそのスポークスマンとなった。

▶イリエスク
ルーマニアの政治家。１９３０年にブカレストの東に位置するオルテニツァで生まれた。ブカレストの工科大学卒業後、モスクワに留学。71年に共産党中央委員会書記になるが、チャウシェスクと対立して政治の表舞台から退けられた。89年の「ルーマニア革命」で台頭し、救国戦線議長に就任。92〜96年に大統領、２０００年に再選。

握られたため、この「ルーマニア革命」は野党から「盗まれた革命」と揶揄《やゆ》された。九〇年五月の自由選挙に向けて、さまざまな政党が結成された。第一回の総選挙は農村と小都市で大量の票を得た救国戦線の圧勝に終わった。大統領選挙でも、救国戦線のイリエスクが選ばれ、ロマンを首班とする内閣が成立した。九一年一一月には新憲法がようやく制定された。ルーマニアでも、市場化と民主化が目指された。

　ソ連圏とは別に独自の社会主義を進めてい

▲アルバニアからイタリアへの難民　写真　AP／WWP
1991年8月9日、船に鈴なりになったアルバニア人がアドリア海の対岸にあるイタリアのバリ港に到着。岸壁にはすでに上陸していた数千のアルバニア人難民で身動きが取れない。かれらは入国を拒否されて本国への送還を待っていた。この日までに1万2千人を超えるアルバニア人避難民がイタリアに入国していた。

たユーゴとアルバニアも、「東欧革命」の影響を受けざるをえなかった。自主管理社会主義の国ユーゴは六〇年代、七〇年代には東欧諸国のなかで最も「民主的」な国と見なされてきたが、八〇年代の民族・共和国対立を通じて最も「民主化」の遅れた国となってしまった。とくに、先進共和国のスロヴェニアではポーランドやハンガリーの改革の動向に刺激を受け、八九年二月には新たな政治勢力の創設を認めている。連邦規模でも共産主義者同盟による一元的な社会を維持することはできなくなり、複数政党制による自由選挙が不可避となり、九〇年を通じて各共和国ごとに自由選挙が実施された。不幸なことにユーゴでは、民主化の推進は連邦解体の方向に働いてしまった。

　アルバニアでは、アリアがルーマニアのチャウシェスク体制崩壊の現実を前にして、九〇年初めにそれまでの改革に比べてはるかに大胆な改革に取り組む決断を示した。経済改革にとどまらず、宗教の自由の回復や外国旅行制限の撤廃や刑法の緩和が打ち出された。この年の一二月には、労働党（共産党）による一党支配の終結が宣言され、複数政党制に移行した。九一年三月、自由選挙が実施されたが、労働党が農村票を取り込んで大勝し、最大野党の民主党は準備不足から三分の一の議席を確保したにすぎなかった。

　アリアは新議会で大統領に選出され、国名がアルバニア共和国となった。従来どおりの労働党政権が成立したが、厳しい経済状況のなかで、食糧を求める略奪事件が頻発した。アルバニアからの脱出を求める人々で鈴なりになった船が、イタリアの港に着く光景が見られたのもこの頃である。労働党政権は急進的な改革を求める野党勢力の突き上げにより、九二年三月に再選挙を実施することにした。労働党は社会党と改称して選挙に臨んだが、二五％の票しか獲得できなかった。北部出身の医師ベリシャが率いる民主党が過半数を上回る得票で大勝した。選挙結果をみて、アリアは大統領を辞任し、ベリシャが後継者として大統領に就任した。アルバニアでも、ようやく体制転換が完了した。

# 第七章

# ヨーロッパ統合のもと

▲2019年5月、アルバニアのティラナで開催されたブルド・ブリユニ・プロセス首脳会議　写真　AP ／アフロ
スロヴェニアとクロアチアの主導により、ヨーロッパ統合過程に向け「西バルカン」諸国の結束を図ることを目的として、10年にブルド（スロヴェニアのクラニ近郊）・ブリユニ（クロアチアのアドリア海の島）・プロセスが発足した。クロアチアがEUに加盟した13年から毎年、首脳会議が開催されている。写真は、左からボスニア・ヘルツェゴヴィナのドディク大統領評議会議長(セルビア人代表、3民族による8カ月の輪番制)、モンテネグロのジュカノヴィチ大統領、セルビアのヴチッチ大統領、スロヴェニアのパホル大統領、ポーランドのドゥダ大統領、アルバニアのメタ大統領、EUのモゲリーニ外務・安全保障政策上級代表、クロアチアのグラバル＝キタロヴィチ大統領、コソヴォのサチ大統領、ボスニア・ヘルツェゴヴィナのジャフェロヴィチ大統領評議会ボシュニャク代表。

## ●「冷戦」後のバルカン

八九年の東欧諸国の体制転換とベルリンの壁の崩壊により、国際環境は急変し、バルカン諸国の国際政治上の位置も大きく変化した。

◀クロアチア内戦時のドゥブロヴニク総督府　1991年9月から本格化したクロアチア内戦の過程で、中世の城塞都市ドゥブロヴニクはこの写真左手上方の後背地に陣取った連邦軍に包囲された。その攻撃で40人が死亡し、500の家屋に被害がおよんだ。写真の旧総督府も被弾し、世界中の関心を呼んだが、喧伝されたほどの被害ではなく修復された。現在、内戦の傷跡はみられない。

それまでの「冷戦」期には、自主管理社会主義のもとで非同盟政策を推進してきた旧ユーゴ、七〇年代末から「鎖国政策」を維持してきたアルバニア、自主外交路線をとりながら国内的にはチャウシェスク独裁体制を強めていたルーマニア、ソ連との友好関係を保持してきたブルガリア、そしてEC（九三年からEU）加盟国のギリシアおよびNATOの一大軍事基地となってきたトルコといった具合に、さまざまな政治的立場をとる国々がバルカン半島という狭い地域にひしめいていた。バルカンは東西両陣営の接点として、国際政治的にみてきわめて興味深い地域であった。

しかし、八九年以後、「冷戦」の終結とともに、バルカン諸国が一様に市場化と民主化を求めるようになると、この地域に対する国際政治上の関心はむしろ小さくなった。九〇年代のボスニア内戦やコソヴォ紛争でみられた凄惨な民族対立から、国際的な関心はかつての「危険地域」や「紛争地域」としてのバルカンに逆戻りする様相を呈した。連邦解体に伴う内戦の続いたユーゴのイメージが、戦争と暴力に彩られた否定的なバルカン・イメージと重ねられ、さらに強化されて再生されてしまう。

ブルガリア出身のバルカン史研究者トドロヴァがいうように、バルカンという地域は近代において、ヨーロッパの「他者」として発見され作られてきた。バルカンは同じヨーロッパにありながら、政治的、経済的、文化的に異質な地域であり、「ヨーロッパ的」な価値観を共有しないため、ヨーロッパの価値判断に基づき「他者」として、否定的な地域イメージが付与された。とくに、バルカン戦争から第一次世界大戦にかけての時期に、バルカンの地域イメージは「後進地域」あるいは、戦争と暴力の「危険地域」として固定された。

九〇年代の一連のユーゴ紛争を通じて、バルカンの歴史はあたかも戦争と暴力の歴史であったかのように考えられがちだが、これまで叙述したとおり、そうした傾向が強まるのは一九世紀後半以降のことにすぎない。たしかに「冷戦」後、EUとNATOを中心とするヨーロッパの統合が進む一方、バルカンではナショナリズムや国民国家意識が強化されたり、社会主義体制のもとで押しとどめられてきた民族対立や少数者の権利主張が表面化したりした。

例えば、ギリシアでは八九年の東欧諸国の体制転換と九一年末のソ連解体によって、ディアスポラ（離散集団）のギリシア人たちが大量に帰国する事態が生じ、ナショナリズムが煽られただけでなく、在外ギリシア人が一堂に会して世界会議を開催することでギリシア人意識が強まった。また、ルーマニアやブルガリアでは社会主義時代に抑圧されていたロマが自己主張をはじめ、政党を結成して権利の実現を目指した。他方で、反ユダヤの動

▶モスタルの石橋
モスタルはボスニア・ヘルツェゴヴィナの西部、ヘルツェゴヴィナ地方の中心地。オスマン帝国支配下の1566年に建造された写真の美しい石橋は、スターリ・モスト（古い橋）と称され町のシンボル。モスタルの名もこの橋（モスト）に因んでいる。橋からネレトヴァ川に飛びこむ競技がこの町の一大年中行事であった。

▼ボスニア内戦時に破壊された石橋
モスタルはクロアチア人とムスリムの混住地域であった。クロアチア内戦時に両者の対立が生じ、ネレトヴァ川をはさんで両勢力が対峙した。1993年11月9日、クロアチア人勢力が橋を爆破した。この写真は爆破直後に架けられた仮の橋。2002年に、ユネスコ、世界銀行、ユニセフの支援を得て橋の再建が始まり、2004年に白い石橋がよみがえった。

きも共通してみられる最近の現象である。

緊張関係をはらむバルカン半島が国際的に注目されていた「冷戦」期に、バルカン諸国は体制の違いを超えてバルカンに対する地域アイデンティティーをもちえていた。「冷戦」後、バルカンに対する国際的関心が弱まるに伴い、地域アイデンティティーも希薄になった。ユーゴ紛争でバルカンが地理的に分断されると、その影響が周辺におよんだため、バルカン諸国の相互依存性が改めて認識された。そして地域協力の試みが続けられたが、ヨーロッパ統合過程において「最後のヨーロッパ」となってしまったバルカン諸国は、ヨーロッパ統合に飲み込まれようとしている。

民主化、市場化、人権擁護といったシステムや価値観を一律に押しつけることにより単一化されるヨーロッパにあって、バルカンの地域アイデンティティーはどのように保持されるのか。戦争と暴力のマイナス・イメージをどのように払拭して、バルカンに多民族・多文化の社会を築くことができるのか。本章では、最後にこのようなことを考えてみたい。

## ●ユーゴスラヴィア内戦

旧ユーゴスラヴィアが解体してから早くも一〇年が経過した。一〇年後の二〇〇一年六月末、ウィーンにおいて旧ユーゴの継承関係に関する協定が独立した五カ国によってようやく調印され、旧国土の資産の分配方法が決められた。解体に伴う内戦の当事国――クロアチア、ボスニア・ヘルツェゴヴィナ、ユーゴスラヴィア――にとっては、九〇年代はまさに「失われた一〇年」であった。

旧ユーゴでは、九〇年に各共和国ごとに実施された自由選挙で、旧共産主義者同盟系の政党が勝利を収めたのはセルビアとモンテネグロだけであり、他の四共和国はそれぞれ民族主義的傾向の強い政党が勝利した。連邦を維持するか否かで六共和国首脳の話し合いが続けられたが合意が得られず、九一年六月に最先進共和国のスロヴェニアとクロアチアが独立を宣言した。両共和国の独立宣言は経済的要因に民族的要因が絡んでいた。連邦解体が現実のものになると、これに追随して一一月にはマケドニアが、九二年三月にはボスニア・ヘルツェゴヴィナが独立を宣言した。

九二年一月、ECがスロヴェニアとクロアチア両共和国の独立を承認し、さらに四月には、ユーゴに残存したセルビアとモンテネグロ両共和国からなるユーゴスラヴィア連邦共和国の建国が宣言された。この結果、七三年におよぶ多民族国家ユーゴは完全に解体した。独立を宣言した四共和国に共通していたのは、七四年憲法に分離の規定がなかったため、新国家の正統性の基盤を住民投票の結果に求めたこと、新憲法の典型的な規定が民族自決にのっとった国民国家の建国だったことである。ユーゴ解体の根本的な原因は、連邦に対する共和国の反発や民族的な不満にのみ求められるべきではなく、自主管理社会主義に基づく、国家連合に近い連邦制の求心力の喪失にあったといえる。

ユーゴ内戦は三つに区分できる。第一は九一年六月のスロヴェニアの独立に伴う、国境の管理権をめぐるスロヴェニア共和国軍と連邦軍との衝突、いわゆる「一〇日間戦争」である。この戦いは、連邦軍が共和国軍の軍事力を過小評価していたため、自滅してしまい、スロヴェニアからの撤退を余儀なくされた。結局、ECの仲介により休戦協定が結ばれた。

第二はクロアチアの独立後、九一年九月から本格化したセルビア人勢力とクロアチア共和国軍とのクロアチア内戦である。セルビア人勢力の保護を掲げて連邦軍が介入し、激しい戦闘が続いた。一一月末、国連の仲介により停戦合意が成立して、国連保護軍が停戦の監視にあたった。しかし、クロアチア内戦は実際には、九五年八月にクロアチアの三分の一近くを占める「クライナ・セルビア人共和国」が、クロアチア軍の攻撃を受けて消滅するまで継続した。独立後のスロヴェニアとクロアチアとの事態の展開の違いは、国内に独立に強く反対するセルビア人が多数居住しているか否かの問題、いわゆる「セルビア人問題」によるところが大きい。

第三は九二年三月に始まるムスリム、セルビア人、クロアチア人三勢力によるボスニア内戦である。ボスニア・ヘルツェゴヴィナの独立をめぐり、独立の方向を目指すムスリム、クロアチア人勢力とこれに反対するセルビア人勢力との対立が原因であった。クロアチア共和国政府とボスニアのムスリム勢力はこの戦争を内戦とは捉えず、連邦軍あるいはセルビアによる侵略戦争と規定している。内戦が激しさを増すなかで、EC（EU）と国連が仲介にあたり、三勢力に四度にわたり和平案を提示したが、三勢力すべての同意を得ることができなかった。九四年には、EUや国連に代わって、連絡調整グループ（米ロ英仏独）が内戦の政治的解決にあたるようになる。

しかし、政治的解決は困難をきわめ、九五年八月末から九月初めにかけて、セルビア人勢力に対するNATO軍の大規模な空爆が実施された。アメリカを中心とするNATOの空爆により、セルビア人勢力は大きな打撃を受け、九五年一一月にはアメリカの主導でデイトン合意が成立した。デイトン合意は二分割の現状を三勢力に認めさせるものであり、とくに一つのボスニア・ヘルツェゴヴィナにこだわってきたムスリム勢力の妥協が大きかった。

これにより、国連と多国籍軍の監視のもとで、ムスリムとクロアチア人勢力のボスニア連邦とセルビア人共和国との二つの政体からなる一つの国家が目指されることになった。このように、デイトン合意は矛盾した内容を

◀ソフィアの市場
ブルガリアの首都ソフィアの市場風景。多くの家庭では、写真にみられるパプリカを大量に買い漬物にして冬に備える。体制転換後、ブルガリアの経済はいっこうに向上せず、2000年の時点でも、GDPは89年の70%までにしか回復していない。

含んでいるため、一つのボスニアを回復することは容易ではない。現在もなお、紆余曲折が続いている。ボスニア内戦では凄惨な殺戮が展開され、一〇万近い死者と二五〇万を超える難民・避難民を出した。ユーゴ内戦は多大な人的・物的被害をもたらしただけでなく、バルカン地域の安定に多大な影響を与えた。

## ●ユーゴ内戦とバルカン諸国

体制転換後のバルカン諸国は、どの国も市場化と民主化に努めた。市場経済への移行にしても、民主的な体制を築くことにしても、道のりは長く容易なものではない。そのため、バルカン諸国は一様に移行期の苦しみを味わうことになる。経済状況は悪化し、政治的に不安定な状態が続いた。

さらに、九一年夏からは、隣国ユーゴで内戦が進行した。九二年五月には、国連安全保障理事会がボスニア内戦への関与を理由として、ミロシェヴィチ政権下のユーゴに対する制裁を決議した。このため、バルカン半島の中央部に位置するユーゴは国際的に孤立させられた。経済は壊滅的な打撃を受けるが、それだけにとどまらず、主要な幹線路が使えなくなり、人やモノの移動がとどこおった結果、隣接するバルカン諸国の経済にも多大な影響を与えた。バルカンの一国が孤立してしまうと、その周辺諸国にも大きな影響のおよぶことがあらためて浮き彫りにされた。

ギリシアは、バルカン社会主義諸国の体制転換には超然としていた。八九年の選挙で、パパンドレウ率いる全ギリシア社会主義運動（PASOK）が政治腐敗から敗北し、カラマンリス率いる新民主主義党が政権に復帰した。バルカン諸国の体制転換後、ソ連の解体やユーゴ内戦が続き人々の移動が激化すると、神経を尖らせた。旧ソ連からギリシア人が流入する直接的な影響を受けたが、バルカン諸国の人々の移動で間接的な影響も受けたからである。とくに、旧ユーゴから独立したマケドニアの動きや政情不安定なアルバニアの動向に敏感であった。九三年の選挙で、PASOKが政権を奪還し、バルカン諸国に発言力を維持しつつ現在にいたっている。この間、戦後の二大政治家といわれるパパンドレウが九六年に、カラマンリスが九八年に死去した。

ギリシアを除くバルカン諸国では、長い経済不振が続いている。体制転換後一〇年を経た九九年の国内総生産（GDP）をみても、八九年のレベルを回復できている国はない。ルーマニアはその七五%程度、ブルガリアはようやく七〇%に達した段階である。アルバニアは八九年のレベルが低かったため、九〇%に回復している。

ルーマニアでは九一年に入ると、急激な改革を主張するロマン首相グループと漸進的な改革を求めるイリエスク大統領グループとのあいだに亀裂が生じ、九二年の党大会で救国戦線は分裂した。この年の総選挙では、イリエスクの民主救国戦線が第一党となり、大統領選挙でもイリエスクが野党連合「民主協定」のコンスタンティネスクを破った。しかし、九六年の総選挙と大統領選挙では、経済の停滞と汚職の責任を問われて社会民主主義党（民主救国戦線が改称）は敗北し、八九年から続いた救国戦線に代わる野党連合「民主協定」の政権が初めて成立した。大統領選挙でも、野党連合のコンスタンティネスクが勝利を収めた。

▶**首相に就任したシメオン二世**　写真AP／WWP
ブルガリアの元国王、現在は首相。シメオン二世は１９３７年にボリス三世の長男として生まれた。43年に六歳で国王に即位したが、戦後王制廃止でスペインに亡命。２００１年6月の総選挙直前に国民運動を結成して選挙に臨み、圧勝した。自らは選挙に出馬しなかったが、首相に指名されて7月末に首相に就任した。２００５年の総選挙では第二党に転落した。

　生活水準がいっこうに向上しない状況のもと、二〇〇〇年一一月の総選挙と大統領選挙では社会民主主義政党による野党連合が圧勝した。大統領選挙でも野党連合に推されたイリエスクが大統領に復帰した。この選挙で際立った特徴は、少数民族を敵視する民族主義政党の大ルーマニア党が第二党に進出したことであった。

　ブルガリアでも経済危機が続き、社会党政権に対する批判が強まった。九六年の大統領選挙で現職のジェレフが敗れ、民主勢力同盟のストヤノフが勝利した。社会党勢力は九七年の選挙でも議席を激減させた。民主勢力同盟を中心とする政権は経済改革をさらに進めて、EUやNATOへの早期加盟を目指した。経済成長をプラスに転じ、高インフレを鎮静化することはできたが、相変わらず失業率は増加し、政権の金権腐敗も目立った。

　二〇〇一年六月に実施された総選挙では、約二カ月前に結成された国民運動が過半数弱の得票で勝利を収めた。国民運動を結成したのは、四三年に六歳で国王に即位したが、戦後王制廃止でスペインに亡命したシメオン二世であった。シメオン二世は経営コンサルタントなど実業家として成功を収め、九六年に初めて一時帰国して以来、生活に苦しむ国民、とくに高齢者や少数者の支持を得ていた。今回の選挙では八百日以内に生活を劇的に改善することを公約として掲げ、生活苦にあえぐ国民から「救世主」とさえ見なされた。シメオン二世自身は候補者とならなかったため、王制の問題は現在のところ棚上げにされている。政治倫理の刷新と生活水準の向上が目指される一方、二〇〇〇年二月から始められたEU加盟交渉の促進が当面の課題となっている。

　アルバニアでは、民主党のベリシャが大統領に就任すると、民営化や観光開発や外資導入などの政策が試みられた。国際社会もアルバニア支援に乗り出す。しかし、経済不振が解消されず、ベリシャ政権はしだいに強権的な政治手法をとるようになるが、その基盤は確かなものではなかった。近隣諸国との関係においても、不法労働者として多くのアルバニア人が流入したギリシアとの関係が悪化したし、コソヴォのアルバニア人問題をめぐり、ユーゴとの関係が悪化する。九六年の選挙で民主党は圧勝したが、票の改竄《かいざん》などの不正を野党の社会党から指摘され、一部地域では再選挙が行われたものの、事態はうやむやにされた。こうした政治的不安定さに加え、経済不振が継続した。

　ベリシャ政権は三カ月で金利百%といったいかがわしい「ねずみ講」を公認したが、それが九六年末から破綻し始めた。多くの国民のはかない夢が打ち砕かれて、九七年初頭には反政府暴動が拡大し、国内は無政府状態に陥った。三月には非常事態宣言が出されるなか、ベリシャが再度、議会で大統領に選出された。アルバニアに関心をもつイタリア軍を中心とし、ギリシア軍をも含む多国籍防護軍が派遣された。六月の総選挙では社会党が過半数を獲得して、メイダニが大統領に選出された。しかし、アルバニアの政局は依然として混沌とした状態が続いた。二〇〇一年六月の選挙も前回と同様に社会党が勝利を収めた。しかし、二〇〇五年の総選挙では民主党が勝利しベリシャが首相に就任した。

▲コソヴォの戦い記念碑前のKFOR兵士　写真　毎日新聞社
1999年6月のコソヴォ和平成立後、NATO中心の多国籍軍（KFOR）と国連コソヴォ暫定支援団（UNMIK）の管理下で、コソヴォの自治の回復が目指されている。この写真は1389年のコソヴォの戦いの記念碑（「自由と独立の戦士たちに」と書かれている）の前を行くKFORの兵士。

## ●コソヴォ紛争

一九八〇年代からユーゴ解体の時期を経て、問題の表面化が危惧されていたのがコソヴォ紛争であった。コソヴォは現在、ユーゴ連邦のセルビア共和国に属する自治州であり、東部のコソヴォ地方と西部のメトヒヤ地方に区分される。アルバニア人はコソヴァと称している。アルバニア、マケドニア、モンテネグロと隣接しており、プリシュティナが州都になっている。アルバニア人はコソヴォに隣接するセルビア南部、マケドニア西部、モンテネグロ東部、アルバニアに隣接するギリシア北西部にも居住しており、コソヴォ紛争は周辺諸国にも多大な影響をおよぼした。

九一年の国勢調査によると、民族構成はアルバニア人八二％、セルビア人一〇％、ムスリム人三％、ロマ二％、モンテネグロ人一％であり、このほかに「エジプト人」と自称するムスリムなどが居住している。九〇年代後半にはアルバニア人が九〇％を占めるようになった。九〇年代のコソヴォ紛争の背景にはこの地方をめぐる複雑な歴史が横たわっているので、その歴史を簡単に振り返ってみる。

一三八九年のコソヴォの戦いで知られているように、コソヴォは中世セルビア王国の中心地であった。中世セルビア王国時代の遺跡やセルビア正教会の修道院や美術品が多く残

◀ベオグラードで売られた空爆絵葉書（99年8月）

１９９９年３月24日、アメリカを中心とするＮＡＴＯ軍のユーゴスラヴィア空爆が始められた。空爆は78日間も続けられ、ユーゴに多大な犠牲を強いた。上の絵葉書は4月のベオグラードへの激しい空爆の様子、下の絵葉書は爆撃されたノヴィサドの橋。このような絵葉書が空爆中からベオグラードの街角で売られた。

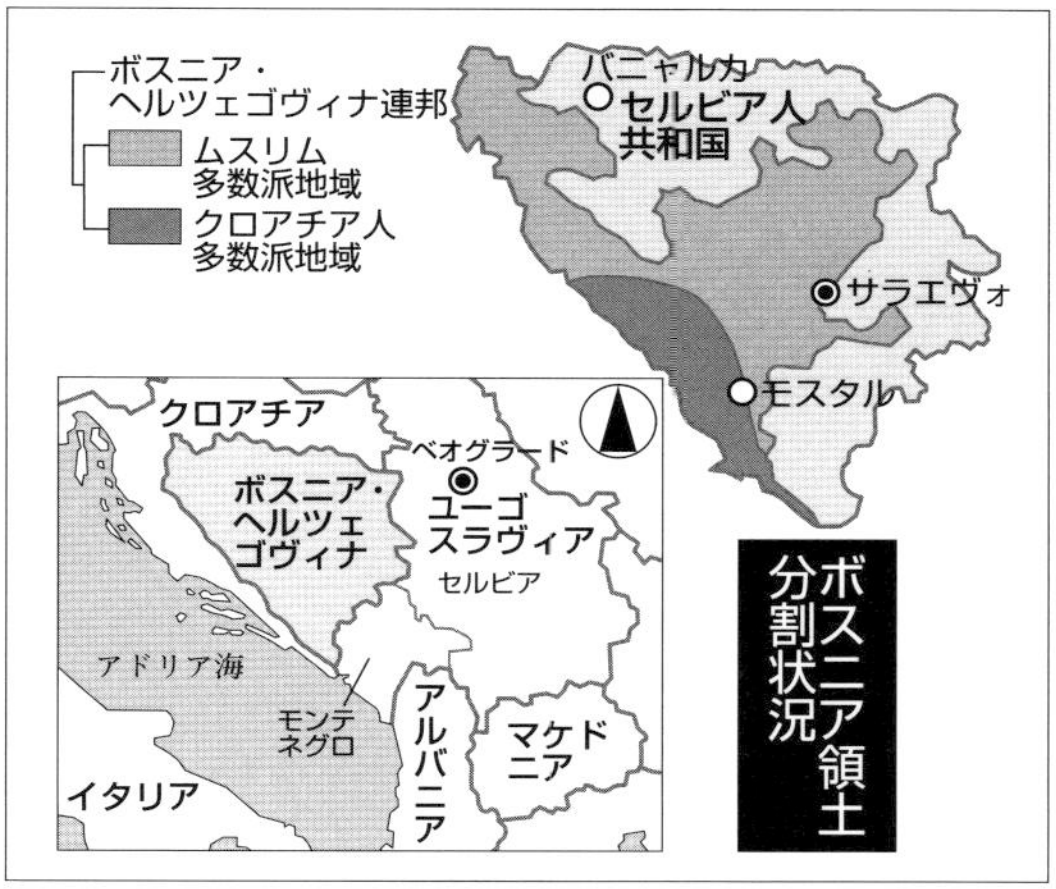


▶ボスニア領土分割の状況（１９９５年）
ボスニア・ヘルツェゴヴィナは内戦を通じて、ムスリムとクロアチア人勢力からなるボスニア連邦とセルビア人共和国とに二分割された。この二分割を認めたのが１９９５年11月のデイトン和平合意であった。二分割された領域を認めながら、一つのボスニアを目指すのがデイトンの合意の目的である。

されていて、現在でもセルビア人にとって、コソヴォは揺籃《ようらん》の地という意識が強く残っている。一四世紀以後、オスマン帝国の支配下に置かれたコソヴォ地方に大きな社会変動が生じるのは、一七世紀後半にいたってのことである。

　一七世紀後半から一八世紀前半にかけてハプスブルク皇帝の呼びかけもあり、主として政治的理由や宗教的理由から、コソヴォ地方の多くのセルビア人がペーチ（コソヴォ西部の町）のセルビア正教総主教を先頭にして、ドナウ川を越え、ハプスブルク帝国の国境地域に形成された「軍政国境地帯」に移住した（第三章「豚商人カラジョルジェ」の項＝62頁参照）。この結果、空白地帯になったコソヴォにムスリムに改宗したアルバニア人が入植させられ、コソヴォの民族構成が大きく変化する。一九世紀後半、コソヴォはアルバニア人の民族運動の中心地となり、一八七八年六月にはプリズレン（コソヴォ南部の町）で、アルバニア人の自治を求めるプリズレン連盟が結成された。コソヴォはアルバニア人にとってもセルビア人にとっても、譲れない土地となっていく。

　第一次バルカン戦争の結果、コソヴォは独立を認められたアルバニアに組み込まれずに、セルビアとモンテネグロに分割されてしまう。第一次世界大戦後に建国された南スラヴの統一国家ユーゴスラヴィアにおいて、コソヴォはマケドニアと同様に「南セルビア」と呼ばれて、セルビア化政策が進められていった。第二次世界大戦期に、コソヴォがイタリア保護下のアルバニアに併合されると、今度はセルビア人に対する虐殺が行われた。

　第二次大戦後、ユーゴのセルビア共和国に属する自治州となったコソヴォのアルバニア人は、六八年にこの地方の少数者セルビア人が政治・経済・社会の面で要職を独占している状況に反発して、アルバニア人の権利の拡大やコソヴォの共和国昇格を求めて暴動を起こした。チトーが死去した翌年の八一年にも、アルバニア人の大規模な暴動が生じた。この時はユーゴに緩い連邦制が築かれていたので、六八年の暴動とは異なり、民族的抑圧に対する反発というより、経済的な不満がその主たる理由であった。セルビア共和国とコソヴォのアルバニア人との対立は八〇年代を通じて継続し、ユーゴの連邦制を崩壊させる大きな要因となった。

　九〇年代のコソヴォ紛争の直接的な原因は、八九年の憲法改正により、ミロシェヴィチのセルビア政権が七四年憲法で保障されていたコソヴォ自治州の自治権を剥奪したことであった。自治権を奪われたアルバニア人勢力は、九一年に「コソヴォ共和国」の独立を一方的に宣言し、九二年にはコソヴォ民主同盟の指導者で作家のルゴヴァを大統領に選出した。ルゴヴァは非暴力主義を貫き自治回復に向けてセルビア当局と粘り強い交渉を続けた。しかし交渉は進展せず、九七年頃から、武力によってコソヴォの独立を求めるアルバニア人武装組織「コソヴォ解放軍」の活動が活発になる。

　九八年二月末、セルビア治安部隊がコソヴォ解放軍の掃討作戦を開始すると、両者の激しい戦闘が展開された。国際社会はこの紛争に多大な関心を示し政治的解決を目指した。

しかし、九九年三月には政治的解決は打ち切られ、国連安保理決議を経ずに、アメリカを中心とするNATO軍がミロシェヴィチ政権によるアルバニア人の人権抑圧に対する「人道的介入」を理由として、激しいユーゴ空爆を実施した。空爆は七八日間も続き、八〇万を超えるアルバニア人難民が発生し、近隣のバルカン諸国に多大な影響を与えた。

六月初め、ミロシェヴィチが日本も含めた主要八カ国（G8）の和平案を受け入れたため、コソヴォ和平が成立した。しかし、軍事力の行使は民族紛争を助長したにすぎず、和平後、アルバニア人による暴力が続き、今度は二〇万を超えるセルビア人とロマが難民となった。アルバニア人とセルビア人との関係はいっそう悪化してしまった。NATO中心の国際部隊（KFOR）と国連コソヴォ暫定行政支援団（UNMIK）の管理のもとで、コソヴォの自治の回復が目指されているが、穏健派のコソヴォ民主同盟を含めてアルバニア人政党はすべてコソヴォの独立を主張しており、問題の解決はきわめて困難である。

コソヴォでは二〇〇一年に初の議会選挙が実施され、〇二年一一月にはルゴヴァを大統領に選出、内閣も承認されて暫定自治政府が成立した。〇四年一〇月、二度目の議会選挙が行われ暫定政府の自治能力が試された。〇六年一月、ルゴヴァ大統領が病死し、二月にセイディウが新大統領に選出されるなか、独立を決める最終的地位の話し合いが始まった。

## ●マケドニア問題

マケドニア問題とは一九世紀に民族覚醒の遅れたオスマン帝国支配下のマケドニアの領有をめぐる問題であり、「東方問題」と称されるヨーロッパ近代外交史上の主要な部分をなした。マケドニアは肥沃な平野と良港テッサロニキに恵まれ、豊富な鉱物資源を含んでいたため、その複雑な民族構成とあいまって、近隣諸国の領土的野心の対象とされた。一九一三年の第二次バルカン戦争の結果、マケドニアはギリシア、セルビア、ブルガリアの三国によって分割されてしまう。その後、マケドニア人が民族として初めて承認され自らの共和国を形成するのは、第二次大戦後に社会主義体制下で連邦制がしかれたユーゴにおいてであった。戦後、かつてのマケドニア問題は解決されたかにみえたが、九一年にマケドニアが旧ユーゴから独立を宣言すると新たな問題が生じた。

古いマケドニア問題の当事国ブルガリアは、セルビア共和国がマケドニアの独立に反対の立場をみせると、これを牽制する戦略的観点からいち早くマケドニアの独立を承認した。一方、もう一つの当事国ギリシアとは「国名論争」として、新たな対立が表面化した。ギリシアは五二年にユーゴとの協定により、マケドニア問題を解決ずみにしたと考えていたので、マケドニアの独立にはきわめて敏感であった。しかも、マケドニアの独立宣言に先立つ九〇年末の自由選挙で、一九世紀末に結成されたマケドニア人の民族政党VMRO（内部マケドニア革命組織＝マケドニア民族統一民主党）が復活し、小差ながら第一党に進出した。VMROの一部はかつてのマケドニアの統一を唱えたため、ギリシアはかれらの動向に神経をとがらせた。

VMROを中心とするマケドニアの連立新政権は、近隣諸国と友好関係を築いて独立承認を得ようと試みた。しかし、EC加盟国のギリシアはマケドニアの領土的野心を警戒し、「マケドニア」という国名はギリシア固有のものとの理由から、マケドニアの独立に強く反対した。マケドニアはECの独立承認を得られないまま、九三年四月には「旧ユーゴスラヴィア・マケドニア共和国」という暫定的な名称で国連加盟を承認された。しかし九四年に入ると、ギリシアが二月に対マケドニア制裁措置という強硬策を発表したため、両国の対立は尖鋭化した。

ギリシアはマケドニアの国旗に使用されている古代マケドニア王朝の「ヴェルギナの星」（ヴェルギナは現在のギリシア北部の町）をはずすこと、マケドニアの憲法に規定されている在外マケドニア人への援助条項が領土要求につながりかねないとして、改定を要求した。この「国名論争」には国連が調停にあたり、

▲▶マケドニアの国旗
1991年11月、マケドニアは旧ユーゴスラヴィアからの独立を宣言した。マケドニアが新たな国旗としたのは写真右の古代マケドニア王朝の「ヴェルギナの星」(太陽に16本のストライプ)であった。これに対して、ギリシア政府が「歴史の略奪」と抗議したため、マケドニア政府は上のような国旗(ストライプが8本)に変更。

▼スコピエ市街を流れるヴァルダル川
マケドニアの首都スコピエ市街をヴァルダル川が流れている。写真の右岸は1963年の大震災のあと復旧した新市街、左岸に旧市街でオスマン帝国支配時代の面影を強く残している。左手奥には市場があり、一日中買い物客で賑わっている。白い帽子を被ったアルバニア人の多くも旧市街に居住。

**▲マケドニアに展開するNATO軍**　写真　AP/WWP
民族共存のモデルとされたマケドニア（現在北マケドニア）でも、2001年3月末、ついにマケドニア紛争が生じた。アルバニア人問題をかかえるマケドニアには、1992年以来国連保護軍が予防展開していたが、99年で終了。2001年8月のマケドニア4政党の和平合意を受けて、8月末には写真のNATO軍が展開した。
**▼北マケドニアの首都スコピエ中心にあるマケドニア広場の巨大なアレクサンドロス像**　写真　PPS通信社
旧ユーゴスラヴィアからの独立20周年を記念して、2011年9月に建造された。ギリシアはこれに対して、「歴史を略奪」する行為だとして反発した。

国旗のデザインと援助条項の双方についてマケドニア側が大幅に譲歩した。九五年九月、両国間に「暫定協定」が結ばれて、論争は沈静化した。

両国の仲介にあたったのは、九四年からアメリカの特使として、九五年からは国連の特使としてのニメッツであった。問題が解決されるまで、マケドニアの国名は暫定的に「旧ユーゴスラヴィア・マケドニア共和国」とされ、国連加盟が認められた。

しかし、その後もギリシアの強硬な姿勢は続き、マケドニアのNATOやEU加盟が大幅に遅らされた。一方、マケドニアは首都スコピエの中心の広場にアレクサンドロス大王

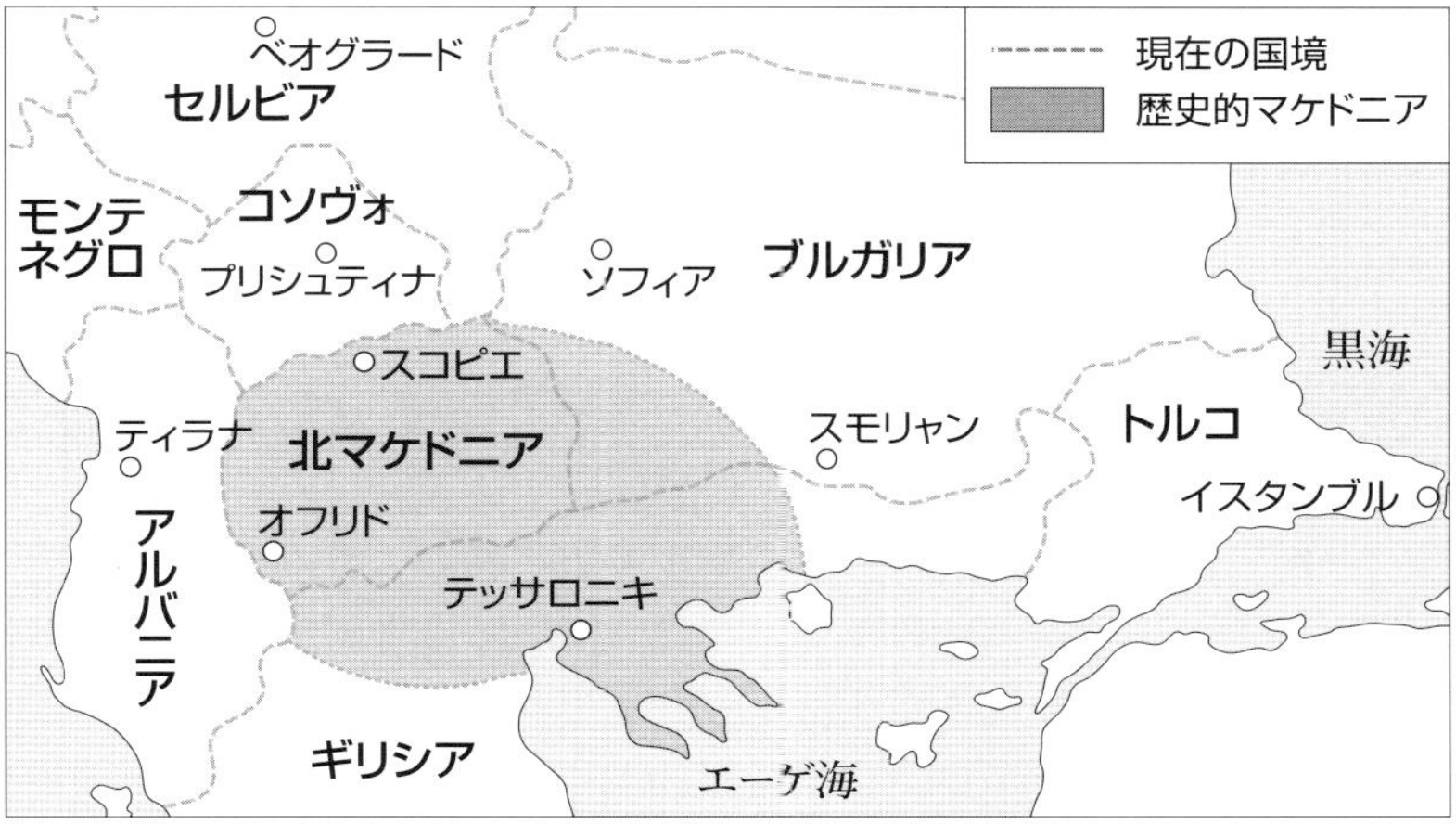


◀マケドニア問題
マケドニア問題とは古くて、新しい問題。19世紀後半から20世紀初めのバルカン戦争の時期にかけて、住民の帰属意識が不分明であったマケドニアに対して周辺諸国がその領有を主張して対立した。ユーゴから独立したマケドニアがかかえた新たな問題は、国内のアルバニア人問題と国名マケドニアをめぐるギリシアとの問題。2019年2月、マケドニアの国名は北マケドニアに変更。

の巨大な像を建造するなど、古代マケドニアとの歴史的な連続性を誇張する政策を掲げてギリシアを刺激した。二〇〇八年一一月、マケドニアはギリシアによるＮＡＴＯ加盟妨害が九五年に成立した両国の「暫定合意」に違反しているとして、ギリシアを国際司法裁判所（ＩＣＪ）に提訴するに至った。二〇一〇年一二月に、国際司法裁判所の小和田恆裁判長はマケドニアの提訴を正当とする裁決を下した。この裁決は拘束力を伴うものではないが、ギリシアに問題の解決に向けて再考を迫る意義はあり、ニメッツによる国連の仲介が強められた。

二〇一六年一二月のマケドニア総選挙で、野党の社会民主同盟が僅差で第二党に躍進し、一七年五月に「統合のための民主同盟」との連立政権が成立すると、この論争の解決に積極的なザエフ首相のもとで、状況が大きく進展した。一八年一月、ニメッツが提案する五つの国名のうち、北マケドニアとする合意が成立し、六月にはギリシアのツィプラス首相とマケドニアのザレフ首相がこの合意に基づく協定を結ぶに至った。マケドニアの混乱した政治情勢のため時間はかかったが、一二月にマケドニア議会で北マケドニアの国名がようやく承認された。一九年一月、ギリシア議会もこれを承認し、長い「国名論争」に終止符が打たれた。

新たなマケドニア問題のもう一つの側面は、国内の少数者アルバニア人問題である。マケドニアの民族構成（九四年の国勢調査による）はマケドニア人六七%、アルバニア人二三%、その他トルコ人、セルビア人、ロマ、ムスリム人などとなっている。九二年頃から、周辺地域のアルバニア人が職を求めてマケドニアに流入し、実際のアルバニア人の数は三〇%をはるかに超えた。アルバニア人の問題は隣接するコソヴォやアルバニア本国、そしてギリシアとも連動する可能性をもっており、九二年三月から本格化したボスニア内線がマケドニアに波及することを危惧した国連は、一二月に紛争防止を目的として、初めてマケドニアへの国連保護軍（ＵＮＰＲＯＦＯＲ）の予防展開を決議した。マケドニア政府もアルバニア人政党に閣僚ポストを用意するなど、アルバニア人の権利擁護に細心の注意を払った。マケドニアは旧ユーゴ諸国のなかで民族共存のモデル・ケースとして、国際社会から評価された。

国連保護軍は、九五年三月には国連予防展開軍（ＵＮＰＲＥＤＥＰ）と改称され、ボスニア内線終結後も、繰り返し駐留延期が国連安保理で決議された。しかし、九八年三月末にマケドニア政府が台湾を国家承認すると、中国はこれに抗議して九九年二月の延期決議案には拒否権を発動した。この結果、国連によるマケドニアへの予防展開は終了する。予防展開は一定の成果をあげたといえるが、アルバニア人問題が根本的に解決されたわけではなかった。アルバニア人はマケドニア民族による国民国家という憲法規定に反発していたし、議会でのアルバニア語の使用、アルバニア語によるテトヴォ（マケドニア北部の第二の都市。アルバニア人が八〇％以上を占める）の承認要求が満たされず、不満を潜在化させていた。

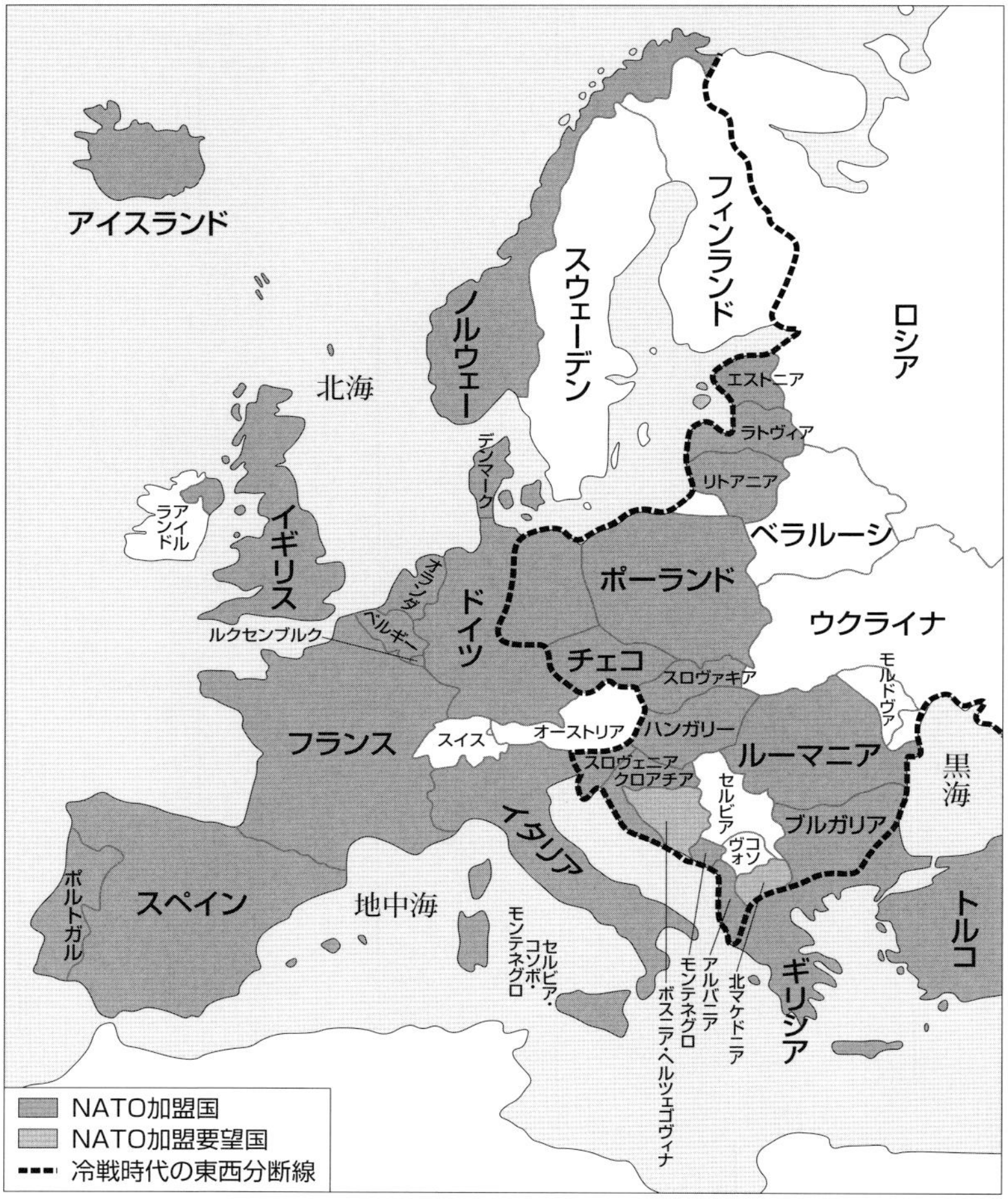


▶拡大するNATO
1999年3月、ポーランド、チェコ、ハンガリーの三国がNATOの新規加盟国となった。バルカン諸国の多くもNATO加盟を希望しており、NATOとのあいだに二国間ベースで安全保障上の協定である平和のためのパートナーシップ（PFP）を締結。2004年にブルガリアとルーマニアが、2009年にアルバニアとクロアチアが、2017年にはモンテネグロが加盟国となった。ボスニアも関係を深めている。

　二〇〇一年三月末、マケドニア政府はNATOやEUの支持をとりつけたうえで、アルバニア人の権利拡大のため政府との直接交渉を要求し、テトヴォ周辺で活動を活発化させていたアルバニア人武装勢力の掃討作戦に着手した。マケドニア政府は武装組織の多くが隣接するコソヴォからの侵入者だと説明し、軍事力で解決にあたろうとしたが、武装勢力の主張はアルバニア人の不満を代弁してもいた。民族共存のモデル国でも紛争が始まった。

　EUの強い圧力を受けて、六月から二つのマケドニア人政党と二つのアルバニア人政党による協議が、オフリドで進められた。二カ月におよぶ協議の結果、ようやくアルバニア人の権利拡大を認める合意文書が調印された。八月末にはNATO軍がマケドニアに展開し、武装勢力の武器回収にあたった。アルバニア人問題の真の解決のためには、マケドニア政府がマケドニア人とアルバニア人とが憲法上もパートナーであることを認め、言語や教育のうえでも同等の権利を実質化する以外にない。EU加盟を進めるマケドニアで、こうした解決策がとられるなら、マケドニアは本当の意味で民族共存のモデルとなり得る。

## ●モンテネグロとコソヴォの独立

　二〇〇二年九月の東ティモールの独立以来四年ぶり、〇六年六月に人口六二万の小国モ

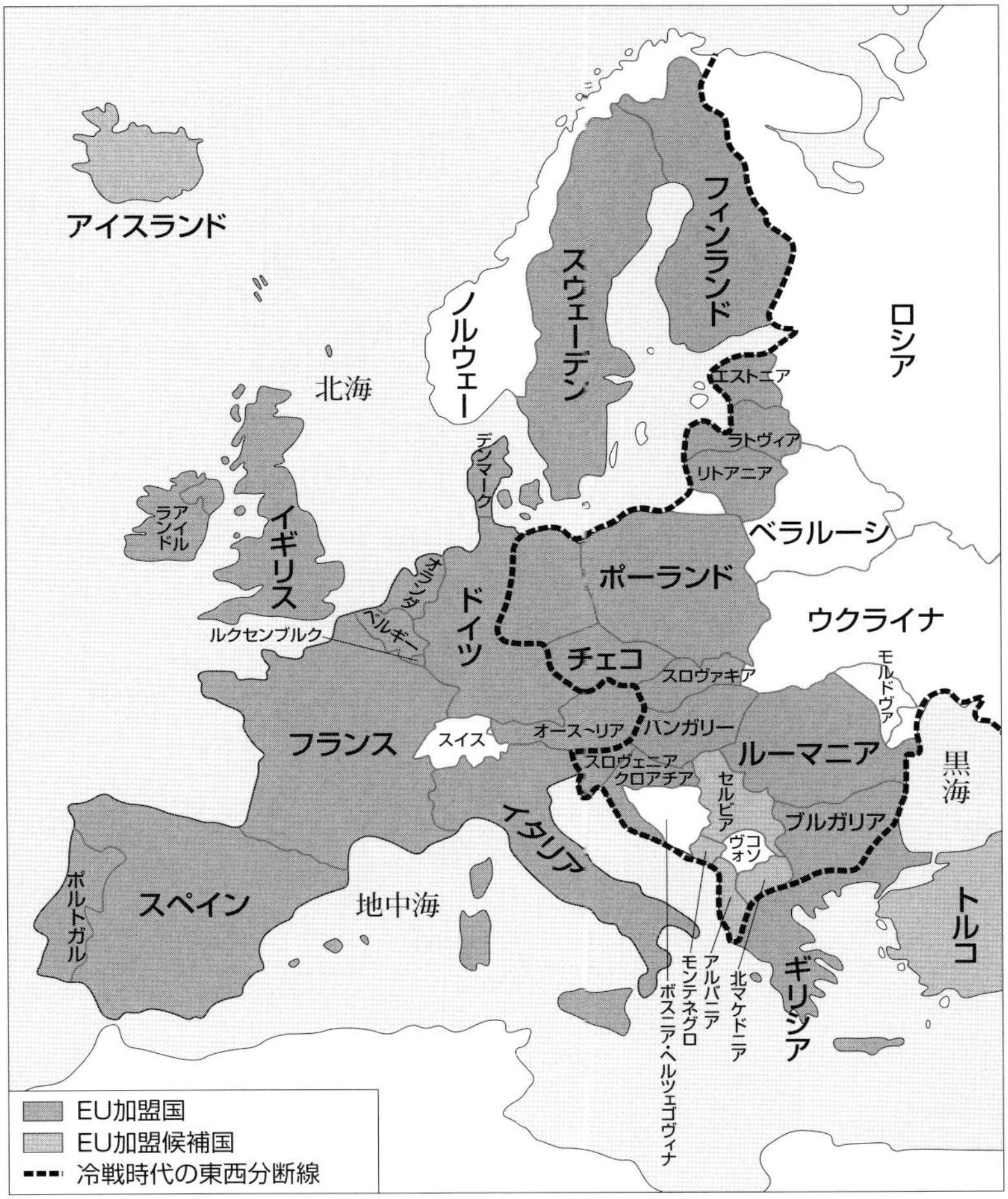


◀EU統合とバルカン諸国
EUはユーゴ紛争の当事国であり、EUとの関係の希薄であったクロアチア、ボスニア、マケドニア、セルビア・モンテネグロの四カ国とアルバニアを「西バルカン」と称して区分している。「西バルカン」五カ国を支援国として、EU統合プロセスに取り込もうとする枠組みが、コソヴォ和平後の1999年6月に成立した南東欧安定協定によって作られた。その後、マケドニア、クロアチア、モンテネグロ、セルビアが加盟候補国となり、2013年にクロアチアが加盟した。2014年にアルバニアが加盟候補国。

ンテネグロがヨーロッパに誕生し、一九二番目の国連加盟国となった。

第二次世界大戦後の社会主義ユーゴスラヴィア連邦において、六共和国の一つとなったモンテネグロは概してセルビアと歩調を合わせて行動した。ユーゴのもとで、モンテネグロ共和国を構成する主要民族としてモンテネグロ人が承認されたが、セルビア人とモンテネグロ人とは言語（セルビア語）も宗教（セルビア正教）も共通であり、セルビアが兄、モンテネグロが弟の関係にあった。両共和国は密接な経済関係を維持し、人的なつながりも強かった。一九九一〜九二年にかけて四共和国が独立宣言を出すにおよび、ユーゴが解体過程をたどると、モンテネグロは国民投票によりセルビアとともにユーゴに残存することを決め、九二年四月にはユーゴスラヴィア連邦共和国（新ユーゴ）を建国した。新ユーゴはミロシェヴィチ政権のもと、ユーゴ内戦を通じて国際社会から孤立した。九五年一一月にボスニア内線が集結したあとも、新ユーゴの国際社会への復帰は認められなかった。こうした事態において、モンテネグロの与党内にもミロシェヴィチ政権と距離をとり、国際社会との協力関係を進めようとする勢力が現れた。ジュカノヴィチがその中心であり、以後、モンテネグロのセルビア離れが進行する。セルビアとモンテネグロとの対立の原因は民族問題というより政治路線の相違であり、ジュカノヴィチが目指したのは経済的な利害関心からEUとの関係を強化することであった。

ジュカノヴィチはコソヴォ紛争終結後の一九九九年一一月から、セルビアの頭越しに市場化や民営化といった経済改革を進め、二〇〇〇年一〇月にミロシェヴィチ政権が崩壊すると、ドイツ・マルクを公式の通貨とし、さらに〇二年からはユーロに切り替えた。モンテネグロのセルビア離れは着実に進行していたのであり、〇三年二月に新ユーゴが連合国家セルビア・モンテネグロに再編成された際には、三年後のモンテネグロの独立は半ば織り込み済みだった。

二〇〇六年五月の国民投票によるモンテネグロの独立は憲法上の規定に沿った「協議離婚」といえる。問題なのは、独立推進派とセルビアとの統一派の勢力が拮抗していたことである。第一次世界大戦後にセルビア人・クロアチア人・スロヴェニア人王国に統合されて以来、八八年ぶりに独立したモンテネグロは、隣国セルビアとの友好関係を保ちながら、モンテネグロ正教会（一九九三年にセルビア正教会から自立）や「モンテネグロ語」（二〇〇七年の新憲法で主要な公用語とされた）の創出を通して、セルビアと異なるアイデンティティー形成に迫られた。独立後、モンテネグロは観光と建設業に支えられて順調な経済発展を遂げ、一〇年一二月にはEUの正式加盟候補国として承認され、一七年六月にはNATOに加盟候補国とした。

一方、独立か自治かという地位の問題が継続していたコソヴォ（面積は約一万平方キロ、人口は約二〇〇万で、ちょうど岐阜県と同じ規模）は二〇〇八年二月一七日、アメリカと密接に協議を重ねながら、セルビアからは「一方的」とされる独立を宣言した。モンテネグロとは異なり、コソヴォの独立は国際的な承認がなかなか広がらず、国連にも加盟できない「未承認国家」の状態が続いている。セルビア人が多数を占める北部の都市ミトロヴィツァ周辺地域には、セルビアの影響力が残されたままである。

コソヴォはどのような原理に基づいて、独立を宣言したのだろうか。サチ首相のもとで出された独立宣言は一二項目からなっている。第一項では、国連コソヴォ地位交渉特使のアハティサーリ元フィンランド大統領が〇七年にまとめた提案（国際社会の監視下での独立）に依拠することがふれられ、コソヴォに住むすべての市民の平等を実現する民主的で世俗的な多民族の共和国であることが記された。

一九九一年にスロヴェニアとクロアチアがユーゴから独立を宣言した際に、その論拠とされた民族自決の原則は掲げられていない。多数民族アルバニア人の自決権に基づく独立でないことは、アルバニア人の象徴である隣国アルバニアの国旗ではなく、EUの旗を模した新国旗（青地の旗の中央にコソヴォの領域が金色で描かれ、そのうえに、アルバニア人、セルビア人、トルコ人、ロマ［ジプシー］などを象徴する六つの白い星が配置）によく表されている。新国家は、歌詞のないメロディーだけの「ヨーロッパ」とされた。六月に施行された新憲法にも、民族自決権は記されておらず、コソヴォ共和国はその市民による国家とされ、アルバニア語とセルビア語が公用語であり、地方レベルでは、トルコ語、ボスニア語、ロマ語も公的に使用できると規定されている。

コソヴォの独立に対しては、アメリカやEUのドイツ、フランス、イギリス、そして日本などがすぐに承認した。しかし、国内に同様の少数民族地域の問題をかかえる国の反対が強く、国連安保理ではロシアと中国が、EU諸国ではスペイン、ギリシア、ルーマニア、スロヴァキア、キプロスが反対の立場を変えていない。依然として不安定な情勢が続くなか、それまでのアメリカ中心のUNMIKは規模を縮小し、EULEX（EU法の支配ミッション）が司法、警察、税務関係の職務を引き継いだ。

コソヴォの独立を認めないセルビアは問題を国連総会の場に持ち込み、コソヴォの独立宣言の合法性に関する勧告的意見を国際司法裁判所（ICJ）に求める提案を行い、この提案が〇八年一〇月に国連総会で決議された。ICJのコソヴォ独立宣言の合法性に関する口頭弁論は〇九年一二月に開始され、セルビア政府とコソヴォ政府をはじめ三〇カ国の代表が弁論を展開した。一〇年七月にようやく、ICJの小和田恆裁判長はコソヴォの独立宣言が国際法に違反するものではないとの勧告的意見を公表した。この勧告的意見を受けて、

▲コソヴォの国旗
コソヴォのデザイナー、イブラヒミによるEUの旗を模した新国旗。青地の旗の中央にコソヴォの領域が金色で描かれ、そのうえに、コソヴォの主要6民族であるアルバニア人、セルビア人、トルコ人、ゴラニ（南スラヴ系の山岳民）、ロマ（ジプシー）、ボスニア人を象徴する六つの白い星が配置されている。

九月の国連総会でコソヴォ問題が取り扱われ、EUを仲介者としてセルビア政府とコソヴォ政府が解決策を求める対話を始めるよう促す決議が採択された。

一一年三月、EUの主導によるセルビア政府とコソヴォ政府との直接対話が開始された。両者はブリュッセルで断続的に五回にわたり実務的な話し合いを行い、七月初めに移動の自由の保障、失われた出生届記録の回復、および大学や学校の卒業証書の認定に関してのみ合意した。一二年一〇月には、コソヴォのサチ首相とセルビアのダチッチ首相（セルビア社会党）との首相間の会談がブリュッセルで開催され、国境（境界）検問所の共同管理の実施などが合意された。

さらに、一三年二月には、バルカン諸国初の女性大統領となったヤヒャガとセルビアのニコリッチ大統領との初の首脳会談が実現し、両国の首相間の協議の継続とEU加盟のプロセスを相互に妨害しないことが確約された。サチ首相とダチッチ首相の協議が繰り返され、四月にはセルビアのコソヴォ承認に言及せずに、両者の関係を正常化する一五項目の原則（「ブリュッセル合意」）が合意されるに至った。この合意により、セルビア人が多数を占める自治体からなる自治組織の「セルビア人自治体の共同体（ZSO）」が創設されることになった。ZSOは経済発展、教育、保健、都市計画・農村計画などの領域に権限をもつと規定された。また、コソヴォの警察権が一元化され、セルビア人が多数を占める北部地域の警察権はコソヴォ警察に統合され、北部地域統合警察にはセルビア人が長官となることとされた。一一月には北部地域のセルビア人が初めて参加して、コソヴォ地方選挙が実施された。

EUとの関係をコソヴォとセルビアがそれぞれ進める一方、一五年八月には、EUの仲介によりブリュッセルでコソヴォのムスタファ首相とセルビアのヴチッチ首相（一七年五月から大統領）の会談が実現し、両者の関係正常化に向けて、交通通信網、エネルギー、ZSOの確立、北部の都市ミトロヴィツァの北と南を分けるイバル川に架かる橋の自由通行の四項目の合意に達した。しかし、一五年一一月にコソヴォのユネスコ（UNESCO）加盟申請がロシアとセルビアの強い反対により、総会で三分の二の賛成を得られず否決されると、コソヴォ政府は「ブリュッセル合意」の凍結を表明した。一六年から一七年にかけて、コソヴォのアルバニア人とセルビア人との関係はますます悪化する。一六年末には、コソヴォ問題に一貫して多大な関心を示し、強く関与してきたアメリカにトランプ政権が生まれ、コソヴォ問題に従来のような積極的な取り組みをしないことが明らかとなった。頼みの綱のEU、とくに、オランダからは戦犯とされているコソヴォ解放軍兵士の裁判を行う裁判所の開設を迫られた。

一七年六月、コソヴォ議会選挙が実施された。選挙結果は、与党のコソヴォ民主党とコソヴォ将来同盟との連合勢力が第1党、コソヴォ民主同盟中心の連合勢力は第3党であったが、アルバニアとの統合を唱える「ヴェテヴェンドシエ（自決）」が第2党に躍進した。選挙後、コソヴォ解放軍の指導者で戦犯として逮捕されたが、旧ユーゴスラヴィア国際戦犯法廷（ICY）で不起訴となったコソヴォ将来同盟のハラディナイを首相とする連立政権が成立した。この結果、コソヴォ解放軍の指導者であったサチ大統領とハラディナイ首相（一九年七月に辞任）の体制が出来上がったが、連立政権を組む際にZSOの確立を約束したため、新内閣にはセルビア人、ボシュニャク（ボスニアのムスリム）、トルコ人議員も含まれることになった。コソヴォはこのような政治状況のもとで、一八年二月に独立一〇周年を迎えた。

しかし、セルビアだけでなく、ロシア、中国、そしてEU加盟5カ国もコソヴォを承認しない状態が続いた。国際機関に加盟できず、EU諸国との自由な関係も結べない状態のもとで、国民、とくに若者の不満が鬱積している。一方、コソヴォの独立が既成事実となるなかで、セルビア人が多数を占める北部地域とは異なり、マイノリティとして「飛び地」状態で暮らしている中部・東部・南部のセルビア人はアルバニア人と共存する以外に方策のないことを強く感じている。今後、少数者であるセルビア人の権利保障を定めた「ブリュッセル合意」に立ち返り、その合意を一つずつ積み重ねてゆくことが必要であり、依然としてEUの果たすべき役割は大きい。

## ●ヨーロッパ統合とバルカン

ボスニア和平後、EUとアメリカは二度とこうした凄惨な戦争が繰り返されないように、バルカン諸国の地域協力を進めたが、それぞれの思惑も絡んでいた。とくに、ヨーロッパ統合を進めるEUはこの地域の安定に多大な関心を示した。EUはスロヴェニアを除く旧ユーゴ四国（クロアチア、ボスニア・ヘルツェゴビナ、ユーゴスラヴィア［二〇〇三年二月、セルビア・モンテネグロに改称］、マケドニア）とアルバニアの五国を「西バルカン」と区分して対応している。

EUは「西バルカン」を地域ごと受け入れることはせず、民主化と市場化・民営化の速度によって五国をランク付けし、各国との個別交渉を進めて安定化連合協定（SAA）を結ぶ準備を進めた。安定化連合協定が締結されたあと、各国はようやく加盟交渉のスタート・ラインに着くことができる。「西バルカン」諸国はEUとの関係において競合関係に立たされてしまう。そのため、善隣友好関係の樹立を求められながら、バルカン諸国相互の関係が阻害されてしまい、EU依存の傾向が強まることになる。なお、ユーゴ内線に巻き込まれなかったルーマニアとブルガリアは、九三年にEU加盟のための連合協定（ヨーロッパ協定）をすでに結んでおり、二〇〇〇年から加盟交渉が開始され、〇七年に正式な加盟国となった。一三年にクロアチアも加盟した。

もう一方で、バルカン諸国はとくに経済的に相互の依存関係が不可避だとの認識から、自律的な地域協力にも取り組んだ。九六年七月にブルガリアのソフィアで再開されたバルカン外相会議である。そもそも、バルカン外相会議は八八年二月に、旧ユーゴが提唱して、当時「鎖国」状態にあったアルバニアを含むバルカンの六カ国すべてが讃歌して始められたが、ボスニア内線の激化とともに中段されていた。九七年にはギリシアのクレタ島で、バルカン外相会議を基礎にして、バルカン現代史のうえで初めてのバルカン・サミットが開催された。以後、議長国は一年間の輪番制で務めることになる。

EUやアメリカ主導の地域協力を含みこみ、バルカン諸国の自立的な地域協力をもEUとNATOによるヨーロッパ統合過程に取り込む枠組みが南東欧安定協定である。南東欧安定協定はコソヴォ和平が成立した九九年六月、ドイツが主導しケルンで開催された南東欧安定協定閣僚会議で調印された。日本も含む二八カ国、一七の国際機関や地域イニシアティヴが参加した。七月には復旧著しいボスニア・ヘルツェゴヴィナの首都サラエヴォで関係国首脳会議が開催され、この協定が正式に機能し始めた。

南東欧安定協定はEU加盟国を中心として、民主主義、人権、市場原理に基づく欧米社会の基本的価値観をバルカンに根づかせ、EUとNATOによる欧州大西洋機構に引き入れようとするものである。コソヴォ危機を教訓として、軍事力によらずにこの地域の紛争抑止を図ることが目的であり、このためのバルカン諸国の努力を支援し、経済復興を援助する総合的なアプローチをとった。

南東欧安定協定はこの地域の協力関係を作り上げる枠組みにすぎず、新たな国際機関ではない。また、第二次世界大戦後、アメリカがヨーロッパ復興のために実施したマーシャル・プラン（一九四八〜五二年）と比較されることが多いが、多数の国や多数の機関による協定という点で性格を違えている。具体的には、特別コーディネーターのもとに民主化と人権、経済復興と協力と発展、安全保障問題に関する三つの「ワーキング・テーブル」がおかれて、バルカンの協力体制を築くことが目指された。

南東欧安定協定の成立当初、ミロシェヴィチ体制が続くユーゴはこの協定から除外されていた。しかし、二〇〇〇年一〇月、大統領選挙の不正工作を契機として、「民衆革命」により一三年におよぶミロシェヴィチ（〇一年四月、職権乱用と不正蓄財の容疑で逮捕）政権が崩壊し、コシュトゥニツァ新政権が成立すると、南東欧安定協定への参加を認められた。

この協定の枠組みのもとで、南東欧支援国会議が開かれて改革努力が認められると、バルカン諸国の経済復興や民主化や安全保障のプロジェクトに巨額の支援が決定される。経済支援を切望するバルカン諸国にとって、巨額の支援はなんとしても欲しいところだが、一方で南東欧安定協定の枠組みのなかで進められるEU加盟へ向けての個別の交渉によって、バルカン諸国の自助努力が拘束されると同時に、バルカン諸国が競合関係に陥ってしまうことにも注意する必要がある。

## ●バルカンの地域アイデンティティー

南東欧安定協定が成立して以来、自立的な側面の強かったバルカン諸国の地域協力の性格が大きく変質した。それは、バルカン外相会議とバルカン・サミットが再編成されて呼称を変えたことに如実に示されている。ルーマニアが両会議の主催国になった時期（一九九九〜二〇〇〇年）に、善隣友好関係を促進してこの地域を平和と安定と協力の地域に転換し、欧州大西洋機構への統合を目的として南東欧協力プロセス（SEECP）という新たな地域協力が創設された。従来のバルカン外相会議とサミットは、SEECPのサミットと外相会議と位置づけられた。

九九年三月、NATOによるユーゴ空爆の可能性が強まると、ブルガリア、ギリシア、マケドニア、ルーマニア、トルコの外相がブカレストで臨時外相会議を開き、NATOへの協力を申し合わせた。この結果、SEECPは九九年四月のNATO首脳会議と六月の南東欧安定協定会議への出席を求められた。従来のバルカン外相会議やサミットとは明らかに国際的な評価が変化した。SEECPはヨーロッパ統合過程に深くコミットする姿勢が評価されたが、その反面、地域協力としての自立性を薄めていくことにもなる。

二〇〇〇年二月、ブカレストで南東欧安定協定の特別コーディネーターを迎えて、SEECPの第三回サミットが開かれた。アルバ

◀スコピエでの第4回バルカン・サミット　写真　AP／WWP
2001年2月、マケドニアの首都スコピエで開催。バルカン諸国の自立的な第1回バルカン・サミットは1997年にギリシアのクレタ島で開かれた。しかし99年に南東欧安定協定が成立すると、その枠内の地域協力として南東欧協力プロセス（SEECP）が創設され、SEECPのもとに置かれたサミットは自立性を弱めている。

ニア、ブルガリア、ギリシア、マケドニア、ルーマニア、トルコの首脳が参加し、クロアチアとボスニア・ヘルツェゴビナはオブザーバーとして参加した。このサミットで、SEECPは経済や民主主義・人権といった側面だけでなく、政治・安全保障面の協力関係の強化を確認した。〇一年二月末、マケドニアの首都スコピエで第四回サミットが開催された。この会議で、第三回サミットでは排除されたユーゴとオブザーバーのボスニア・ヘルツェゴビナが正式のメンバーとなった。クロアチアはオブザーバーの地位にとどまったものの、バルカンの八カ国すべてがSEECPに参加する好ましい事態が生み出された。

しかし、SEECPには欧州委員会や南東欧安定協会の代表も参加しており、サミットがEUと緊密な関係をもって進められていることがわかる。地域協力は地域アイデンティティーに基づく自立的なものからEU依存型へと性格を変化させつつある。

二〇〇五年以後、SEECPにはオブザーバーだったクロアチアとモルドヴァが加わり、〇七年には独立したモンテネグロが、一〇年にはすでにEUに加盟しているスロヴェニアも加盟国となった。一方、南東欧安定協定は〇八年二月、ボスニアの首都サラエヴォを本部とする地域協力審議会(RCC)に引き継がれた。地域協力審議会の事務総長には、サラエヴォ生まれのクロアチア外交官で、SEECPの事務総長ビシュチェヴィチが就任した。日本はこの地域協力審議会には参加せず、四六の欧米諸国・諸機関が構成メンバーとなり、南東欧諸国のヨーロッパ統合過程を支援し、推進することになった。

EU加盟に向けて、バルカン諸国はEUスタンダードの条件を課され競合関係におかれているため、国境を越えた地域アイデンティティーを自覚的につくることが必要となっている。国家レベルではあるが、旧ユーゴ諸国のなかでいち早くEUに加盟したスロヴェニアとEU加盟を間近に控えたクロアチア(一三年に加盟)のイニシアティヴで、ヨーロッパ統合過程に向け「西バルカン」諸国の結束を図ることを目的として、一〇年にブルド(スロヴェニアのクラニ近郊)・ブリユニ(クロアチアのアドリア海の島)・プロセスが発足したことは注目に値する。

チェコ、ハンガリー、ポーランド、スロヴァキアの中欧四国がEU加盟以前から地域としてのアイデンティティを保ち、地域協力(ヴィシェグラード協力)を継続させている例に倣い、スロヴェニアとクロアチアの主導により、ボスニア・ヘルツェゴヴィナ、セルビア、モンテネグロ、北マケドニア、コソヴォの旧ユーゴ諸国とアルバニアからなる「西バルカン」の諸国がこの地域の安定のために協力関係を維持することは重要である。一九年五月、アルバニアの首都ティラナで、ブルド・ブリユニ・プロセスの首脳会議が開かれ、共同宣言でEUに向けて「西バルカン」への関心を促した。EUによって分断されてしまったバルカンの地域アイデンティティをルーマニア、ブルガリアを含めて、国家レベルで再構築することが望まれる。

これと同時に、こうした現状にあって、ドナウ川沿い三都市の市長によるユーロリージョン(国境を越えた自治体間の協力体制)の試みは、地域アイデンティティーの形成にとって重要な試みである。〇一年二月、ユーゴの首都ベオグラード、ブルガリアのヴィディン、ルーマニアのカラファとの三都市が「ドナウ二一世紀」と称するユーロリージョンの設立に動き出した。また、五月にはルーマニア、ユーゴ、ハンガリーによって分断されているバナト地方の都市協力を進めるユーロリジョンの試みも始まった。

自治体の試みに加え、ギリシアのNGOが中心となって二〇〇五年六月には、スロヴェニア、トルコ、キプロスを加えたバルカン地域一二カ国の共同編集による共通歴史副教材が出版された。これらの動きはまだ端緒についたばかりだが、市民レベルでバルカンという地域アイデンティティーを共有できれば、近代のみならず現代の所産でもあるバルカンの国家や国境、そして民族の相対化につながると同時に、否定的なバルカン・イメージを覆す契機となるだろう。

# 増補四訂新装版へのあとがき

二〇世紀最後の一〇年間はユーゴスラヴィア紛争が続き、バルカンのイメージは否定的なものにならざるを得なかった。二一世紀に入っても、コソヴォでは問題の解決が長引き、マケドニアでは新たな紛争さえ生じた。

なぜこれほど戦争と暴力が続くのだろうか。憎悪の連鎖を断ち切ることはできないのか。誰もが素朴な疑問をいだくことになる。その答えを得るためには、一度、バルカンの歴史に立ち返ってみることが不可欠であろう。本書で述べたように、紛争や憎悪の原因をすべて歴史の所産とすることはできないが、それらが西欧とは異なるバルカンの近代史に深く根ざしていることは確かである。

バルカンの近代史から見えてくるのは民族、国家、国境、少数民族であり、それぞれの民族が作り上げた神話であり、それに基づく人々の集合的な記憶や強力なナショナリズムであろう。個別化の波のなかで、共通の政治風土や文化や人々の共通な生活はかき消されてしまう。しかし、憎悪の連鎖を断ち切るためには、バルカン地域に共通する歴史の認識こそが重要なのである。

本書の特色の一つは今後のバルカンを展望しながら、極力バルカンという地域に視点を据えて、国家の枠にとらわれず地域に共通する歴史を描こうと試みたことである。もう一つの特色は写真や地図の説明をかなり長めにしたことである。本書がバルカン史への誘いの書となることを願ってやまない。

数年前、久しぶりにクロアチアのドゥブロヴニクを訪れる機会をもった。城壁内の民宿に泊まった際、小さな食堂の本棚に欧文のガイドブックに混じって、だれかが置いていったのであろう本書が並べられているのを見つけた。年間一五万人もの日本人観光客がアドリア海沿岸を訪れるようになった現在、それほど驚くことではないのかもしれないが、本書がガイドブックとしても読まれていることを知り望外の幸せを感じた。

本書の初版が出てから二〇年近く、新装版が出てから四年が経過した。ヨーロッパの他の地域であれば、四年ほど時間が経過しても、現代史の部分に多くを付け加える必要はないだろう。これに比べると、バルカンは「紛争地域」ではなくなったが、まだ変化をとげている。今回の増補四訂新装版にあたっては、旧版の叙述を更新しただけでなく、北マケドニアとコソヴォについてページを増やして詳述することができた。さらに、参考文献を充実させ、年表を最新のものとした。多くの人が本書を片手にバルカンの各地を訪れ、その魅力を実感してもらうことを願っている。

最後に、二〇年ものあいだ本書を見守ってくださっている、河出書房新社編集部の渡辺史絵さんに改めて感謝の意を表したい。

二〇一九年九月　柴 宜弘

柴 宜弘『バルカンの民族主義』山川出版社、1996年
フォンセーカ、I. くぼた・のぞみ訳『立ったまま埋めてくれ—ジプシーの旅と暮し』青土社、1998年
ロクサンディチ、D. 越村 勲訳『クロアチア＝セルビア社会史断章—民族史を越えて』彩流社、1999年
ストヤノフ、Y. 三浦清美訳『ヨーロッパ異端の源流』平凡社、2001年
柴 宜弘編『バルカンを知るための65章』明石書店、2005年
みやこうせい『羊と樅の木の歌——ルーマニア農牧民の生活誌』朝日新聞社、1988年
栗原成郎『スラヴ吸血鬼伝説考（増補新版）』河出書房新社、1991年
岩田昌征『ユーゴスラヴィア——衝突する歴史と抗争する文明』NTT出版、1994年
新免光比呂『祈りと祝祭の国——ルーマニアの宗教文化』淡交社、2000年
みやこうせい『マラムレシュ——ルーマニア山村のフォークロア』未知谷、2000年
川又一英『エーゲ海の修道士——聖山アトスに生きる』集英社、2002年
岩田昌征『社会主義崩壊から多民族戦争へ——エッセイ・世紀末のメガカオス』御茶の水書房、2003年
久保慶一『引き裂かれた国家——旧ユーゴ地域の民主化民族問題』有信堂高文社、2003年
越村 勲・山崎信一『映画「アンダーグラウンド」を観ましたか?——ユーゴスラヴィアの崩壊を考える』彩流社、2004年
水谷 驍『ジプシー——歴史・社会・文化』平凡社新書、2006年
柴 宜弘・佐原徹哉編『バルカン学のフロンティア』彩流社、2006年
田中一生『バルカンの心——ユーゴスラビアと私』彩流社、2007年
六鹿茂夫編『ルーマニアを知るための60章』明石書店、2007年
柴 宜弘編『バルカン史と歴史教育——「地域史」とアイデンティティの再構築』明石書店、2008年
佐原徹哉『ボスニア内戦——グローバリゼーションとカオスの民族化』有志舎、2008年
林 佳世子『オスマン帝国500年の平和』講談社、2008年
井浦伊知郎『アルバニアインターナショナル——鎖国・無神論・ネズミ講だけじゃなかった国を知るための45カ国』社会評論社、2009年
長有紀枝『スレブレニツァ——あるジェノサイドをめぐる考察』東信堂、2009年
岩田昌征『20世紀崩壊とユーゴスラヴィア戦争——日本異論派の言立て』御茶の水書房、2010年
関口義人『ジプシーを訪ねて』岩波新書、2011年
ジョン・ヘーガン、本間さおり訳『戦争犯罪を裁く——ハーグ国際戦犯法廷の挑戦（上）（下）』NHK出版、2011年
柴宜弘・木村真・奥彩子編『東欧地域研究の現在』山川出版社、2012年
柴宜弘・石田信一編『クロアチアを知るための60章』明石書店、2013年
カーザー、カール、越村勲・戸谷浩編訳『ハプスブルク軍政国境の社会史——自由農民にして兵士』学術出版会、2013年
クルリ、クリスティナ総括責任、柴　宜弘監訳『バルカンの歴史——バルカン近代史の共通教材』明石書店、2013年
黛秋津『三つの世界の狭間で——西欧・ロシア・オスマンとワラキア・モルドヴァ問題』名古屋大学出版会、2013年
鈴木健太・百瀬亮司・亀田真澄・山崎信一『アイラブユーゴー』（1-3）社会評論社、2014-15年
柴宜弘・山崎信一編『セルビアを知るための60章』明石書店、2015年
梅原季哉『戦火のサラエボ100年史——「民族浄化」もう一つの真実』朝日新聞出版、2015年
柴宜弘編『バルカンを知るための66章』明石書店、2016年
六鹿茂夫編『黒海地域の国際関係』名古屋大学出版会、2017年
月村太郎編『解体後のユーゴスラヴィア』晃洋書房、2017年
クラーク、クリストファー、小原淳訳『夢遊病者たち——第一次世界大戦はいかにして始まったか』（1,2）みすず書房、2017年
カッタルッツァ、アマエル・サンテス、ピエール、太田佐絵子訳『地図で見るバルカン半島ハンドブック』原書房、2017年
柴宜弘・山崎信一編『ボスニア・ヘルツェゴヴィナを知るための60章』明石書店、2019年

# 参考文献


**【事典】**

柴・伊東・南塚・直野・萩原監修『東欧を知る事典（新版）』平凡社、2015年

周藤芳幸・村田奈々子『ギリシアを知る事典』東京堂出版、2000年

**【バルカン通史】**

芦田 均『バルカン』岩波新書、1939（1992復刊）年

木戸 蓊『バルカン現代史』山川出版社、1977年

ジェラヴィチ、C. & B. 野原美代子訳『バルカン史』恒文社、1982年

カステラン、G. 山口俊章訳『バルカン―歴史と現在』サイマル出版社、1994年

フィッシャー - ガラティ、S.,ジョルジェヴィチ、D. 佐原徹哉訳『バルカン近代史』刀水書房、1994年

ヘッシュ、E. 佐久間 穆訳『バルカン半島』みすず書房、1995年

柴 宜弘編『バルカン史』山川出版社、1998年

カステラン、G. 萩原 直訳『バルカン世界―火薬庫か平和地帯か』彩流社、2000年

佐原徹哉『近代バルカン都市社会史――多元主義空間における宗教とエスニシティ』刀水書房、2003年

マゾワー、マーク、井上廣美訳『バルカン――「ヨーロッパの火薬庫」の歴史』中公新書、2017年

山本明代・ノルベルト、パプ編『移動がつくる東中欧・バルカン史』刀水書房、2017年

Stoianovich, Traian, *Balkan Worlds: The First and Last Europe*, N.Y. and London, 1994

Todorova, Maria, *Imagining the Balkans*, Oxford U. P., 1997

Wachtel, Andrew, *The Balkans in World History*（*New Oxford World History*）, Oxford U. P., 2008.

**【各国史】**

カステラン、G. 萩原 直訳『ルーマニア史』白水社、1993年

クリソルド、S. 編、田中・柴・高田訳『増補版　ユーゴスラヴィア史』恒文社、1995年

ファイン、I. V. A.,ドーニャ、R. J. 佐原・柳田・山崎訳『ボスニア・ヘルツェゴヴィナ史―多民族国家の試練』恒文社、1995年

柴 宜弘『ユーゴスラヴィア現代史』岩波新書、1996年

ウッドハウス、C. M. 西村六郎『近代ギリシア史』みすず書房、1997年

カステラン、G.,ヴィダン、G. 千田 善訳『クロアチア』白水社、2000年

カステラン､G.,ベルナール､A. 千田 善訳『スロヴェニア』白水社、2000年

クランプトン、R.J.高田・久原訳『ブルガリアの歴史』創土社、2004年

クロッグ、R. 高久 暁訳『ギリシアの歴史』創土社、2004年

石田信一『ダルマチアにおける国民統合過程の研究』刀水書房、2004年

桜井万里子編『ギリシア史』山川出版社、2005年

藤嶋亮『国王カロル対大天使ミカエル軍団――ルーマニアの政治宗教と政治暴力』彩流社、2012年

村田奈々子『物語　近現代ギリシャの歴史――独立戦争からユーロ危機まで』中公新書、2012年

唐澤晃一『中世後期のセルビアとボスニアにおける君主と社会――王冠と政治集会』刀水書房、2014年

Pollo, Stefanaq and Puto, Arben, *The History of Albania: from its origins to the present day*, London and Boston , 1981

Treptow, K. W.（ed.）, *A History of Romania*, Iasi, 1997

**【その他】**

クレキッチ、B. 田中一生訳『中世都市ドゥブロヴニク』恒文社、1990年

サンダース､I. 寺島憲治訳『バルカンの村人たち』平凡社、1990年

コーシュ、K. 田代文雄他訳『トランシルヴァニア―その歴史と文化』恒文社、1991年

森安達也『東方キリスト教の世界』山川出版社、1991年

加藤雅彦『ドナウ河紀行―東欧・中欧の歴史と文化』岩波新書、1991年

鈴木 董『オスマン帝国―イスラム世界の「柔らかい専制」』講談社新書、1992年

越村 勲編訳『バルカンの大家族ザドルガ』彩流社、1994年

ブラウニング､R. 金原保夫訳『ビザンツ帝国とブルガリア』東海大学出版会、1995年

| | バルカン | 関連世界 |
|---|---|---|
| 2012 | 独立後のマケドニア初代大統領をつとめたグリゴロフが94歳で死去（1）。クロアチアで社会民主党のミラノヴィチ内閣が発足（1）。セルビアがEU加盟候補国（3）。セルビア大統領選挙で、進歩党のニコリッチが勝利（5）。セルビア議会選挙でも、ニコリッチの進歩党連合が勝利し、連立を組んだ社会党のダチッチが首相に就任（5）。ルーマニアで、社会民主党連合のポンタ内閣成立（5）。ギリシアの議会選挙で、反緊縮財政政策を掲げる政党が躍進したが、与党の新民主主義党が勝利をおさめ、PASOKと連立を継続し緊縮政策を継続（6）。モンテネグロのEU加盟交渉開始（6）。アルバニアで、与党民主党のニシャニ前内相が大統領に就任（7）。セルビアのダチッチ首相はコソヴォのサチ首相と初めてブリュッセルで会談し、境界（国境）検問所の共同管理に関する合意成立（11）。モンテネグロの議会選挙後、社会主義民主党のジュカノヴィチが首相に復帰（12）。 | ロシア大統領選挙でプーチンが勝利。 |
| 2013 | ブルガリアのボリソフ首相が引責辞任（2）。セルビアのニコリッチ大統領とコソヴォのヤシャガ大統領が、EUの仲介によりブリュッセルで初めて会談（2）。この会談に続いて、セルビアのダチッチ首相とコソヴォのサチ首相との会談が行われ、セルビアのコソヴォ承認に言及せずに、関係正常化を進めるための15項目の原則が合意（「ブリュッセル合意」）（4）。モンテネグロ大統領選挙で、社会主義民主党のブヤノヴィチが僅差で勝利（4）。ブルガリアでメディアを牛耳るペエフスキの国家保安庁長官就任に反対する大規模なデモ（6）。クロアチアがEU加盟（7）。アルバニアの議会選挙で、野党社会党連合が圧勝、ラマを首相とする内閣が成立（7）。ボスニア・ヘルツェゴヴィナで内戦後初の国勢調査の暫定結果が出され、総人口は379万人、内戦前の91年の国勢調査では総人口440万人（11）。 | 主要20カ国・地域（G20）首脳会議がロシアのサンクトペテルブルクで開催。 |
| 2014 | セルビアのEU加盟交渉開始（1）。ボスニアの各地で、経済停滞や汚職・政治腐敗に反対する市民レベルの抗議運動（「ボスニアの春」）が展開（2-4）。セルビア議会選挙が前倒しで実施され、与党のセルビア進歩党連合が圧勝し、党首のヴチッチを首相とする内閣成立（4）。マケドニアの大統領選挙で、民族主義政党VMROのイヴァノフ再選。議会選挙でも与党のVMROが勝利し、グルエフスキ内閣成立（4）。ボスニア、セルビアで大洪水による被害（5）。アルバニアがEU加盟候補国（6）。コソヴォ議会選挙で、少数者のセルビア人が初めて参加（6）。ブルガリア議会選挙で、「ヨーロッパ発展のためのブルガリア市民」が勝利をおさめ、ボリソフ内閣成立（11）。ルーマニア大統領選挙の決選投票で、国民自由党のヨハニスが現職の首相ポンタを破り大統領就任（12）。クロアチア大統領選選挙の決選投票で、クロアチア民主同盟のグラバル - キタロヴィチが勝利し、女性初の大統領に就任（12）。6月の議会選挙で与党のコソヴォ民主党が勝利したが、長い交渉の末に第二党のコソヴォ民主同盟との連立政権が成立。コソヴォ民主同盟党首のムスタファが首相、サチは副首相兼外相（12）。 | ウクライナ革命。ロシアがクリミア編入。 |
| 2015 | ギリシアの議会選挙で、急進左派連合が勝利をおさめ、党首ツィプラスが首相就任（1）。ボスニア・ヘルツェゴヴィナがEUと安定化連合協定を締結、EU加盟に向けてのスタート・ラインにつく（3）。ルーマニアのポンタ首相が引責辞任し、国民自由党のチェロシュ内閣が成立（11）。 | ヨーロッパを目指す難民が「バルカン・ルート」に急増。 |
| 2016 | 15年11月のクロアチア議会選挙の結果、与野党が拮抗し、製薬会社CEOのオレシュコヴィチを首相とする内閣成立（1）。クロアチア議会選挙で、クロアチア民主同盟が勝利し、プレンコヴィチ内閣成立（10）。モンテネグロ議会選挙で、与党の社会主義民主党が勝利し、マルコヴィチ内閣成立（10）。ブルガリア大統領選挙で、社会党のラデフが勝利、与党「ヨーロッパ発展のためのブルガリア市民」のボリソフ首相は引責辞任（11）。ルーマニア議会選挙で、社会民主党が勝利（12）。マケドニアの議会選挙で、与党VMROが僅差で第1党を保持（12）。 | イギリスが国民投票でEU離脱。 |
| 2017 | ボスニア・ヘルツェゴヴィナがEU加盟申請（2）。ブルガリア議会選挙で、与党「ヨーロッパ発展のためのブルガリア市民」が第1党を保持し、ボリソフが首相に復帰（3）。マケドニアで第2党の社会民主同盟による連立内閣が成立、ザエフが首相（5）。モンテネグロがNATO加盟（6）。セルビア大統領選挙で、セルビア進歩党の現職首相ヴチッチ勝利（4）。ヴチッチの後任首相には、セルビア初の女性首相ブルナビッチ就任、ブルナビッチは同性愛者であることを公表（6）。ルーマニアで政権の腐敗と汚職を糾弾する20万人規模のデモ（7）。コソヴォの議会選挙で、コソヴォ民主同盟と将来同盟の連合勢力が勝利をおさめ、将来同盟党首のハラディナイが首相に就任（9）。マケドニアの地方選挙で、野党の社会民主同盟が圧勝（10） | アメリカ・トランプ大統領が就任。 |
| 2018 | ルーマニアの社会民主党党首ダンチラが初の女性首相に就任（1）。モンテネグロの大統領選挙で、与党の社会主義民主党党首ジュカノヴィチ勝利（4）。ユーログループが債務軽減策で合意したことにより、ギリシアは長い財政危機から脱し国債発行が可能（8）。セルビアのヴチッチ大統領とコソヴォのサチ大統領がブリュッセルで会談し、コソヴォ問題の解決策として「領土交換」を協議（9）。ブルガリアで、ボリソフ首相が医療改革に失敗したとして野党から不信任決議案が提出されたが否決（10）。ボスニア・ヘルツェゴヴィナの大統領選挙で、セルビア人の代表としてドディク選出（10）。 | 第一次世界大戦終結100周年。 |
| 2019 | マケドニアの国名が北マケドニアに変更。NATO加盟協定が締結（2）。アルバニアの首都ティラナで、ブルド・ブリユニ・プロセスの首脳会議開催（5）。ギリシア議会選挙が前倒しで実施され、野党の新民主主義党が勝利をおさめミツォタキスが首相に就任（7）。コソヴォのハラディナイ首相、ハーグの戦争犯罪法廷の出頭要請を受けて辞任（7）。 | EU議会選挙、イギリスも参加。 |

| | バルカン | 関連世界 |
|---|---|---|
| 2001 | セルビア共和国で民主野党連合のジンジッチ首班の内閣が発足。マケドニア紛争が生じるが、オフリドで合意成立。ブルガリアの総選挙でシメオン２世の国民運動が勝利。ブルガリア大統領選挙で、社会党のパルヴァノフが勝利。コソヴォ議会（定数120）選挙 | 米英軍がアフガニスタンを空爆 |
| 2002 | ルゴヴァがコソヴォの大統領に選出。アルバニア大統領にモイシウ（無所属）が選出。ハーグの旧ユーゴスラヴィア国際戦犯法廷で、ミロシェヴィチ前大統領の裁判開始。マケドニア議会選挙で、マケドニア社会民主同盟中心の左派勢力が勝利。ボスニアの総選挙で、民族主義政党が勢力を維持 | |
| 2003 | セルビアのジンジッチ首相がマフィア組織の一員により暗殺。ユーゴスラヴィアが緩い連合国家セルビア・モンテネグロに改称、マロヴィチが大統領。クロアチア議会選挙で民主同盟が勝利を収め、サナデル政権発足。セルビア議会選挙でセルビア急進党が躍進したが連立を組めず、第2党のセルビア民主党を中心に連立政権がつくられ、コシュトゥニツァ内閣が成立 | 米英軍がイラク攻撃 |
| 2004 | ブルガリアとルーマニアがNATOに加盟。ギリシア総選挙でカラマンリス率いる新民主主義党が勝利。マケドニア大統領選挙で、マケドニア社会民主同盟のツルヴェンコフスキが勝利。コソヴォ全域でアルバニア人の暴動、死者19人。セルビア大統領選挙で、民主党のタディチが勝利。クロアチアがEU加盟候補国。コソヴォで２度目の議会選挙、与党の民主同盟が第1党。ルーマニア議会選挙で、社会民主党中心の勢力が勝利。ルーマニア大統領選挙で野党候補のバセスク・ブカレスト市長が勝利 | アテネ・オリンピック。EUの東方拡大で加盟国が25カ国に |
| 2005 | クロアチア大統領選挙で、メシッチが再選。ブルガリアの総選挙で、野党の社会党が第1党に、社会党のスタニシェフを首班とする内閣成立。マケドニアがEU加盟候補国に | |
| 2006 | ルゴヴァ・コソヴォ大統領死去、法律学者のセイディウが新大統領に選出。コソヴォの最終的地位に関する話し合いが開始。ハーグの旧ユーゴ国際戦犯法廷で公判中に、ミロシェヴィチが心臓疾患で急死。モンテネグロが国民投票を経て独立。マケドニアで議会選挙、野党の内部マケドニア革命組織―マケドニア民族統一民主党が勝利、グルエフスキを首相とする内閣が発足。ボスニア総選挙の大統領会議選挙で、社会民主党系の候補が選出。ブルガリア大統領選挙で、パルヴァノフが再選 | |
| 2007 | ブルガリアとルーマニアがEUに加盟。セルビア議会選挙でセルビア急進党が第1党になるが連立を組めず、第2党の民主党中心の政権が成立。国連のコソヴォ地位交渉特使アハティサーリによる最終地位案（国連監視下で、実質的なコソヴォの独立を容認する内容）が国連に手渡される。アルバニア大統領に民主党のトピが選出。モンテネグロ新憲法制定（モンテネグロ語が公用語とされる）。クロアチア議会選挙で中道右派の民主同盟は第1党の座を保つが、社会民主党が躍進 | スロヴェニア、ポーランドなどEU新規加盟９国がシェンゲン協定に加盟 |
| 2008 | セルビア大統領選挙で、タディチ（民主党）が再選。コソヴォが独立を宣言。南東欧安定協定が地域協力審議会（RCC）に引き継がれる。セルビア議会選挙で、民主党中心の勢力が第1党となる。モンテネグロで独立後初めての大統領選挙が実施され、ヴヤノヴィチ大統領が再選。マケドニア議会選挙で、内部マケドニア革命組織―マケドニア民族統一民主党が勝利。ボスニア内戦のセルビア人勢力指導者で旧ユーゴ国際戦犯法廷から起訴されていたカラジッチがベオグラードで逮捕。ルーマニア議会選挙で、社会民主党中心の中道左派勢力が勝利 | リーマン・ショックによる世界金融危機 |
| 2009 | アルバニアとクロアチアがNATOに加盟。マケドニア大統領選挙で、与党の内部マケドニア革命組織―マケドニア民族統一民主党のイヴァノフが勝利。モンテネグロ議会選挙で、与党の社会主義民主党中心の勢力が勝利、ジュカノヴィチを首相とする内閣が成立。アルバニア議会選挙で、与党の民主党が勝利。ブルガリア議会選挙で、ソフィア市長のボリソフ率いる「ブルガリアのヨーロッパ的発展のための市民」が勝利。ギリシア議会選挙で、野党PASOK（全ギリシア社会主義運動）が勝利し、パパンドレウを首相とする内閣成立。ルーマニア大統領選挙で、バセスクが再選。セルビアのヴォイヴォディナ自治州基本法が成立 | リスボン条約発効 |
| 2010 | ギリシアで財政危機が進行。クロアチア大統領選挙で、野党の社会民主党のヨシポヴィチが圧勝。独立宣言後初のコソヴォ議会選挙で、サチ首相が率いる与党のコソヴォ民主党が勝利。モンテネグロがEU加盟候補国。モンテネグロのジュカノヴィチ首相が辞任、後任にルクシッチが選出 | NATO首脳会議でロシアの協力を要請 |
| 2011 | EU主導によるセルビア政府とコソヴォ政府との交渉開始。ボスニア内戦のセルビア人勢力軍事指導者で旧ユーゴ国際戦犯法廷から起訴されていたムラディチが、セルビアのヴォイヴォディナ自治州で逮捕され、ハーグに引き渡される。マケドニア議会選挙で、内部マケドニア革命組織―マケドニア民族統一民主党が勝利、グルエフスキ内閣が継続。クロアチア内戦のセルビア人勢力政治指導者で、旧ユーゴ国際戦犯法廷から起訴され未逮捕だった最後の人物ハジッチが、セルビアのヴォイヴォディナ自治州で逮捕され、ハーグに引き渡される | |

| | バルカン | 関連世界 |
|---|---|---|
| 1981 | コソヴォのアルバニア人が共和国への昇格を求めて大規模なデモ。ギリシアがECに加盟。パパンドレウのPASOK政権が成立 | |
| 1982 | ブルガリアが「新経済システム」を実施 | |
| 1984 | ブルガリアでトルコ系住民に対する改名強制始まる | |
| 1985 | アルバニア労働党第一書記ホジャが死去 | ゴルバチョフがソ連共産党書記長就任 |
| 1987 | ゴルバチョフ書記長がルーマニアを訪問、チャウシェスク体制を暗に批判 | |
| 1988 | ルーマニア北部地域の「農村改造計画」が具体化。ユーゴスラヴィアが「74年憲法」修正案を可決。連邦の権限が強化される。第1回バルカン外相会議開催 | |
| 1989 | コソヴォ自治州をめぐる緊張が高まる。ブルガリアの環境保護市民団体「エコグラスノスト」がソフィアでデモ、ジフコフが党書記長・国家評議会議長を辞任。ユーゴスラヴィアの共産主義者同盟が一党支配体制放棄の方針を決定。ルーマニアのティミショアラで反政府デモ、チャウシェスク政権が打倒され、暫定政権の救国戦線評議会が発足。ギリシアで新民主主義党政権が成立 | ベルリンの壁が崩壊。米ソ首脳がマルタ沖会談で冷戦終焉を宣言 |
| 1990 | ユーゴスラヴィア共産主義者同盟臨時大会でスロヴェニア代表団退場。ユーゴの6共和国で自由選挙実施。ルーマニア自由選挙でイリエスクが大統領に当選、上下両院でも救国戦線が圧勝。ブルガリア総選挙で社会党（旧共産党）が勝利。ブルガリア大統領に在野勢力のジェレフ就任。ブカレストで反政府デモが武力鎮圧される。スロヴェニアの国民投票で独立支持。セルビアの議会選挙で社会党が勝利し、大統領にミロシェヴィチが選ばれる | 東西ドイツが統一 |
| 1991 | スロヴェニアとクロアチアが独立宣言。クロアチア内戦が激化。ブルガリア総選挙で民主勢力同盟が社会党を破る。マケドニアが独立宣言 | コメコン解散。ワルシャワ条約機構解体。ソ連崩壊。湾岸戦争 |
| 1992 | ECがスロヴェニアとクロアチアの独立を承認。アルバニアでベリシャ率いる民主党政権誕生。ボスニア内戦始まる（～1995）。セルビアとモンテネグロからなるユーゴスラヴィア連邦（「新ユーゴ」）創設。旧ユーゴスラヴィア解体。国連安保理事会、ユーゴへの経済制裁決議。国連安保理事会、マケドニアに国連保護軍の〈予防展開〉を決議。セルビア大統領選挙でミロシェヴィチ再選 | |
| 1993 | ギリシアでPASOKが政権を奪還。ジュネーブ和平会議、ボスニアの10分割案提示。国連総会、「旧ユーゴスラヴィア・マケドニア共和国」の暫定名称でマケドニアの加盟を決議。国連安保理事会、旧ユーゴ国際戦争犯罪法廷（ICTY、ハーグ）設置を決議。セルビア議会選挙で与党セルビア社会党勝利、ミロシェヴィチ体制が信任される。明石康が、国連旧ユーゴ担当事務総長特別代表に任命 | マーストリヒト条約発効、ヨーロッパ連合（EU）発足 |
| 1994 | ムスリム勢力とクロアチア人勢力によるボスニア連邦国家樹立。ブルガリア総選挙で社会党が政権に復帰。カーター元米大統領がセルビア人指導者カラジッチと会談、ボスニア紛争の4カ月停戦を含む合意 | CSCEが全欧安保協力機構（OSCE）に改組 |
| 1995 | NATO軍機がボスニアのセルビア人勢力を空爆。クロアチア軍がセルビア人勢力を攻撃、追放。ボスニア紛争3当事国首脳、デイトンで和平案合意。パリでボスニア和平協定調印。国連安保理事会がボスニアに和平実施部隊（IFOR）の派遣を承認 | |
| 1996 | バルカン外相会議再開。全欧安保協力機構（OSCE）監視下で統一ボスニアの大統領会議、中央議会選挙実施。大統領会議議長にはイゼトベゴヴィチが選出。中央議会選挙は各民族の民族主義政党が圧勝。ブルガリア大統領選挙、民主勢力同盟のストヤノフが当選。ルーマニア議会選挙、大統領選挙、ともに野党「民主協定」が勝利、新大統領はコンスタンティネスク。NATO国防相会議がボスニアへの和平安定化部隊（SFOR）派遣を承認 | |
| 1997 | アルバニアで「ねずみ講」投資会社破綻に端を発する抗議行動拡大、国家非常事態宣言。アルバニア総選挙、野党社会党が過半数を獲得し、民主党ベリシャ大統領辞任、国民議会新大統領に社会党書記長メイダニを選出。ユーゴ連邦議会、セルビア大統領のミロシェヴィチを連邦大統領に選出。第1回バルカン・サミット | |
| 1998 | セルビア治安部隊、「コソヴォ解放軍」掃討作戦展開。モンテネグロ共和国議会選挙で反ミロシェヴィチのジュカノヴィチ大統領が率いる民主社会党勝利。マケドニア総選挙で民族・民主主義政党（VMRO）を中心とする連立政権発足 | |
| 1999 | コソヴォ和平交渉決裂後、NATO軍がユーゴ空爆を開始。NATOとユーゴスラヴィアが和平合意文書に調印。国連安保理事会、国連コソヴォ暫定行政支援団（UNMIK）の設置とコソヴォ和平維持軍（KFOR）の展開を決定。南東欧安定協定成立。マケドニア新大統領に連立与党の推すトライコフスキが決選投票の末当選。クロアチア大統領トゥジマン死去。マケドニアの国連予防展開終了 | ポーランド、チェコ、ハンガリーがNATOに正式加盟 |
| 2000 | クロアチア大統領にメシッチ当選。ユーゴスラヴィア大統領選挙、民主野党連合のコシュトゥニツァがミロシェヴィチを破る。ルーマニア議会選挙で野党の社会民主党が勝利。ルーマニア大統領選挙、イリエスク復権。セルビア共和国議会選挙で民主野党連合が圧勝 | |

| | バルカン | 関連世界 |
|---|---|---|
| 1878 | ベルリン条約でセルビア、モンテネグロ、ルーマニアが王国として独立、ブルガリア公国が建国。ハプスブルク帝国がボスニアの行政権を得る（1908年併合） | |
| 1885 | ブルガリアが東ルメリア併合 | |
| 1893 | マケドニアで内部マケドニア革命組織（VMRO）結成 | |
| 1903 | マケドニアでイリンデン蜂起 | |
| 1908 | ブルガリアが独立宣言 | 青年トルコ革命 |
| 1912 | 第1次バルカン戦争（～1913） | |
| 1913 | 第2次バルカン戦争。ブカレスト条約でマケドニア3分割。ロンドン条約でアルバニアの独立が承認 | |
| 1914 | サラエヴォ事件。第1次世界大戦へ | 第1次世界大戦（～1918） |
| 1917 | | ロシア革命 |
| 1918 | セルビア人・クロアチア人・スロヴェニア人王国成立（1929年ユーゴスラヴィア王国と改称） | ハプスブルク帝国崩壊 |
| 1919 | ブルガリア農民同盟の政権成立（～1923） | パリ講和条約 |
| 1920 | ルーマニアで土地改革 | 国際連盟発足 |
| 1923 | ローザンヌ条約でギリシア・トルコ住民交換 | |
| 1928 | アルバニアが王国と改称し、ゾグが国王即位 | |
| 1929 | ユーゴスラヴィア国王アレクサンダルが独裁を宣言 | |
| 1933 | | ヒトラーが首相就任 |
| 1934 | バルカン協商成立 | |
| 1935 | ブルガリア国王ボリスが独裁を宣言 | |
| 1938 | ルーマニア国王カロルが独裁制を導入 | |
| 1939 | イタリアがアルバニア併合。クロアチア自治州成立 | 第2次世界大戦（～1945） |
| 1940 | ルーマニアが3国同盟に加入 | 日独伊三国同盟締結 |
| 1941 | ブルガリアが3国同盟に加入。ドイツをはじめとする枢軸軍がユーゴ、ギリシアを分割・占領（～1944） | |
| 1943 | ユーゴでAVNOJ第2回会議が開かれる。戦後社会の基礎が築かれる | |
| 1944 | ソ連軍の進攻に伴いルーマニア・ブルガリアでクーデタが生じる。ベオグラード、アテネ、ティラナが解放。チャーチルとスターリンによる「バルカン勢力圏分割協定」 | |
| 1945 | ユーゴスラヴィア連邦人民共和国が成立。ギリシアでヴァルキザ協定 | 国際連合発足 |
| 1946 | アルバニアが人民共和国を宣言。ブルガリアが人民共和国を宣言。ギリシア内戦（～1949） | |
| 1947 | ルーマニアが人民共和国を宣言 | コミンフォルム（～1956） |
| 1948 | コミンフォルムがユーゴスラヴィアを追放 | |
| 1949 | | コメコン発足。NATO発足。東ドイツ成立 |
| 1950 | ユーゴで労働者自主管理はじまる | |
| 1952 | ギリシアがNATO加盟 | |
| 1954 | ブルガリア共産党第一書記にジフコフ就任 | |
| 1955 | フルシチョフがベオグラード訪問、ソ連・ユーゴ関係修復 | ワルシャワ条約機構結成 |
| 1956 | | ソ連共産党大会でスターリン批判。ハンガリー事件 |
| 1960 | アルバニアが親中国的態度を表明 | |
| 1961 | ベオグラードで第1回非同盟諸国首脳会議開催 | ベルリンの壁構築 |
| 1963 | ユーゴスラヴィアが労働者自主管理と非同盟を掲げて社会主義連邦共和国と改名 | |
| 1964 | ルーマニアが自主路線を採択 | |
| 1965 | アルバニアがコメコンとワルシャワ条約機構から追放 | EC発足 |
| 1967 | ルーマニアのチャウシェスク共産党第一書記が国家評議会議長（元首）を兼任 | |
| 1974 | ユーゴが自主管理社会主義の集大成である新憲法（「74年憲法」）を採択。ルーマニアでチャウシェスクが大統領に就任 | |
| 1975 | | 全欧安保協力会議（CSCE）でヘルシンキ宣言を採択 |
| 1978 | 中国がアルバニアへの経済援助を停止、専門家を召還 | |
| 1980 | ユーゴのチトー大統領が死去、集団指導体制に | ポーランドで自主管理労組〈連帯〉が発足 |

| | バルカン | 関連世界 |
|---|---|---|
| 1529 | | オスマン帝国の第1次ウィーン包囲 |
| 1538 | モルドヴァがオスマン帝国の属国となる | |
| 1551 | セルビア正教会が宗教上の自治を獲得（～1766） | |
| 1573 | クロアチアでグーベッツ率いる農民反乱 | |
| 1580 | オスマン帝国がボスニアをベイレルベイリクとして統治 | |
| 1593 | | ハプスブルク帝国とオスマン帝国との15年戦争 |
| 1600 | ワラキアのミハイ勇敢公がモルドヴァ、トランシルヴァニアをも支配（～1601） | |
| 1683 | | オスマン帝国の第2次ウィーン包囲 |
| 1691 | トランシルヴァニアがハプスブルク帝国の支配下にはいる | |
| 1696 | モンテネグロのダニーロ・ペトロヴィチがヴラディカ職を世襲化 | |
| 1699 | | カルロヴィッツ条約。オスマン帝国のハンガリー、バルカン地域からの撤退始まる |
| 1717 | ファナリオティスがドナウ2公国を統治（～1822） | |
| 1718 | パッサロヴィッツ条約。オスマン帝国がバナト、北部セルビアを放棄 | |
| 1736 | | 露土戦争（～1739） |
| 1739 | ベオグラード条約。オスマン帝国が北部セルビアなどを回復 | |
| 1762 | 修道僧パイシーが『スラヴ・ブルガリア史』を著す | |
| 1768 | | 露土戦争（～1774） |
| 1774 | キュチュク・カイナルジャ条約。これにより、ロシアがオスマン帝国内の正教徒を保護 | |
| 1789 | | フランス革命始まる |
| 1799 | オスマン帝国がモンテネグロの教会の独立を認める | |
| 1800 | イピロスを中心としたアリー・パシャの侯国成立 | |
| 1804 | 第1次セルビア蜂起（～1813） | ナポレオン戦争（～1814） |
| 1806 | | 神聖ローマ帝国解体。露土戦争（～1812） |
| 1809 | ナポレオンがダルマツィア、スロヴェニア、クロアチアの一部を「イリリア諸州」として統治（～1813） | |
| 1812 | ロシアがベッサラビア併合 | |
| 1814 | オデッサでフィリキ・エテリア（友愛会）が結成 | ウィーン会議（～1815） |
| 1815 | 第2次セルビア蜂起。セルビアが議会開設許可を得る | |
| 1821 | ギリシア独立戦争（～1830）。ワラキアでヴラディミレスクの反乱 | |
| 1828 | | 露土戦争（～1829） |
| 1829 | エディルネ（アドリアノープル）条約。ワラキアとモルドヴァの自治を確認 | |
| 1830年代～ | クロアチア人ガイによるイリリア運動起こる | |
| 1830 | セルビアが完全自治を得て公国となる。モンテネグロでニェゴシュがヴラディカとなる。ドナウ2公国に「組織規定」（憲法）制定 | |
| 1831 | セルビア正教会がコンスタンティノープル総主教座より分離 | |
| 1833 | バイエルンから国王オットーが到着し、ギリシア王国が発足 | |
| 1839 | | オスマン帝国でタンジマート改革（～1876） |
| 1848 | クロアチア、ヴォイヴォディナ、ドナウ2公国で民族要求が掲げられる | 1848年革命 |
| 1853 | | クリミア戦争（～1856） |
| 1859 | ルーマニア公国の成立 | |
| 1866 | | 普墺戦争 |
| 1867 | セルビアが主導してバルカン同盟成立 | アウスグライヒによりオーストリア・ハンガリー二重帝国が成立 |
| 1868 | クロアチアとハンガリーのナゴドバ（協約）成立 | |
| 1875 | ボスニア蜂起 | |
| 1876 | ブルガリア4月蜂起 | |
| 1877 | | 露土戦争（～1878） |

## バルカン史略年表

| | バルカン | 関連世界 |
|---|---|---|
| 前5世紀中頃 | ペリクレスのもとでアテナイ（アテネ）の黄金時代。民主政治が徹底される | |
| 前336 | アレクサンドロス大王の東征。ヘレニズム時代始まる | |
| 前146 | マケドニアがローマの属州となる | |
| 前130頃 | エグナティア街道がローマとビザンティオンを結ぶ | |
| 前70 | ブレビスタがダキアを統一 | |
| 106 | トラヤヌス帝のダキア征服 | |
| 313 | | ミラノ勅令（キリスト教公認） |
| 330 | | コンスタンティノポリス（ビザンティオンを改称）遷都 |
| 395 | | ローマ帝国東西に分裂 |
| 445 | | フン帝国（～451） |
| 476 | | 西ローマ帝国滅亡 |
| 486 | | フランク王国（～987） |
| 6～7世紀 | スラヴ人がバルカンに移動 | |
| 681 | アスパルフ・カンによりブルガリア国家が成立（第1次ブルガリア帝国） | |
| 886 | ブルガリア国王ボリスのもとで、オフリド、プレスラフがスラヴ文化の中心となる | |
| 893 | シメオン即位。第1次ブルガリア帝国の最盛期 | |
| 925 | クロアチアのトミスラヴ王が教皇により戴冠 | |
| 962 | | 神聖ローマ帝国成立 |
| 10世紀後半 | ブルガリアにボゴミル派広がる | |
| 1018 | ビザンツ帝国が第1次ブルガリア帝国を滅ぼす | |
| 11世紀末～13世紀 | | 十字軍遠征 |
| 1102 | ハンガリー王がクロアチア王を兼ねる | |
| 1168 | ステファン・ネマーニャ（～1196）によるセルビアの統一 | |
| 1187 | アセンにより第2次ブルガリア帝国成立（～1385） | |
| 12世紀後半 | クリン・バンによりボスニア王国の成立。ボゴミル派がボスニアに拡大 | |
| 12世紀 | トランシルヴァニアにドイツ人の入植始まる | |
| 1217 | セルビアのステファンが教皇から「初代戴冠王」の称号を得る | |
| 1219 | サヴァが大主教となりセルビア正教会が独立 | |
| 1241～42 | モンゴル襲来 | |
| 1282 | | ハプスブルク家のオーストリア統治始まる |
| 1299 | | オスマン朝成立 |
| 1330 | バサラブによりワラキア公国建国 | |
| 1331 | セルビア国王ドゥシャン（～1355）のバルカン制覇始まる | |
| 1349 | 「ドゥシャン法典」公布 | |
| 1355 | セルビア王国が分裂、モンテネグロはバルシャ朝のもとに独自に発展 | |
| 1359 | ボグダンがモルドヴァ公国を建国 | |
| 1377 | トヴルトコがボスニア国王を名乗る | |
| 1389 | コソヴォの戦いでセルビアなどの連合軍がオスマン軍に大敗 | |
| 1393 | タルノヴォが陥落しブルガリアがオスマン帝国支配下に | |
| 1438 | | ハプスブルク家が神聖ローマ帝国の帝位を継承 |
| 1453 | | ビザンツ帝国滅亡 |
| 1459 | セルビア最後の要塞が陥落、以後400年にわたりオスマン帝国支配下に | |
| 1463 | ボスニアがオスマン帝国支配下にはいる | |
| 1468 | オスマン軍に抵抗を続けたアルバニアのスカンデルベグ死去 | |
| 1476 | ワラキアのヴラド串刺公（ドラキュラ）死去、オスマン帝国の属国となる | |
| 1479 | アルバニアがオスマン帝国支配下にはいる | |
| 1482 | ヘルツェゴヴィナがオスマン帝国支配下にはいる | |
| 16世紀初め | スペインの追放令（1492）で追われたユダヤ人（スファラディム）がバルカンへ移住 | |
| 1516 | モンテネグロのツルノエヴィチ朝が終息、ヴラディカ（主教職）による神政政治が形成される | |
| 1526 | モハーチの戦いの勝利により、オスマン帝国がバルカン全域の支配権を握る | |

# 索引

**◉著者略歴**

柴 宜弘（しば・のぶひろ）

一九四六年東京生まれ。早稲田大学大学院文学研究科博士課程（西洋史学専攻）修了。この間、ユーゴスラヴィア政府給費留学生として、ベオグラード大学哲学部歴史学科に留学。敬愛大学経済学部助教授を経て、東京大学大学院総合文化研究科教授。定年退職後、城西国際大学特任教授、東京大学名誉教授。東欧地域研究、バルカン近現代史を専攻。

著書『ユーゴスラヴィア現代史』岩波新書、一九九六年
『バルカンの民族主義』山川出版社、一九九六年
『バルカン史』（編著）山川出版社、一九九八年
『バルカンを知るための66章』（編著）明石書店、二〇一六年
『バルカン史と歴史教育――「地域史」とアイデンティティの再構築』（編著）明石書店、二〇〇八年
『世界大戦と現代文化の開幕』（世界の歴史26）（共著）中公文庫、二〇〇九年
『東欧地域研究の現在』（共編著）山川出版社、二〇一二年
『セルビアを知るための60章』（共編著）明石書店、二〇一五年
『ボスニア・ヘルツェゴヴィナを知るための60章』（共編著）明石書店、二〇一九年

※本書は、二〇〇一年一二月の初版発行以降、ユーゴスラヴィア解体、コソヴォ独立など、バルカン地域情勢の変化を受け、増補および改訂を行っております。

ふくろうの本

増補四訂新装版
図説 バルカンの歴史

二〇〇一年一二月二〇日初版発行
二〇〇六年 四 月三〇日改訂新装版初版発行
二〇一一年一〇月三〇日増補三訂新装版初版発行
二〇一五年 七 月三〇日新装版初版発行
二〇一九年一一月二〇日増補四訂新装版初版印刷
二〇一九年一一月三〇日増補四訂新装版初版発行

著者…………柴 宜弘
装幀・デザイン…………日高達雄＋伊藤香代（蛮ハウス）
発行者…………小野寺優
発行…………株式会社河出書房新社
〒一五一-〇〇五一
東京都渋谷区千駄ヶ谷二-三二-二
電話 〇三-三四〇四-一二〇一（営業）
〇三-三四〇四-八六一一（編集）
http://www.kawade.co.jp/
印刷…………大日本印刷株式会社
製本…………加藤製本株式会社

Printed in Japan
ISBN978-4-309-76288-3